KB150502

Die Schrift:
Hat Schreiben zukunft?

DIE SCHRIFT. HAT SCHREIBEN ZUKUNFT? by Vilém Flusser
Edition Flusser, Volume V

글쓰기에 미래는 있는가

빌렘 플루서 지음
윤종석 옮김

xbooks

일러두기

1. 이 책의 각주와 본문 안의 주(註)는 모두 옮긴이의 것이다.

2. 외국의 인명이나 지명, 작품명은 〈국립국어원〉에서 펴낸 '외래어표기법'에 따랐다. 단, 관
   례적으로 쓰이는 표기는 관례를 따랐다.

옮긴이의 말

이 책은 미디어·커뮤니케이션 철학자 빌렘 플루서(Vilém Flusser, 1920~1991)의 주요 저작인 *Die Schrift: Hat Schreiben Zukunft?*(Göttingen: European Photography, 1987)를 번역한 것이다. 독일어판 출간 당시부터 이 책은 책의 종말이라는 주제에 걸맞게 두 장의 플로피 디스크로도 발표된 바 있다.

이 책에서 저자는 문자와 글쓰기 행위에 대한 현상학적 분석을 통해 문자와 글쓰기, 그리고 그것으로써 형성되는 인간의 사고방식이 소위 말하는 디지털시대에 변화될 가능성에 관해 논의하면서, 인류가 만들어 낸 대표적 미디어인 문자가 오늘날 처한 운명을 에세이적인 스타일로 서술하고 있다. 다시 말해서 이 책은 근대와 소위 말하는 "구텐베르크-갤럭시"를 주도해 온 책의 암울한 미래와 종말에 관한 논의를 담고 있다.

그러나 이 책은 단순히 책과 도서문화의 종말에 관한 예언이라기보다는, 우리 문화가 문자와 글쓰기로 이루어진 휴머니즘과 "구텐베르크적 문화"로부터 컴퓨터와 디지털코드로 대변되는 소위 "텔레마틱적 문화"로 이행하게 됨으로써, 우리가 기존에 지녔던 사고방식과 가치──가령 서구의 낡은 휴머니즘──에서 탈피해야 한다는 주장을 담고 있다. 이로써 그는 소위 디지털

시대라는 미디어 변화의 문턱에서 미디어 변화로 귀결되는 인간의 지각 및 사고방식의 변화에 대해 서술하고 있다. 즉, 저자는 역사의 시작 이래로 문자와 책이라는 미디어를 기초로 형성된 선형적·진보적·역사적 사고방식으로부터 새로운 디지털코드에 입각해서 형성되는 비선형적·순환적·탈역사적 사고방식으로의 이행——탈역사——의 필연성, 즉 "패러다임"의 교체를 주장하고 있다.

옆쪽의 그림은 기원전 11세기경 이집트의 테베 왕조기에 네스타네브테쉬라 공주의 "사자의 서"에 수록된 것이다. 그림에서는 글쓰기와 문자를 발명한 달의 신 토트가 태양신 레-하라흐테 앞에서 글쓰기 도구를 가리키며 문자와 글쓰기의 유용함에 대해 설명하고 있다. 기원전 4세기 플라톤은 이를 약간 변형시켜 그의 대화 편 『파이드로스』에서 소크라테스의 음성을 빌려 문자와 숫자 그리고 기하학의 발명인인 이집트의 신 토이트가 이집트의 왕 타무스에게 문자의 효용을 설명하는 장면으로 다음과 같이 기술하고 있다.

소크라테스: 내가 듣기로는 이집트 나우크라티스 땅에 사는 늙은 신들 중에 이비스라고 부르는 성스러운 새를 데리고 다니는 신이 한 명 있었다네. 그 신의 이름은 토이트라고 하지. 이 신은 숫자와 계산 그리고 기하학과 천문학 나아가 널빤지와 주사위 놀이뿐만 아니라 특히 문자를 최초로 발명한 신이라네. 당시 이집트의 전체 왕은 타무스였는데, 그

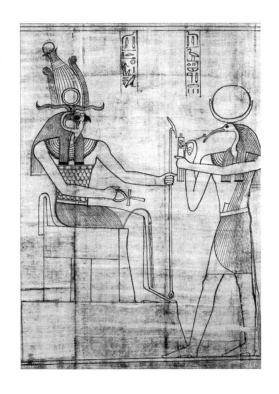

는 우리 그리스인들이 테베라고 부르고 그 신을 암몬이라
고 하는 이집트 나일강 상부지방의 대부분을 통치했지. 어
느날 토이트가 타무스에게로 와서 그에게 자신의 기술들을
나눠 갖는 게 필요하다고 역설했지. 타무스는 그러나 그 각
각의 기술이 갖는 유용성에 관하여 묻고는, 토이트가 이에
대해 설명하자, 한편으로는 칭찬을 하고 그리고 다른 한편
으로는 나무라기도 했는데, 토이트의 설명이 마음에 들기도

했지만 때로는 성에 차지 않기도 했기 때문이었지. …… 그
런데 토이트는 문자에 관해 설명하기에 이르자 "오, 왕이시
여! 문자를 익히게 되면 이집트인들은 더 현명해질 것이고
그들의 기억력은 더 강화될 것입니다. 왜냐하면 문자는 바
로 '기억과 지혜의 영약'으로 발명되었기 때문이지요"라고
말했다네……

그러나 소크라테스의 입으로 전하는 문자사용에 대한 타무
스의 반박논리는 당시로서는 "뉴미디어"의 축에 드는 문자가 그
시초에 아무 저항 없이 사용되지는 않았음을 짐작케 한다. 소크
라테스는 당시 아테네에 보급, 대중화되기 시작한 알파벳 문자
에 대해 다음 네 가지 논리에서 반박한다. "첫째, 문자는 기억과
지혜의 영약이 아니라 오히려 기억력을 저하시킨다. 왜냐하면
문자를 쓰면 인간은 자신의 기억능력에 의존하지 않고 외부의
기호에 자신의 기억력을 맡기기 때문이다. 둘째, 문자는 단지 침
묵하는 텍스트만을 제공하기 때문에 직접 대화로 전달될 때 지
녔던 문답을 통해 의미를 해명할 수 있는 기회를 독자들로부터
박탈한다. 셋째, 문자는 구어적 대화와는 달리 의도적으로 선별
된 수용자들에게만 국한되지 않고, 그 문자를 쓴 저자가 의도하
지 않았던 사람들 사이에서도 회자될 수 있다. 넷째, 쓰여진 문
자의 경우에는 문자를 쓴 저자가 문자와 함께 존재하는 것이 아
니기 때문에, 저자는 자신의 전 개성을 다해 자신이 쓴 글에 진
지한 태도를 보이지 않을 수도 있다"(『파이드로스』, 274c~278b). 문

자에 대한 이와 같은 비판에서 우리는 문자를 통한 지식의 대중화와 민주화에 대해 비판적이었던 보수주의자 소크라테스와 플라톤의 진면목을 발견할 수 있다.

2500년 전 당시 막 사용되기 시작한 문자에 대한 이와 같은 비판과 오늘날 뉴미디어를 거부하고 문자와 책의 형태를 계속 고집하는── 가령 보수주의적인 입장에서의── 휴머니즘적 문화비판론이 사실상 같은 논리에 기초하고 있다는 점은 참으로 아이러니하다고 할 수 있다. 그러나 더 아이러니한 것은, 그러한 책의 종말에 관한 논의 역시 분명 한 명의 저자와 전통적인 책의 형태를 지니고 있다는 것이다. 그러나 이러한 모순적 행위는 이론적 사유의 심화를 위해 결코 회피되어져서는 안 될 것이다. 모순이 때로는 문제를 풀어나가기 위해 전술적·조작적 형태로 활용되어야 하기 때문이다. 문자라는 미디어에 대해 철학적·인식론적인 관점에서 비판적 논리를 제공했던 플라톤조차도 결국은 자신의 구어적 대화들을 문자기록물로 남기지 않았던가?

그런 의미에서 책 없는 세상에 관한 책, 글쓰기와 출판행위에 대해 어떻게 보면 자기반성을 요구하는 이 책은 우리나라에서 플루서라는 철학자의 저작을 처음 소개한 계기가 되었다. 1998년 2월 이 책이 번역된 후 플루서는 한국 문화계의 담론을 풍성하게 하는 데 한몫을 했다고 번역자는 감히 생각한다. 왜냐하면 플루서의 이 책 출판은 이후 그의 다른 책들이 번역되는 계기가 되었기 때문이다. 1998년 번역되어 2002년에 재판을 찍는 등 독자들로부터 많은 사랑을 받았던 이 책이 그동안 절판되어 번역자로서 무척 아쉬웠는데, 이번에 이 책을 다시 고쳐 출판하기로 결정한 엑스플렉스의 결정에 감사한다.

2015년 1월
독일 베를린에서 번역자 윤종석

컴퓨터 글쓰기 연구자 아브라암 몰*을 위하여

* **Abraham Moles**(1920~1992)
막스 벤제와 더불어 정보이론적 미학 및 디자인 이론의 대표 연구자.

0. 서문

자모음들과 다른 문자기호들을 나란히 배열한다는 의미에서의 글쓰기에는 전혀 혹은 거의 미래가 없는 것처럼 보인다. 문자기호라는 코드들보다 정보들을 더 잘 전달하는 코드들이 점차로 나타나고 있다. 지금까지는 문자로 기록되어졌던 많은 것들이 카세트테이프·음반·필름·비디오테이프·마이크로필름 또는 디스켓으로 더 잘 보존될 수 있게 되었다. 더욱이 지금까지는 문자로 기록될 수 없었던 더 많은 것들이 이러한 새로운 코드들로는 기록될 수 있게 되었다. 이와 같이 코드화된 정보들은 문자로 기록된 텍스트들보다 더 간편하게 생산·전달·수용·저장될 수 있다. 미래에는 새로운 코드들을 이용해서 기존의 알파벳이나 아라비아 숫자들을 이용하는 것보다 더 효과적으로 커뮤니케이션하고 학문을 연구하며 정치를 하고 시를 쓰며 또 철학도 할 수 있을 것이다. 그렇게 된다면 문자코드들은 이집트의 상형문자나 인도의 매듭문자가 그랬던 것처럼 도태되어 버릴 수도 있을 것이다.

많은 사람들은 그와 같은 미래상을 인정하려고 하지 않는다. 특히 타성 때문에 그런 것 같다. 그들은 이미 한번 글쓰기를 배웠고 새로운 코드들을 배우기에는 너무 나이가 많기 때문이다.

이와 같은 우리 자신의 타성을 우리는 위대함과 고상함이라는 어떤 신비한 분위기로 감싸려 하고 있다. 말하자면, 호메로스와 같은 시인, 아리스토텔레스와 같은 철학자, 괴테와 같은 작가들이 이룩해 놓았던 위대한 업적들이 글쓰기의 운명과 함께 사라져 버릴 것이라고 생각하고 있다. 성서에 대해서는 언급하지 않기로 하겠다. 다만, (성서의 저자를 포함한) 이러한 위대한 작가들이 그들의 업적들이 카세트테이프로 녹음되고 필름으로 영상화되는 것에 대해 싫어할 것이라고 하는데, 도대체 무슨 근거로 그렇게 말할 수 있는지 모르겠다.

그러나 타성이 모든 것을 해명하지는 않는다. (나도 그런 부류에 속하지만) 글쓰기가 없다면 살 수 없을 것이라고 믿는 부류의 사람들도 있다. 왜냐하면 그들이 호메로스의 글쓰기를 모방하고자 하기 때문이 아니라—— 왜냐하면 그들은 가령 제2의 호메로스 같은 사람이 있다고 하더라도 그가 호메로스와 똑같이 글을 쓸 수 없다는 점을 잘 알고 있기 때문이다—— 바로 자신의 현존재가 글쓰기 행위 속에서 표현되고 오로지 그 속에서만 자신을 표현할 수 있다고 생각하고 있기 때문에, 글쓰기가 없으면 살 수 없을 것이라고 믿고 있는 것이다.

물론 바로 그 점 때문에 그들은 잘못된 길로 접어들 수 있다. 그러나 그들의 태도가 옳고 잡동사니 비디오물이 그들의 현존재—— 즉 그들의 "정신적 형식"——에 적합하지 않다고 가정하더라도, 바로 이런 태도야말로 그들의 현존재 형식이 너무 낡았고, 그런 부류의 사람들은 이미 사멸해 버린 중생대의 공룡과 같은 존재라는 점을 증명하는 증거가 아니고 무엇이겠는가? 소위 말하는 진보는 더 나아지는 것과 무조건 동의어는 아니다. 공룡도 당시에는 그 나름대로 멋진 동물이었다. 그럼에도 불구하고 글쓰기라는 형식에 너무 집착하는 것은 현재 의문의 여지가 많다.

글쓰기에 있어서 특수한 것은 무엇인가? 과연 어떤 점에서 글쓰기가 그와 비교가능한 과거와 미래의 행위들—그림 그리기, 컴퓨터 키보드 두드리기—과 구별되어지는가? 모든 글쓰기 행위, 즉 대리석 표면에 라틴어 자모음을 정으로 새겨넣는 것, 비단 위에 붓으로 중국인의 표의문자를 그리는 것, 칠판 위에 방정식의 기호들을 휘갈겨 쓰는 것, 타자기 자판을 두드리는 것 등에 공통되는 어떤 특정이 존재하는가? 글쓰기 행위를 시작하기 전에는 인간이 과연 어떤 종류의 현존을 영위했을까? 만약 인간이 글쓰기를 포기한다면 그의 현존새는 어떻게 될 것인가? 등과 같은 의문들 그리고 또 다른 수많은 의문들은 분명히 글쓰기 자체뿐만 아니라 쓰여진 글의 읽기에 맞춰져 있을는지도 모른다.

그것은 일단 단순한 의문처럼 여겨진다. 그러나 그 의문에 답하기 위해서는 방대한 분량의 책이 쓰여져야 할 것이다. 바로 그 점 때문에 하나의 난점, 즉 그 책 자체도 그저 하나의 책 일 수밖에 없다는 모순이 도출된다. 책이 아니라면 그 무엇이란 말인가? 그것이야말로 진정으로 풀려져야만 할 의문이다.

1. 메타문자

이 책에서 저자는 문자에 관하여[1] 문자로 기록하려고 한다. 이것은 곰곰이 생각해 본다면 자기 스스로를 올가미에 묶어 놓는 위험한 모험이다. 문자는 이 경우 (마주 서 있는) 대상이면서 동시에 그 대상을 향해 동원된 무기이기도 하다. 그래서 이와 같은 모험은 사유들이 사유 자신을 향해 겨냥하고 있는 메타적 사유(Nachdenken)와 비교될 수 있다. 그러나 이러한 비교가 가리키는 것은, 과연 어디에서 메타적 사유가 문자에 대해 문자로 쓰려는 시도와 구별되는가이다. 메타적 사유라는 단어에서 접두어 '메타'[nach; ~후에, ~뒤에]는 다시 말해서 두 가지 의미를 지닐 수 있다. 한편으로는 나중에 행해지는 사유를 질서짓기 위해 이미 먼저 사유된 사유들의 뒤로 배열해 놓으려는 노력이라는 의미이다. 그리고 다른 한편으로는 이미 사유되어진 사유들의 반대방향으로 그 사유들의 흔적을 더듬기 위해 사유들을 진행시키려는 노력이라는 의미이다. 이 두 가지 전략은 문자에 관해 문자로 기록하는 경우에는 무의미하다. 즉, 문자로 기록된 것에 대해 또 문자로 기록하면서 질서를 부여하고자 하는 것은 문제가 될 수

---

1 Über, "~에 관해서" 혹은 "~를 넘어서"라고도 번역됨.

없다. 왜냐하면 문자로 기록된 것은 이미 질서지어져 있기 때문이다. 문자기호들은 행들 속에서 정돈되어 있고, 각각의 개별 문자기호는 이미 이러한 일차원적 질서의 내부에서 자신에게 부여된 공간을 차지하고 있기 때문이다. 그리고 문자로 기록된 것의 흔적을 찾으려는 것도 문제가 될 수 없다. 왜냐하면 문자기호들은 바로 흔적(그리스어 typoi)에 다름 아니기 때문이다. 문자에 관하여 문자로 기록하는 것은 그 자체가 메타적 사유의 한 종류로 간주될 수 있다. 다시 말해서 새로운 사유들을 매개로 이미 글쓰기 행위와 관련되어 사유된 사유들을 질서화시키고, 이러한 사유된 사유들의 흔적을 뒤쫓고, 이런 과정을 다시 기록하는 시도이다. 이것이 바로 이 책의 목적이기도 하다.

메타적 사유와 문자에 관해서 문자로 기록하는 행위는 따라서 본질적으로 '메타문자'(Überschrift)라고 할 수 있겠다. 유감스럽게도 이 독일어 단어는 이미 "표제어"라는 다른 의미로 쓰이고 있다. 그러나 이와 같은 일상적 의미와는 관계없이 우리는 논의 중에 이 단어를 여기에서 제안된 새로운 의미로 사용할 것이다. 이와 같은 언어폭력을 "언어창조적"이라고 불러줄 사람은 없을까?

모든 글쓰기는 "정확하다". 그것은 문자기호들을 정돈하고 질서짓는 하나의 동작이다. 그리고 문자기호들은 (직접 혹은 간접적으로) 사고들을 위한 기호들이다. 따라서 글쓰기는 사고들을 지향하고 정돈하는 동작이라고 할 수 있다. 글을 쓰는 사람은 이미 사전에 메타적으로 사유했음에 틀림없다. 그리고 문자기호들은 정확한 사유행위로 안내하는 인용부호들이다. 문자에 대한 최초의 접근에서 글쓰기의 배후에 숨겨진 하나의 모티프, 즉 인간은 자신의 사유를 정확한 궤도 속으로 안내하기 위해 글을 쓴다는 글쓰기의 동기가 발견된다. 실제로 문자로 기록된 것을 고찰할 때 처음으로 받는 인상은 바로 이러한 질서지어진 것, 배열되어진 것이라는 점이다. 모든 글쓰기 행위는 정서법에 맞게 정확하게 쓰는 것인데, 바로 이것이 직접적으로 글쓰기 행위의 현재적 위기에 연결되고 있다. 왜냐하면 정서법에 맞게 정확하게 글을 쓰는 것은 정리하고 배열하는 데에 어떤 기계적인 요소를 개입시킬 수 있기 때문이다. 그리고 그 점에서라면 기계들이 인간들보다 글쓰기를 더 잘 수행할 수 있기 때문이다. 인간은 글쓰기 행위 즉 이러한 기호의 질서화 행위를 기계들에게 위임할 수 있다. 이 경우 기계라 함은 전통적인 의미에서의 타자기가 아니다. 왜냐하면 타자기의 경우에는 여전히 자판을 두드림으로써 자판에 배열된 문자기호들을 문자규칙들에 따라 행별로 질서화시켜 주는 인간이라는 존재가 여전히 존재하고 있기 때문이다. 따라서 여기서 의미하는 기계란 이 같은 문자의 질서화를 자동적으로 처리하며 정서법에 맞게 글을 쓰는 기계, 즉 인공지능이다. 그와 같은 종류의 기계들은 근본적으로 정서법에 맞게 글을 쓰는 기계일 뿐만 아니라, 스스로 메타적으로 생각하는 기계이기도 한데, 이는 글쓰기 행위의 미래와 관련해 볼 때 그리고 메타적 사유행위와 관련해 볼 때, 우리에게 여러 가지를 심사숙고하도록 하고 있음에 틀림없다.

글쓰기 행위 중에 사유는 행별로 정돈되어져야만 한다. 왜냐하면 사유들이 쓰여지지 않고 그 사유 자체에 방치되어 버린다면, 사유는 머릿속에서 맴돌면서 순환하는 상태로 있기 때문이다. 사유들의 이와 같은 순환상태—바로 그러한 순환상태 때문에 모든 개개의 사유들은 그에 앞선 사유들로 되돌아갈 수 있다—를 특수한 문맥에서는 "신화적 사고"라고 지칭하고 있다. 문자기호들은 신화적 사고로부터 선형적으로 배열된 사고로 안내하는 하나의 인용부호이다. 앞으로 다시 그 근거를 따져보겠지만, 이와 같은 정확한 사고를 "논리적 사고"라고 부를 수 있다. 즉 문자기호는 논리적 사고로 안내하는 인용부호이다. 좁은 의미에서의 인용부호, 다시 말해서 따옴표(" ")를 관찰해 본 사람이라면 이것을 인식할 수 있을 것이다. 예를 들면 "단어"는 하나의 단어이지만, "문장"은 하나의 문장이 아니다. 이와 같은 사실은 단지 문자로 기술될 수 있다. 왜냐하면 이러한 사실을 말로 이야기하는 사람은 그 사실에 대한 사유들로 어지럽기 때문이다. 어떤 포괄적이고 매우 함축적인 의미에서는 모든 문자기호들이 따옴표라 할 수 있다.

그러나 문자로 기록된 것의 행들은 사유들만을 순서대로 가지런히 정돈하는 것이 아니다. 그것들은 이러한 사유들을 또한 어떤 수용자를 향해 정돈하고 있다. 문자로 기록된 것의 행들은 그것이 끝나는 지점을 넘어서면 어떤 독자와 마주한다. 글쓰기 행위의 배후에 숨어 있는 모티프는 사유들을 정돈하는 것만이 아니라, 또한 사유들을 타인에게 정돈시키는 것이다. 한 편의 글은 어떤 다른 편, 즉 독자와 조우함으로써 비로소 자신의 배후에 숨겨진 의도에 도달하게 된다. 글쓰기 행위는 하나의 메타사유적인 내면으로 향해진 동작일 뿐만 아니라, 그것은 또한 바깥으로 표현(Ausdruck)하는, 외부로 향하는 (정치적인) 몸짓이다. 글쓰기를 하는 사람은 자기 자신의 내면 속으로 그리고 동시에 밖에 있는 자신의 타지를 향해서 압력(Druck)을 행사하는 것이다. 이러한 모순적인 압력은 글쓰기 행위에 대해서 어떤 긴장상태를 야기시키며, 그러한 긴장상태 덕분에 문자는 서양문화를 유지하고 전달하는 하나의 코드로 정착되어 왔고 또 이 문화를 매우 폭발적으로 형성시켜 왔다.

글쓰기 행위에 대한 이러한 최초의 관찰 중에 가장 인상적인 것은 행, 즉 문자기호들의 일직선적인 선형적 진행이다. 글쓰기 행위는 어떤 일차원적인 사고의 표현으로서 나타나고 있고, 따라서 또한 어떤 일차원적인 감정·욕구·가치 그리고 행동의 표현이다. 즉 문자 이전의 전(前)문자적인 의식의 혼돈스러운 순환들로부터 문자의 도움으로 표출되는 어떤 의식의 표현이다. 우리는 이러한 문자의식을 인식하고 있다. 왜냐하면 그것은 바로 우리의 문자의식이고, 우리는 이미 그에 대해 사유해 왔고 또 검토해 왔기 때문이다.

이 책은 최초의 "메타문자론"이 아니다. 비록 다른 제목을 달고 있지만, "메타문자론"에 대해서는 이미 많은 책들이 쓰여졌다. 이러한 "메타문자론"에서는 문자의식에 여러 가지 명칭들이 붙여졌다. 가령 "비판적" 문자의식, "진보적" 문자의식, "계산적" 또는 "서사적" 문자의식이라고도 불려졌다. 이런 모든 명칭들은 그러나 하나의 공통분모로 유도될 수 있다. 문자의식과 관련해서 이 경우 "역사의식"이라는 것에 관해 말할 수 있다.

사태는 그것이 외관상 보이는 것보다 더 근본적이다. 이것은 다시 말해서 다양한 코드들 속에서 특히 문자 속에서도 표현될 수 있는 어떤 역사의식이라는 것이 존재하고 있는 것처럼 보인다는 그런 의미가 아니다. 문자, 이처럼 행의 형태로 기호들을 나란히 배열하는 것이 역사의식을 비로소 가능케 한다. 행의 형태로 문자를 씀으로써 비로소 논리적으로 사고하고 계산하고 비판하고 과학하며 철학할 수 있게 되었고——그리고 그에 걸맞게 행동하는 것이 가능하게 되었다. 그 이전에는 인간은 순환상태에서 맴돌았다. 그리고 점점 더 길게 행의 형태로 문자를 쓰면 쓸수록, 인간은 더 역사적으로 사유하고 행동할 수 있게 된다. 글쓰기의 동작은 역사의식을 출현시켰으며, 이 역사의식은 항상 또 다른 글쓰기에 의해 스스로를 강화·심화시키고 또 한편으로는 글쓰기 자체를 점점 더 강력하고 밀도 있게 되도록 한다. 글쓰는 사람과 역사의식 사이의 이러한 피드백은 의식에 대해서 점차로 증대되는 어떤 긴장을 야기시키는데, 그러한 긴장이 의식을 항상 앞으로 전진해 나가도록 한다. 이것이 바로 역사의 운동역학이다.

따라서 항상 어떤 일이 일어나기(geschehen) 때문에 역사

(Geschichte)가 항상 존재해 왔다고 믿고 싶어하는 것은 하나의 오류이다. 마찬가지로 문자는 단지 일어난 그 무엇을 고정시킨 다고 믿고 싶어하는 것, 역사적 시간을 어떤 역사의 시대이고 그 시대 동안에 일어난 일들을 문자적으로 고정시켰다고 간주하는 것도 오류이다. 왜냐하면 문자의 발명 이전에는 아무것도 역사 적으로 일어나지 않았고 모든 것은 단지 그저 사건으로서 터졌 기(ereignen) 때문이다. 어떤 것이 일어날 수 있기 위해서는, 그것 은 어떤 의식에 의해서 일어난 일(과정)로서 지각되고 파악되어 져야만 한다. 역사 이전(이 명칭은 정확하다)에는 아무것도 일어날 수 없었다. 왜냐하면 일어난 일들을 지각할 수 있는 그 어떤 의 식도 존재하지 않았기 때문이다. 모든 것이 그 당시에는 영원한 순환으로 지각되었다. 비로소 문자의 발명과 더불어, 즉 역사의 식의 출현과 더불어, 일어나는 일(Geschehnis)이 가능하게 된다. 만약 우리가 역사 이전의 일어남에 대해 말하려고 한다면, 우리 는 사후적으로 역사를 쓰면서 시간적 착각을 범하는 것이다. 만 약 우리가 자연사에 대해 말한다면, 그것은 일단은 올바른 것이 다. 왜냐하면 그때는 우리가 [그것이 착각이라는 것을 알면서도 의식적 으로] 의사역사주의(Historizismus)를 행하기 때문이다. 역사는 글 쓰기 행위의 한 기능이자 스스로를 글쓰기 행위 속에서 표현하 는 의식의 기능이기도 하다.

글쓰기 행위, 문자기호들을 행들로 이와 같이 질서화시키는 것은 기계화·자동화가 가능하다. 기계들이 인간들보다 더 빨리 쓰고 있다. 그리고 이것은 기계들이 기호를 나란히 배열하는 규칙들(즉 "정서법"의 규칙들)을 자동적으로 변화시킬 수 있기 때문만이 아니다. 아직은 초보적인 형태이지만 과도기적으로 정서법에 맞게 글쓰는 기계들, 즉 워드프로세서에서 우리는 이미 두 가지 사실을 관찰할 수 있는데, 글쓰기의 신속성과 다변성이 그것이다. 그리고 확실히 미래에는 인공지능들이 더 지능적으로 발전될 것이다. 인공지능들은 우리의 역사의식을 훨씬 능가하는 역사의식을 지닐 것이다. 그것들은 우리가 지금까지 행했던 것보다 더 효과적으로, 더 신속하게 그리고 더 변화무쌍하게 역사를 만들어 갈 것이다. 역사의 운동역학은 상상을 초월하는 것으로 상승할 것이다. 점점 더 많은 것이 일어나고, 일어난 일들은 서로 잇달아 일어날 것이며, 그것들은 더 다채로워질 것이다. 우리 자신과 관련시켜 본다면, 우리는 전체 역사를 자신감 있게 자동적인 기계들에 위임할 수 있게 될 것이다. 이 모든 기계적·자동적 도구들이 우리보다 역사를 더 잘 만들기 때문에, 우리는 다른 것에 전념할 수 있을 것이다. "글쓰기에 미래가 있는가?"라고 물을 때마다 이 에세이는 바로 이 무엇에 전념할 것인가?라는 질문을 하고 있는 것이다.

이 첫 장은 "메타문자"(Überschrift)라고 제목을 붙였다. 왜냐하면 그것은 최초의 장[즉 "표제어"라는 의미에서의 Überschrift]이고, 또한 동시에 여기서는 문자에 관해서 문자로 기록하는 것[즉 "메타(초)문자"라는 의미에서의 Überschrift]이 시도되고 있음을 보여 주려고 하기 때문이다. 균형을 맞추려는 이유에서 마지막 장은 "서명"(Unterschrift)[2]이라고 한다. 이러한 균형 맞추기는 이 책에서 추구된 의도와도 일치하고 있다. 마치 여기에서는 문자가 그것보다 더 적합한 코드들에 추월당하는 것에 대해 그리고 아직 상상될 수 없는 새로운 것에 의해 역사의식이 추월되는 것에 대해 이야기하고 있는 것처럼 여겨질 수도 있다. 그러나 여기서 "메타 문자"(Überschrift)라는 단어를 이 장의 제목으로 붙인 것은 그와 같은 의도 때문은 아니다. 그 반대로 여기서 의도된 것은, 글쓰기 속에 숨겨져 있는 모든 것에 대해 사전에 서명[동의]했고 그에 관계하고 있는 사람, 그리고 문자가 추월당함으로써 잃어버리게 될 모든 것에 대해 나중에 서명[동의]할 사람, 오로지 그 사람만이 문자에 대해 문자화할 권리를 지닌다는 것이다. 단지 그 사람만이 글쓰기에 대해서뿐만 아니라 또한 그것을 넘어서서 더 이상 글쓰지 않음(Nichtmehrschreiben)에 대해서도 문자화할 권리를 지닌다.

2 독일어 "Unterschrift"는 "Überschrift"와의 관계를 놓고 볼 때, Über(위)/Unter(아래)로 대칭되는 쌍이지만, 이 단어는 편지나 저자의 "서명" 또는 "동의"라는 뜻도 지니고 있다.

2. 각명문자

어떻게 글쓰기 행위가 지양될 것인지에 대해 묻기 전에, 먼저 어떻게 인간이 글쓰기를 시작했는가에 대해서 물어보아야 할 것이다. 이 경우에는 어원론적인 분석이 도움이 될 것 같다. "글쓰다"(독일어 schreiben)라는 단어는 라틴어의 "scribere"라는 단어에서 유래되었는데, 이것은 "~에 틈(금)을 내다"라는 의미이다. 그리고 그리스어 "graphein"(글쓰다)은 "새기다"라는 의미이다. 이에 따르면 글쓰기는 근원적으로 어떤 대상 속으로(in) 어떤 것을 새겨넣었고 동시에 어떤 쐐기처럼 뾰족한 연장("철필")을 사용했던 하나의 동작이었다. 그러나 물론 대체로 그렇게는 더 이상 글이 쓰여지지 않는다. 대체적으로 볼 때 지금은 글을 쓸 때 색깔을 표면 위로(auf) 가져다 입히고 있다. 지금은 더 이상 각명문자(Inschrift)들이 아니라 표면문자(Aufschrift)들로 글을 쓰고 있다. 대체적으로 철필을 사용하지 않고 글을 쓰고 있다.

어원론 대신에 고고학을 증인으로 호출한다면, 실제로 처음에는 표면 속으로 새겨넣다가 나중에 표면 위로 적어넣었다는 위의 논리는 물론 의심스러운 것으로 간주될 수 있다. 예를 들면 이집트인들은 처음에는 색깔을 갖다 입혔기 때문이다. 그러나 우리는 하나의 신화, 사실상 서양의 토대를 이루고 있는 신화들 중에서 하나의 신화를 거론할 수 있는데, 그 신화는 그리기[색깔 입히기]에 대한 조각하기[새기기]의 어원론적 우선성을 입증하고 있다.

이 신화에 의하면 신은 자신과 닮은 모습을 흙(헤브라이어로는 "adamah")으로부터 만들었는데, 그 속에 자신의 숨결을 새겨넣고 그로부터 인간(헤브라이어로는 "adam")을 창조했다는 것이다. 모든 신화가 다 그렇듯이 이 신화 역시 많은 의미를 지니고 있으며, 그 의미들은 좀 더 분석될 수 있다. 예를 들면 흙은 물질(위대한 어머니)이고, 그 속으로 신(위대한 아버지)이 자신의 숨결("정신")을 새겨넣었고, 그리고 이와 같이 정신이 불어넣어진 물질인 우리는 이와 같은 성교로부터 생성되었다. 만약 신화의 이러한 의미를 부정하지 않는다면, 이 신화 속에서 글쓰기의 근원이 인식되어진다. 신화가 서술하고 있는 메소포타미아 지방의 흙은 신화 속에서 하나의 벽돌로 형태화되며, 신이 지닌 쐐기형의 철필이 그 벽돌 속으로 조각을 하고, 그렇게 해서 최초의 각명문자인 인간이 창조되었다.

분명히 이 두 가지 해석은 다른 해석들과 조합될 수 있으며, 때로는 근거 없는 (때로는 비의적인) 해석들로 귀결되기도 한다. 그러나 그것은 여기에서 의도하는 바가 아니며, 여기에서는 신화가 조각하는 글쓰기의 동작에 대한 묘사로서 진지하게 다루어지고 있다. 신이 자신의 숨결을 흙 속으로 새겨넣었을 때, 신은 도대체 무엇을 했을까?

신은 일단 대상(흙)을 자신의 손에 거머쥐고(그것을 파악하고),

그런 다음에 그것을 육면체형으로 변형[1]시키고(가공하고), 그리고 마지막으로 그것을 안으로 형태화[2]한다(형태들을 그 안으로 새겨넣었다). 우리는 물론 이것으로써 사태가 아직 종결되지는 않았다는 것을 알고 있다. 신은 다시 말해서 안으로 형태화된[또는 정보가 입력된] 그 벽돌을 더 단단하게 하기 위해서 불에 굽는다. 이에 대해서는 사실 여기에서 언급된 신화가 자세히 서술하고 있지 않고, 그 신화는 낙원으로부터의 추방에 대해 다루고 있다.

위에서 말한 파악과 가공은 우리가 앞으로 행하는 사고들로부터 배제될 수 있다. 왜냐하면 우리의 사고들에서 중요한 것은 글쓰기의 동작이기 때문이다. 여기에서 흥미 있는 것은, 안으로 형태화하기(informieren)와 불에 굽기이다.

안으로 형태화하기는 대상을 향해 지향된 하나의 소극적인 동작이다. 대상을 향해 행동을 취하는 어떤 주체의 동작, 그 동작은 대상들 속으로 구멍을 새긴다. 그것은 "정신"의 구멍들을 자기충족적인 사물들— 이 사물들이 주체를 제한하지 못하게 하기 위해— 안으로 새긴다. 그것은 대상들이 주체에게 내보이는 집요한 저항으로부터 스스로를 해방시키려는 의욕의 동작이다. 새기는 글쓰기는 어떤 정보를 주는 동작이고, 그 동작의 의도는 주체를 가두려는 감옥으로부터 단절하기, 즉 우리를 가두는 객관적 세계의 장벽들 속으로 단절의 구멍들을 파는 것이다.

---

1 um-formen; 문자 그대로 주변·외곽(um)을 형태화(formen)함.
2 in-formieren; 문자 그대로 안·내부(in)로 형태화함. 또는 informieren은 "정보를 주다"를 의미.

비록 "안으로 형태화하기"가 근원적으로는 "어떤 것 속으로 형태를 새기는 것"을 의미하지만, 그것은 현재에는 일련의 또 다른 의미["정보주기"]들을 지니게 되었다(그리고 그럼으로써 사람들로 하여금 서로 상대방에 대해 귀를 기울이게 하는 유행어가 되었다). 이 모든 의미들은 물론 하나의 공통분모——"개연성이 희박하면 희박할수록, 더 많은 정보가치를 지닌다"는 사실——를 지니고 있다.

"정보"[3]는 "엔트로피"[4]에 대해 거울에 비춘 상과 같은 관계이다. 즉, 정보는 점점 더 개연성 있는 상황들 속으로 그리고 결국에는 하나의 형태 없는 극도의 개연적인 상황 속으로 추락하는 모든 대상들(대상적 세계 일반)의 경향[소위 말하는 엔트로피 법칙]과는 반대되는 방향을 취한다. 비록 이러한 모든 객체적인 것에 내재해 있는 엔트로피로의 경향이 몇 번이고 되풀이해서 거꾸로 뒤집혀지고 우연히 비개연적인 상황들로 귀결될 수 있다고 하더라도(자연 속에서는 정보들이 마치 나선성운이나 인간 두뇌와 마찬가지로 몇 번이고 되풀이하여 생성된다). 정보주기의 몸짓에 대해 말하자면, 거기에서는 엔트로피에 이르는 객관적 경향을 부정하려는 어떤 주체의 의도가 그 속에서 표현되고 있다고 할 수 있다. 우리는 부조리한 방식으로 열의 소멸[Wärmetod; 저온으로 인한 우주소멸 가설]로 경향지어지는 물질에 대해 "정신"을 대립시키기 위해 정보를 부여한다(비개연적인 상황들을 만들어 낸다). 이러한 "정신"

---

3 플루서에게서의 정보란 구성요소들의 어떤 비개연적인 조합을 의미함.
4 플루서가 의미하는 엔트로피 개념은 점점 더 개연성이 높은 곳으로 흐르는 경향을 말함.

은 조각하는 글쓰기 과정에서 대상을 "정신화"시키기 위해, 즉 비개연적으로 만들기 위해 대상 속으로 침투해 들어간다.

대상들은 그러나 심술궂다. 엔트로피에 이르는 대상의 경향은 대상들 속으로 새겨진 모든 정보들을 시간과 혼합할 것이다. "정신"이 대상들 속에서 찍어 놓은 모든 것이 시간과 더불어 잊혀질 것이다. 부조리한 객관적 세계는 정보를 주려는 주체의 의지보다 강력하다. "정신"은 자신의 정보들이 소멸되기 전까지만이라도 시간이 지속되기를 소망하기만 할 뿐이다. 새기면서 각 명문자를 쓰는 사람은 그에 의해서 새겨지는 대상이 너무 빨리 소멸되지 않기만을 소망할 뿐이다(새기는 글을 쓰는 자가 신이었더라도 그럴 것이다). 그가 이제 대상들의 파악과 가공에서 확신하고 있는 것은, 대상들에게 있어서는 소멸로 이르려는 경향이 정반대로 그 내성에 정보를 주고자 하는 "정신"에 대항하는 대상의 저항으로 이르는 경향이라는 점이다. 즉 대상들이 더 좋은 기억들을 가지면 가질수록, 대상 속으로 새기는 것은 더 힘들어진다(예를 들면 청동이나 대리석). 반대로 대상 속으로 새기는 것이 더 쉬우면 쉬울수록(예를 들면 흙), 대상 속에 새겨진 정보들은 점점 더 빨리 소멸된다. 만약 문자가 오랜 세월 동안 읽혀질 수 있게 되려면 글쓰기는 고통스러운 모험이 될 것이고, 반대로 힘들이지 않고 쓰여진 문자라면 얼마가지 않아 읽힐 수 없게 될 것이다. 이것은 불유쾌한 선택이다. 새기는 글쓰기는 이러한 선택 앞에 세워져 있다(그리고 모든 정보주기는 전자기적으로 전달되는 정보의 발명 앞에 세워져 있다).

이러한 딜레마로부터 벗어날 수 있는 하나의 탈출구가 있다. 흙벽돌 속으로 글을 새겨넣고 이 벽돌을 그 다음에 태워 구울 수 있다. 먼저 하나의 단단하지 않은 대상을 선택해서 정보를 이식시키고, 그런 다음 그것이 빨리 잊혀지지 않도록 하기 위해서 그것을 단단히 할 수 있다. 이로써 이렇다 할 만한 객관적 저항 없이 정보를 이식시킬 수 있는 동시에, 대상을 사용할 때 나타나는 의외의 난관도 오랫동안 극복할 수 있다. 기억력 강화를 목적으로 벽돌굽기를 발명한 것은 "정신"이 이룩한 고도의 성취물이며, 서양의 전체 역사는 이러한 테마의 연속되는 베리에이션들로 간주될 수 있다—— 즉 원고들의 필사와 도서인쇄를 거쳐서 자동적인 기억장치들과 인공지능들에 이르기까지. 문제는 한 테마의 베리에이션이다. 즉 정보들을 생산하고, 그것들을 전승시키고 그것들을 항구적으로(가능한 한 "영구적으로") 저장시키는 것, 주체의 자유로운 정신, 불멸성에 대한 주체의 소원, 대상의 악의적인 관성과 그것의 열의 소멸로의 경향에 대항하는 것 등등. 새기는 글쓰기 즉 각명문자는 이렇게 본다면 자유의지의 한 표현이다.

새기는 글쓰기의 모델로 간주된 인간창조에 관한 신화는 또다른 한 측면을 내포하고 있다. 그것은 새기는 글쓰기(그리고 글쓰기 일반)에서 본질적인 면을 간파하는 것을 감히 가능케 한다. 신은 흙으로부터 자신과 닮은 모습을 형상화했고, 이 닮은꼴 속으로 자신의 숨결을 새긴다. 형체가 없는 흙 속으로가 아니라 흙으로 된 형상 속으로 신은 새겨넣었다. 그냥 주어진 것("흙"이라는 데이터)이 아니라, 어떤 만들어진 것("신"이라는 형상)을 향해 신은 새겨넣었다. 다시 말해서 하나의 실재사실(Faktum)을 향해서. 글쓰기의 몸짓은 직접적으로 어떤 대상을 향하는 것이 아니라, 매개를 거쳐 즉 하나의 형상을 관통하거나 어떤 형상의 중개를 거쳐서 향한다. 신은 하나의 형상을 파손시키기 위해 흙 속에 새긴다. 그 새기는 글쓰기(글쓰기 일반)는 형상[우상]파괴주의적이다.

다시 한번 어원론을 증인으로 소환해 보자. 영어의 "글쓰기"(to write; 그것은 실제로 라틴어 "scribere"처럼 또한 "~ 틈[금]을 내다"의 의미이다)라는 단어가 상기시켜 주는 것은, "~ 틈(금)을 내다(ritzen)"라는 단어와 "~을 찢다(reißen)"라는 단어가 동일한 어원에서 유래하고 있다는 사실이다. 금을 내는 철필은 하나의 송곳니(Reißzahn)이고, 각명문자들을 쓰는 사람은 맹수(ein reißender Tiger)와 같은 사람이다. 즉 그는 형상들을 파괴한다. 각명문자들은 갈기갈기 찢겨진 파괴된 형상의 시체들이다. 그것들은 글쓰기의 살인적 송곳니에 희생물이 된 형상들이다. 따라서 각명문자들의 최초의 수용자들은 경악을 금치 못했다. 고대의 유대인들은 각명문자들로 새겨진 두 개의 돌판들[5] 앞에서 겁먹은 듯 무릎을 꿇었다. 그리고 거기에는 아직 각명문자들을 지니지 않았던 황금시대에 관한 소문이 다음과 같이 변형된 형태로 쓰여 있었다. "그 당시에는 아직은 견고한 청동으로 된 위협적인 말들이

---

5 여호와가 두 개의 석판에 직접 손가락으로 써서 모세에게 준 십계명(「출애굽기」, 20장).

읽혀지지 않았다(nec verba minantia fĭxo aere legebantur)."

글을 쓰는 송곳니는 우리가 객관적인 세계로부터 만들어 내는 형상들에 대항한다. 그것은 우리가 객관적인 세계 앞으로 세워 놓았던 상상적인 것, 마술적인 것 그리고 제의적인 것의 영역에 대항한다. 그것은 세계에 관한 우리의 표상들을 파괴하는데, 그것은 그와 같이 갈기갈기 찢겨진("표출된") 표상들을 정돈된 행으로, 계산가능하고 설명가능하고 비판가능한 개념들로 질서화시키기 위해서이다. 인간창조에 관한 신화는 모든 글쓰기의 반-마술적인 앙가주망을 가리킨다. 따라서 근본적으로는 모든 문자가 경악이다. 그것은 우리를 전(前)문자적인 표상들로부터 경악케 하며, 우리의 전문자적인 의식 속에 있는 세계와 그 안에 있는 우리 자신을 의미했던 형상들로부터 우리를 떼어 놓는다.

이러한 논리가 이야기하는 것은, 글쓰기의 의도는 사고의 현기증나는 순환으로부터 행으로 정돈된 사고로의 안내라는 것이다. 따라서, 전역사적인 사고의 순환으로부터 행의 형태를 갖춘 역사적 사고로의 안내라는 것(즉 마술적이라는 것)이다. 실제적으로 글쓰기에 있어서 관건이 되는 것은, 사고의 코드변환, 형상의 이차원적 평면코드로부터 일차원적 행코드로의 번역, 꽉 짜여 있어 뒤범벅 상태인 형상코드들로부터 명석판명한 문자코드로의 번역, 표상으로부터 개념으로의 번역, 장면들로부터 과정으로의 번역, 콘텍스트들로부터 텍스트로의 번역 등이다. 글쓰기는 관념들의 파괴와 투명화를 위한 한 방법이다. 글쓰기가 진보되면 될수록, 글쓰는 송곳니는 우리 기억 속에서 자리잡고 있는 표상들의 심연들 속으로 점점 더 깊이 밀고 들어가 표상들을 파괴하고, "기술"하고 "설명"하며 개념들로 코드변환한다. 행들을 따라 기억("무의식")의 깊은 심연으로 그리고 표상들에 의해 노출된 객관적 세계를 향해 이와 같이 글쓰기가 행진하는 것이 우리가 바로 "역사"라고 부르는 것이다. 역사는 계속 전진하는 파악[거머쥠]이다.

신화에 의하면, 신은 자신과 닮은 형상을 (우리가 이러한 닮은 형상을 인간과 닮은 하나의 인형 내지는 하나의 벽돌이라고 생각하고 있다는 것과는 무관하게) 파괴하고, 그리고 그는 바로 그럼으로써 우리에게 글을 쓰고 있다. 바로 그렇게, 신의 각명문자들로서, 신은 우리를 세계로 보냈고, 우리를 낙원으로부터 세상으로 추방시켰으며 우리를 불태웠고 강화시켰다. 그럼으로써 우리는 세계 (그리고 우리 자신)를 묘사하고 설명하고 파악하고 지배할 수 있게 되었다. 이렇게 우리는 창조되었고, 이 목적을 위해 우리는 문자로 기록되었으며, 그 목적을 위해 우리는 세상으로 특파되어졌고, 그것이 우리의 운명이다. 아랍어 "maqtub"이라는 단어의 의미는 "운명"인 동시에 "각명문자"이다. 만약 우리가 문자코드들을 다른 더 능력 있는 코드들로 대체한다면 우리는 무엇을 포기하게 될까? 아마도 직접 또는 간접적으로 여기에서 언급된 신화에 발을 디디고 있는 모든 인간학들, 어쩌면 우리 서양인들이 구사하고 있는 모든 인간학[휴머니즘]들이 바로 그것일 것이다.

방금 고찰한 각명문자들, 즉 대상들 속으로 이와 같이 정보들을 새겨넣는 것은 오래전부터 더 이상 시대에 적합하지 않다. 우리는 현재 불로 구워진 흙벽돌이나 정으로 새긴 비문들에 의해 에워싸여 있지 않고, 그 대신에 우리는 인쇄물, 색깔들로 얼룩진 종잇장들의 홍수 속에서 헤엄치고 있다. 각명문자들이 아니라 표면문자들이 우리를 흠뻑 적시고 있는 문자들이다. 과연 어떤 점에서 표면문자들이 각명문자들로부터 구분되어지는가, 그리고 인간이 표면문자를 쓸 때는 무엇을 행하고 있는가?라는 문제가 제기되어야 한다.

3. 표면문자

문자기호들이 대상들 속으로 새겨지느냐 아니면 대상들의 표면 위로 색깔이 입혀지느냐 하는 것은 단순히 기술의 문제이다. 기술의 문제라는 것은 그러나 결코 단순히 기술적인 문제만은 아니다. 기술과 그 기술을 적용시키는 인간 사이에는 하나의 복잡한 피드백 관계가 존재하고 있다. 스스로를 변화시키는 의식은 변화된 기술을 요청하고, 변화된 기술은 그 의식을 변화시킨다. 인간이 돌 대신에 청동으로 된 연장을 만들기 시작했을 때, 이것은 자기 스스로를 변화시키는 어떤 의식의 표현인 동시에 하나의 새로운 의식형태로의 출발점이다. 그 점에서 석기시대의 인간 그리고 청동기시대의 인간——또는 각명문자의 인간 그리고 표면문자의 인간이라고 말하는 것이 옳을 수도 있다.

위 두 가지의 문자방법들 사이에서 가장 현격한 기술적 차이는 바로 다음과 같다. 즉 새겨넣는 글을 쓸 때에는 철필 같은 것이, 표면 위에 적는 글을 쓸 때에는 붓(또는 붓의 후예들)이 사용된다는 점이다. 철필은 쐐기와 같은 것으로서, 그 메커니즘적 원리들은 아무리 늦춰 잡아도 고대의 그리스인들이 정확히 인식했다. 복잡한 과정을 거쳐서 붓 속에 잉크방울들이 삽입되었지만, 비로소 서서히 물리학과 화학을 응용하기 시작했다. 철필은 붓보다는 원시적인 도구이다. 그러나 붓질은 정질보다 더 편하다. 철필은 붓보다 구조적으로는 더 간단하지만 기능적으로는 더 복잡하다. 이것은 진보의 한 특징이다. 즉 모든 것은 기능적으로 더 간단해지기 위해 구조적으로는 더 복잡해진다(이것은 먼저 철필로 새기는 글이 새겨지다가 나중에 붓으로 표면 위에 적는 글이 쓰여졌다는 것을 암시하는 또 다른 사례이다).

인간은 힘을 덜 들이면서도 더 빨리 쓰기 위하여 정으로 새기지 않고 붓질을 한다. 글쓰기에 있어서의 신속성은 각명문자와 표면문자 사이의 근본적인 차이다. 인간은 붓이나 깃털(자연적인 붓)을 움켜쥐고, 그래서 탄력 있게, 날개를 단 듯이, 마치 나는 것처럼 글을 쓴다. 그 다음에 인간은 깃털이 달린 둥근 부분이 아니라—깃털의 반대편으로 뒤집어서—좀 더 빨리 쓰기 위해 깃털이 안 달린 뼈대 부분 즉 깃촉[펜촉]으로 글을 쓴다. (그런데 깃털의 이와 같은 방향전환—즉 서양의 이와 같은 반동양적 몸짓—은 좀 더 자세히 생각해 볼 만한 가치가 있다.[1]) 거위 깃촉으로부터 인간은 나중에 점점 더 빨리 쓰여지는 도구들—볼펜, 타자기, 워드프로세서—을 발전시킨다. 다시 말해서 점점 더 빠른 깃털을 발전시켰다. 그 점에서 서양의 글쓰는 작가들은 깃털 달린 동물로 분류될 수 있다.

각명문자들은 힘들고 느리면서도 따라서 신중하게 만들어

---

[1] 원래 이집트인들은 깃털로 표면 위에 상형문자를 썼으나, 그리스인들은 깃촉으로 알파벳 문자를 썼다. 플루서는 이것을 서양의 반동양적 몸짓으로 해석한다.

지는 문자들이다. 그것은 "기념비들"(Monumente)이다("monere"
라는 라틴어는 "기념하다"라는 의미이다). 표면문자들은 가볍게 표면
들 위로 던져진 문자들인데, 그 문자들의 의도는 독자에게 어떤
메시지를 가르치는 것이다. 그것들은 "기록문서들"(Dokumente)
이다("docere"는 "가르치다"라는 의미이다). 각명문자는 기념비적이
고, 표면문자들은 도큐먼트[기록]적이다. 이러한 차이는 항상 분
명한 것은 아니다. 왜냐하면 로마인들이 그들의 철필들로 밀랍
판 속으로 새겨넣었을 때, 그들에게 중요했던 것은 그들의 개념
들을 다루는 것이었기 때문이다. 즉 그들은 기록문서화하고자
했다. 반면 중세기의 수도승들이 그들의 거위 깃촉으로 힘들여
서 그리고 공을 들여서 어떤 성스러운 자모음을 차례차례 양피
지 위에 입혀 놓았을 때, 그들에게 중요했던 것은 신성을 관조하
는 것 즉 신성의 기념비들을 세우는 것이었기 때문이다. 그렇다
고 해서 이런 논리가 고대 로마인들이 중세인들보다 붓질을 더
잘했고 중세 수도승들이 로마인들보다 정질을 더 잘했을는지도
모른다는 그런 식의 이야기는 아니다.

우리의 문자기록물[Literatur; 문학]은 (가령 메소포타미아의 문자기
록물처럼) 기념비적이지는 않다. 그것은 심사숙고와 관조를 요구
하지 않는다. 그것은 도큐먼트적이고, 가르치려 하고 있고 교훈
을 주려고 한다. 우리의 문자기록물은 지혜로운 사람을 원하지
않는다. 그것은 박식한 사람(Doktor)들을 원하고 있다. 그것은 빨
리 읽히기 위해서 빨리 쓰여졌다. 그리고 이러한 속도는 우리가
오늘날 헤엄치고 있는 문자기록물들의 점점 더 증대되는 흐름

의 역학을 설명하는 여러 가지 이유들 중 하나이다.

깃털들과 이후 그것의 발달된 형태들은 관[Kanal; 채널]들이다. 그 형태가 지금 관이냐 아니냐와는 상관없이, 그것들은 대개는 검은 잉크를 대체로 하얀 표면 위로 입히기 위해 운반한다. 글을 쓰는 깃털을 쥐고 있는 손은 관들에게 잉크를 문자기호의 형태로 입힐 것을 명령한다. 따라서 글을 쓰는 사람은 화가가 아니라 도안사이다. 그는 색깔들이 어떤 것을 나타낼 수 있도록 하려고 표면을 덮기 위해 그 표면을 색깔들로써 덮는 것이 아니다. 그는 잉크의 색깔과 표면의 색깔 사이의 어떤 대조를 생산해 내려고 하는데, 그럼으로써 기호는 분명하고 선명하게 된다(하얀 바탕에 검은색으로 두드러져 보인다). 표상이 아니라, 분명성과 선명성(분명한 판독가능성)이 그의 목적이다. 글쓰기는 어떤 마술적이고 얽히고설킨 사고의 표현이 아니라, 하나의 담론적이고 역사적인 사고의 표현이다.

글을 쓰는 사람은 도안사(Zeichensteller), 제도사, 디자이너, 기호학자이다. 그리고 실제로 그는 바로 도안사이다. 그의 도안은 "스케치"라고 불린다. 이 "스케치하다"(skizzieren)라는 단어는 그리스어 어간 "sche"에서 유래되었는데, 그것의 의미는 "~을 붙잡으려고 노력하다"이다. 표면문자들은 스케치들이고, 그것들은 도식적이다. 깃털로 글을 쓰고 읽을 때의 여유가 없는 서두름이 표현되고 있다. 원래 모든 문자기록물 비판[Literaturkritik; 문학비평]은 그것에 의해 연구되어지는 대상의 이와 같은 소모적인 성격으로부터 출발하고 있는 듯하다. 문자기록물 비판은 이러한 성격을 밝히는 데 대체로 소홀하다. 왜냐하면 문자들이 성급하게 내던져졌다는 사실이 문자들로부터는 대개는 간파되어지지 않기 때문이다. 반대로, 우리는 문자들 중 많은 곳에서——왜냐하면 다시 말해서 끊어짐 없이 단 한 줄로 글을 쓰는 것은 불가능하기 때문이다——깊은 사고로 유도하는 것처럼 보이는 중단들과 휴식들을 발견하기 때문이다. 이와 같은 피할 수 없는 구멍들("시간대의 단면들")을 표면문자들 속에서 고려하는 것이 필요하다.

깃털들은 항상 반복해서 교체되어야 하고, 잉크스탠드에 꽂혀져야 한다. 심지어는 기술적 측면에서 상대적으로 발전된 타자기의 경우에도 잉크리본의 교환이 필요하다. 아무리 발전되었다고 하더라도 잉크의 흐름을 이용한 필기도구라면 어쩔 수 없다. 또한 기호들로 덮여지는 표면들도 무제한적인 것은 아니다. 왜냐하면 우리는 만약 먼저 쓰던 페이지가 다 덮이면, 또 다른 새 페이지를 골라야 하기 때문이다. 표면문자가 텔레타이프[Teletype; 자동식자기]에 의해 대체됨으로써 비로소 끊어짐이 없는 글쓰기 흐름 속에서 글을 쓰는 것이 기술적으로 가능해졌다.

그러나 끊어짐이 없는 글쓰기 방법은 물질적·대상적으로 글쓰기에 제동을 거는 장애들을 극복한다고 해서 가능하게 되는 것은 아니다. (그것이 논리적이든 통사론적이든, 알파벳 문자의 경우 음성적이고 음악적이든지 간에) 정서법의 규칙들은 "계산의 결과물"이다. 다시 말해서 그것들은 기호들 사이의 간격을 요구한다. 우리는 이러한 간격들을 단어들, 문장들, 단락들 그리고 장들 사이에도 설정해야 한다. 표면문자적 글쓰기의 동작은 "스타카토"[분리·단음적]이다. 왜냐하면 글쓰기 코드 자체가 과립형이기 때문이다("구별"이 있기 때문이다).

표면문자적 글쓰기의 동작이 소모적인 동시에 정지적이라는 사실은 글쓰는 사람의 의식으로 소급된다. 그 점은 "역사의식"을 구조화하고 있다. 우리는 비록 성급하게 그리고 도식적으로 (결과 지점, 미래에 맞춰서 서두르면서) 글을 쓰고 (그리고 사고하고) 있지만, 그러나 천식환자가 호흡을 가다듬듯이 쓰고 있다(그리고 생각한다). 우리는 항상 반복해서 호흡을 가다듬기 위해 중단해야만 한다. 표면문자적 글쓰기와 표면문자로 글을 쓰는 사고 속에서의 이러한 내면적인 변증법, 즉 한편으로는 어떤 절박한 충동에 의해 쫓기고 다른 한편으로는 명상적인 휴식을 취하도록 강요되는 이러한 의식은 우리가 "비판적 사고"라고 부르는 것이다. 우리는 표면문자적으로 쓰여진 것을 비판적으로 조망하기 위해서 항상 표면문자적 글쓰기의 흐름으로부터 뛰쳐나가도록 강요되고 있다. 표면문자적 글쓰기는 하나의 비판적인 동작이고, 반복해서 중단되어지는 동작이다. 그러한 위기들은 규준들을 요구하고 있다. 표면문자적 글쓰기에 적용되는 것은 모든 역사에도 적용된다.

표면문자적 글쓰기의 소모적이면서도 정지적이고 도식적이면서도 비판적인 성격은 행의 형태로 정돈된 사고(와 행동)의 구조에 대한 어떤 깊은 통찰을 가능케 한다. 이러한 사고(그리고 행동)는 과거로부터 다가와서 미래를 향해 서두르고 동시에 현재를 뚫고─그 현재에서 정지하지 않고─지나가는 어떤 시간을 따라 굴러가고 있다. 이와 같은 시간은 실존적으로는 끝까지 시종일관할 수 없다. 왜냐하면 급히 지나친 현재는 우리가 "현존" 하고 있는 바로 그 장소이기 때문이다. 즉 현재는 우리가 항상 서 있는 곳이다. 그것은 또한 세계가 실현(현재화)되는 장소이며, 사실상 과거뿐만 아니라 미래도 실현되는 장소이다. 미래는 현재의 지평이며, 그 지평으로부터는 가능성들이 나타나고, 그 지평을 향해서 우리는 현재로부터 이 가능성을 현실적으로 현재적으로 만들기 위해 출발하고 있다. 과거는 만약 그것이 현재 속에서 지양되지 않는다면 무(無)이다(그것은 그냥 지나가 버리는 것이다). 현재를─거기에서 멈추지 않고─그냥 스쳐 지나가는 사고(그리고 행동)는 실존적으로 잘못된 사고(와 행동)이다.

인간이 천천히 힘들게 그리고 신중하게 각명문자들을 쓰고 있었던 동안에는, 역사적으로 정돈된 사고의 광기가 잠복된 채 숨어 있었다. 그러한 좋은 과거의 시대는 서서히 그리고 조용히 굴러갔는데, 그 시대는 아직까지 헤라클레이토스가 말했던 황금시대로 간주되지는 않는다. 인간은 그 시대와 더불어 생활할 수 있었다. 그러나 표면문자적 글쓰기와 더불어 진보가 가속력을 얻기 시작한다. 이제 진보는 질주한다. 비로소 표면문자적 글쓰기와 더불어 역사적 의식은 긴 여정을 떠난다. 단순히 가능성만을 위해서 모든 현실적인 것을 이처럼 포기하는 것, 생성을 위해 모든 존재를 포기하는 것, 그것은 시종일관하게 유지될 수는 없는 것이다. 이것은, 우리가 표면문자적 글쓰기 속에서 항상 또

다시 정지하도록 강요당하는 이유이며, 우리가 위기 속으로의 추락을 피할 수 없는 심오한 이유이기도 하다. 진보가 우리들을 휘감고 있지만, 우리는 항상 현실과의 접촉을 완전히 상실하지 않기 위해서 그리고 완전히 진보적이지 않고 광적이지 않기 위해서 진보로부터 뛰쳐나오고 있다.

현재 뚜렷하게 드러나고 있듯이, 중간에 끊기지 않는 표면 문자적 글쓰기, 즉 끊기지 않고 항상 점점 더 가속도가 붙어가는 진보는 결국 기계장치[2]들의 본질이다. 비디오 텍스트들이 컴퓨터 터미널 위에 나타날 때 느끼는 숨 가쁜 속도감에 대한 관찰만으로도 충분하다. 기계장치들은 어떠한 실존적인 제동장치도 가지고 있지 않다. 그것들은 존재하지 않으며, 그것들에 가속도가 붙었다 해도 숨을 헐떡거릴 필요가 없다. 그 결과 우리는 진보—즉 역사적 사고와 행위들—를 기계장치에 맡길 수도 있다. 기계들이 역사적 사고와 행위들을 우리보다 더 잘 수행한다. 그리고 우리는 우리 스스로를 전체 역사로부터 해방시킬 수 있으며, 역사를 단지 구경만 하고 우리를 다른 것(현재의 구체적 체험)을 위해 열어 놓을 수도 있다.

엿보기와 관조를 위한 것이라면 문자들은 적합한 코드가 아니다. 그것을 위해서라면 그림[영상]들이 더 적합하다. 우리는 지금 표면적 글쓰기(글쓰기 일반)를 기계장치에 위임하고 영상 만

---

2 플루서가 말하는 기계란, 과학적 이론의 기초 위에서 물체적 조직을 시뮬레이션하는 작업도구를 말한다.

들기와 영상에 대한 탐닉에 집중할 준비가 되어 있다. 우리는 지금 "기술적 영상의 우주"[3] 속으로 옮겨 가서, 거기로부터 기계장치들에 의해 자동적으로 쓰여지는 역사를 내려다 볼 준비가 되어 있다. 그러나 이러한 옮겨 가기는 극도로 복잡한 과정이다. 글쓰기가 당장 극복되어질 수는 없다. 그 이유는 첫째, 우리가 관조하고 있는 영상들은 역사(기계장치들)로부터 가까이 다가오고 있기 때문이다. 둘째, 이 영상들은 역사(기계장치들)를 프로그래밍하기 때문이다. 그리고 셋째, 그 기계장치들은 우리가 지금까지 문자화해 왔던 것과 같은 식으로는 문자화할 수 없기 때문이다. 왜냐하면 그것들은 다른 코드를 사용하기 때문이다. 기계장치들에 의해서 쓰여지는(그리고 만들어지는) 역사는 하나의 또 다른 역사이다. 그것은 더 이상 단어의 글자적 의미에서의 역사 [Geschichte; 일어남. 동사 geschehen에서 유래]가 아니다. 기술적 영상의 우주 속으로 옮겨 가기는, 특히 바로 그 과정이 자모음적 사고 즉 자모음들에 휘말려 비틀거릴 수 있기 때문에, 복잡다단한 과정이다.

표면문자들은 특히 문자기록적·자모음적 문자들이다──비록 다른 문자기록들(예컨대 아라비아 숫자)도 그와 같은 문자형태로 나타나지만, 기술적 영상들의 알파벳 이후적 우주로의 힘든 옮겨 가기는 우리들에게 자모음[알파벳]들에 대해, 그것을 배척하고 묵살하기 전에, 한번쯤 숙고해 볼 것을 요구하고 있다.

---

3 기술적 영상이란 전통적인 그림과는 달리 기계장치에 의해 생성되는 영상이다.

4. 자모음

우리가 수백 년 동안 선형적 기록을 위해 이용해 왔던 문자숫자적(alphanumerisch) 코드는 다양한 종류들의 기호들로 구성된 하나의 잡종이다. 즉 자모음(소리들을 위한 기호), 숫자(수량을 위한 기호) 그리고 글쓰기 게임의 규칙들을 위한 정확히 정의되지 않는 수의 기호들(예를 들면 구두점, 괄호, 그리고 인용부호)의 혼합물이다. 이러한 종류의 기호들은 각각 글쓰는 사람에게 그들 자신에게 적합한 사고방식에 따라 사고할 것을 요구한다. 우리가 방정식을 쓸 때에는, 어떤 언어의 규칙들이나 단어들에 대한 상징들을 쓰는 경우와는 다른 방식으로 사고해야만 한다. 우리는 이러한 이질적인 코드들을 쓰고 읽는 중에, 우리에게 불가피하게 강요되는 사고의 비약들을 바로 다음과 같은 이유 때문에 의식하지 못하고 있다. 즉 우리는 얼핏 보아서는 탄력적인 것처럼 보이는 행에 공손하게 복종하기 때문이다. 여기에서 문제가 되는 것은 문자숫자적 코드에 특징적인 자모음들에 상응하는 사고방식이다. 결국 우리는 문서들을 "문자기록물"(Literatur; 자모음들의 덩어리를 의미함)이라고 부르고 있고, "문자기록적"(자모음적) 문화유산에 관해 이야기하고 있다.

보론: 숫자

타자기는 그 구조상 기호들을 행들로 질서화한다. 그 결과로 나타나는 것은 알파벳을 위해 적합한 질서이지 결코 숫자들을 위해 적합한 질서는 아니다——그 증거는 문자숫자적 코드에서는 숫자들이 자모음들에 의해서 폭행당하고 있다는 점이다. 비록 특수한 인위적 조작을 통해서 타자기가 수학적 방정식들과 복잡한 물리학적 공식들을 재현하도록 작동시키는 것이 가능하기는 하지만, 그것을 통해서는 기호들이 단지 힘들여서 그리고 폭력적으로 배열된다. 자모음들에 의한 숫자들의 폭력에서 중요한 것은 자모음적 사고방식에 의한 숫자적 사고방식의 폭력인데 이는 문자숫자적 코드에 의해 수행된 서양적 사고방식의 중요한 특징이다.

자모음들은 발음된 소리들을 위한 기호들이기 때문에, 알파벳적인 텍스트는 어떤 음성적 발화의 총보[악보]와 같다. 그것은 소리들을 시각화시키고 있다. 이에 반해서 숫자들은 이념들, 즉 "내면의 눈들"로써 간파된 형상[이미지]들을 위한 기호이다(숫자 "2"는 어떤 쌍이라는 마음의 이미지를 위한 기호이다). 물론 숫자들은 극도로 추상적인 형상들을 가리킬 수 있으며, 그래서 마음속에서 생각된 형상을 끄집어내 읽는다는 것은 단지 하나의 훈련된 눈에 의해서만 가능하다. 따라서 자모음들은 청각적 지각들을 반영하고 있고, 반면에 숫자들은 시각적 지각들을 반영하고 있다. 자모음들은 음악의 영역에 속하고, 숫자들은 묘사적인 예술들의 영역에 속한다. 신경생리학에 의하면 자모음들은 숫자들과는 다른 두뇌기능들을 동원하고, 대뇌와 소뇌 양쪽 두뇌는 자모음을 읽을 때 숫자들을 읽을 때와는 다르게 반응한다고 한다. 문자숫자적 코드는 어떤 뇌의 단절을 야기하는 것처럼 보이는데, 그러한 작용을 통해서 자모음들은 숫자들을 억압하는 데 성공하고 있다.

말(Wort)과 그림(Bild) 즉 "로고스"와 "에이도스" 사이의 변증법은 문자숫자적 코드 속에서의 내면적 긴장으로부터만 가시화되고 있는 것은 아니지만, 그것은 문자숫자적으로 표명된 텍스트에서 특히 분명히 나타나고 있다. 예를 들면 어떤 과학적 텍스트의 한 페이지를 관찰해 본다면, 우리는 거기에서 숫자들의 섬에 부딪혀 끊어져 있는 자모음들의 행들을 발견할 것이다. 눈은 행의 왼쪽에서 오른쪽으로 행을 따라 움직이다가, 숫자들의 섬에 부딪히면 그 주변에서 순환만 한다. 자모음의 행은 눈에 대해서 수용된 메시지를 두뇌 속 어느 장소에 청각적인 것으로—즉 어떤 선형적인 담론으로— 번역시킬 것을 요구하고 있다. 눈 자체는 이에 반해서 숫자의 섬들("알고리듬들")에 의해서 의미된 것을 주시할 수 있다. 눈은 알고리듬의 개별요소들을 연결하는 특정한 실마리들만을 뒤쫓아야 한다. 따라서 자모음 읽기는 하나의 일차원적인 움직임이고, 숫자 읽기는 하나의 이차원적인 움직임이다. 자모음들에게 중요한 것은 담론이고, 숫자들에게 중요한 것은 사물들의 상태이다. 이에 따라 어떤 과학적 텍스트의 면[페이지]은 어떤 그림책의 면과 똑같은 구조와 똑같은 기능을 가지고 있다. 자모음의 행들은 알고리듬들(그림들)을 문자화하고, 역으로 알고리듬들(그림들)은 자모음의 행들을 그림[형상]으로 펼쳐 보인다. 과학적 텍스트에서 숫자들의 섬은 극도로 추상적이고 담론에 종속된 형상들로 간주될 수 있다.

이것은 그러나 현재 통용되는 예술비평에 의해서 대변되는 견해는 아니다. 예술비평가들은 과학적인 알고리듬들을 예술작품으로 인정하지 않는다— 아마도 그들은 그 알고리듬들 속에서 상상력(Imagination; 형상화·이미지 능력)의 힘을 인식할 수 있을 만큼 충분히 훈련되지 않았을 것이다. 현재의 예술비평은 과학적 방정식들에 대해 시각적으로 보지 못하는 상태일 뿐만 아니라, 청각적으로도 과학적 자모음의 행들에 대해서 귀가 먼 상태이다. 따라서 우리는 과학적 텍스트 속에서— 몬드리안의 그림들을 적시고 충만하게 하는— 바흐의 푸가들을 인식하는 데는 익숙하지 않다. 우리는 과학적 텍스트들에서 미학적 기준들을 분석하는 데 익숙하지 않다. 비록 과학에 대한 그와 같은 종류의 비판이 인식론적으로도 유익할지 모르는데도 말이다. 이에 대해서는 다음에서 구체적으로 살펴보자.

즉 하나의 과학적 텍스트는, 특히 그것이 어떤 "저 바깥에 있는 것" 예를 들면 "원자"를 의미하도록 요구하고 있기 때문에, 바흐의 푸가나 몬드리안의 그림들과 구분되고 있다. 그것은 "진리적"이고자 한다. 즉, 저기 바깥에 있는 사태들과 정합적이고자 한다. 그런데 여기에서 어쩌면 어떤 놀라운 미학적·인식론적 문제가 제기된다. 도대체 텍스트 속에 있는 그 무엇이 저기 바깥에 놓여 있는 사태와 정합적인가? 자모음들인가 숫자들인가? 청각적인 것인가 시각적인 것인가? 자모음적이고 사태들을 문자화하는 사고가 사태에 대해서 정합적인가? 아니면 형상적이고 사태들을 숫자로 셈하는 사고가 정합적인가? 가령 문자화되기를 원하는 사태들이 존재하고, 숫자로 셈되어지기를 원하는 다른 사태들이 존재하는가? 그리고 기술되어질 수도, 숫자로 셈되어질 수도 없는 사태들이 존재하는가?— 그리고 과학은 어떤 사태들에 대해 정합적이지 않은가? 또는 자모음들과 숫자들은 우리가 사태들을 낚아 올리기 위해 쳐놓은 그물과 같은 것들인가? 문자화할 수 없고 숫자로 셈하기 불가능한 모든 사태들은 그러한 망에서 빠져나가 버리지 않을까? 혹은 심지어 이와 같이 쳐놓은 자모음들과 숫자의 그물들이 저기 바깥에 있는 어떤 비형태적인 반죽으로부터 비로소 문자화할 수 있고 숫자화할 수 있는 사태들을 형태화하고 있지는 않을까? 이 마지막 질문이 가정하는 것은, 근본적으로 과학이 예술로부터 전혀 구분되지 않는다는 것이다. 자모음들과 숫자들은 조각에 있어서의 조각칼과 같이 기능하고 있고, 저기 바깥에 있는 현실은 대리석이고 과학은 그 대리석으로부터 하나의 세계상을 조각하고 있는 셈이다.

과학적 텍스트들에 대한 이와 같은 미학적·인식론적 비판은 그러나 처음에 생각했던 것보다 훨씬 더 힘들다. 그것은 만약에 자모음들의 규칙들("논리학")을 숫자들의 규칙들("수리"Mathesis)로 소급시키는 것이 가능하다면 받아들여질 수 있다. 그럴 경우라면 자모음들과 숫자들(즉 청각적 지각형식들과 시각적 지각형식들)은 동일한 기본구조를 지니고 있고, 이러한 기본구조는 바로 저기 바깥에 있는 사태들과 어떤 식으로든지 정합적이라고 이야기할 수 있을 것 같다. 그러나 유감스럽게도, 논리학을 수리로 완전히 환원시키는 것은 불가능하다는 것이 드러나고 있다. 그리고 괴델은 이것을 단지 행하고자 하는 것조차도 불가능하다는 이유를 증명한 바 있다. 우리는 우리 자신이 우리의 지각기관과 중앙신경계의 조직에 의해 어쩔 수 없이 적어도 두 개의 서로 합쳐질 수 없는 "현실들"——즉 자모음들의 청각적 현실과 숫자들의 시각적 현실——속에서 생활하도록 선고되었다는 점을 받아들여야 한다. 따라서 분명해지는 것은, 과학적 텍스트들은 귀와 눈의 이와 같은 근본적인 합일불가능성을 눈을 귀에 종속시킴으로써 극복하려고 시도하고 있다는 점이다. 이것은 극도로 유쾌하지 못한 인식론적 결론이다.

그동안 숫자들은 자모음들로부터 스스로를 해방시키기 시작하고 있다. 우리는 귀에 대한 눈의 우위로 나아가는 어떤 혁명의 증인들이다. 여전히 우리에게서는 귀가 우위를 이루고 있고, 음악은 우리가 그동안 저질렀던 모든 것에 대한 우리의 최고의 변명이다.

현재의 변혁에 있어서 특정적인 도구는 계산기이다. 컴퓨터는 서서히(그리고 뒤로 물러섬이 없이) 계산·논리적 사고·결단·예견 능력 등 인간의 정신적 기능을 대신하고 있는 것처럼 보인다. 과학은 이러한 계산기의 영향하에서 하나의 세계상을 기획하고 있다. 그 세계상은 생기 없는 자연(원자핵)의 차원에서뿐만 아니라 생기 있는 자연(생식)의 차원에서도 하나의 모자이크처럼 계산가능한 돌조각("계산석")들로 조립되어 있다. 사회도 역시 하나의 모자이크로 간주되는데, 그 모자이크 안에서는 구성파편들(개인들)이 계산가능한 규칙들에 따라 서로 결합되기도 하고 서로 분리되어지기도 한다. 우리 자신의 사고는 수량화가 가능한 구성요소들의 계산작용으로서 이해되고 있다. 지금까지는 순차적·파동적·선형적인 것으로 간주되었던 것이 점단위의 요소들로 분해되어 곡선형으로 컴퓨팅(Komputieren)되고, 그 곡선들은 또 원하는 방향(예를 들면 미래)으로 투사되어진다. 만약 우리가 하나의 문제——그것이 물리학적이든지 생물학적이든지 사회적이든지 또는 심리학적이든지 상관없다——에 마주하고 있다면, 우리는 그 문제를 더 이상은 문자화하려고 시도할 수 없다. 대신 우리는 더 이상 자모음적으로 사고하는 것이 아니라 숫자적으로 사고하고, 더 이상 귀로 사고하는 것이 아니라 눈으로 사고한다. 우리가 숫자들 대신에 아직도 자모음으로 된 이름들을 지니고 있다면, 그것은 하나의 과도기적 단계로 간주될 수 있다.

물론 우리가 숫자라는 기호에 종속되어 있다는 것은 맞지 않다. 지금 등장하고 있는 숫자들의 세계는 더 이상 피타고라스학파 사람들이 이야기했던 신성의 세계와 똑같은 것이 아니다. 그것은 훨씬 단순하고 집요하다. 숫자들이 문자숫자적 코드로부터 디지털적 코드로 옮겨 가고 있는 만큼, 그것들은 과거와는 다른 사정에 처해 있다. 숫자들은 더 이상 창조적인 상상력에 의해 인도되는 그리고 복합적인 알고리듬의 섬들이 아니며, 그것은 쪼갤 수 있는 덩어리를 만들고 있다. 심지어 숫자들을 질서화했던 그렇게 단순한 십진법 체계는 아직 걸음마 단계인 이진법 체계를 위해서 포기되어진다. 숫자세계의 이와 같은 단순화(Primitivisierung; 원시화)는 더 이상 인간의 지능이 아니라 인공지능들이 계산하고 있다는 사실로 환원된다. 이 인공지능들은 점점 더 우둔해질수록, 그 대신에 더 빨라진다. 인공지능들은 우리가 수백 년 동안 가공해 왔던 세련된 수학적 조작들을 수행할 수 없다. 그러나 그것들은 그렇게 할 필요가 전혀 없다. 왜냐하면 이와 같은 모든 조작은 많은 숫자들의 집요한 덧셈에 필요했던 시간을 단축시키려는 의도를 지녔기 때문이다. 인공지능들은 거의 빛의 속도에 근접하는 속도로 덧셈을 수행한다.

극단으로 치닫는 숫자들의 단순화는 현재의 혁명을 이해하는 데 결정적이다. 셈하기, 즉 숫자들의 조작 일반은 기계화될 수 있다──그리고 그것은 기계들이 처리하고 있는 것에는 인간이 관여해야 한다고 하는 인간 자신의 체면에 종속되어 있다. 새로운 인간은 숫자들 위에서 군림하고 있지, 그 밑에 종속되어 있지는 않다. 그는 컴퓨터 앞에 앉아서 컴퓨터에게 명령하고 있다. 그는 숫자를 더 이상 신격화하지 않고 숫자를 가지고 유희하며, 숫자는 그에게 복종한다. 숫자에 대한 이러한 태도는 완전히 새로운 것이 아니다. 그전부터 주판과 주사위와 같은 형태의 시뮬레이션 게임이 존재해 왔기 때문이다. 그에 비해 숨 막힐 듯이 새로운 것은 이제 우리에게 그 스스로를 열어 보이는 게임전략들이다. 우리는 기계적으로 조작된 숫자들로 일종의 게임을 할 수 있는데, 그것은 숫자들을 어떤 완전히 새로운 상상력을 위한 버팀목과 스프링보드로 바꿔 놓는다. 우리는 잠정적으로는 아직 미숙한 상태에 있지만, 그러나 몇 안 되는 사례들은 그러한 숫자게임들 속에 잠복된 가능성들을 체험할 수 있게 하고 있다.

가령 우리는 컴퓨터에 명령을 내려 원뿔형 곡선들을 화면상에서 변화될 수 있는 색상들로 빛나게 하고, 그것들을 그 다음에는 뒤집어서 회전시키고 서로 포개도록 하며, 심지어는 마치 현악기처럼 음향적으로 진동시킬 수도 있다. 우리는 따라서 "원뿔"이라는 개념을 체험케 하기 위해 컴퓨터에 명령할 수도 있다. 혹은 우리는 물체의 표면들을 점들로 분해해서 이 점들(이러한 그물망)을 가지고—이전에는 "불가능"하다고 여겨졌던 물체들을 화면상에 나타나게 해서 유희하도록 명령할 수도 있다. 우리는 따라서 컴퓨터에게 이전에는 불가능했던 것을 실현시키도록(창조적으로 영향을 미치도록) 명령할 수 있다. 또는 우리는 투시불가능하고 따라서 표상불가능했던 방정식들(예: 프랙탈 방정식)이 화면 위에서 가시화되도록 컴퓨터에게 명령할 수 있다. 따라서 우리는 완전히 추상적인 것을 구체적으로 체험가능한 것으로 승격시키고 그럼으로써 우리의 체험들을 모험적으로 확장시키도록 컴퓨터에게 명령할 수 있다.

이제, 숫자들이 자모음들의 압력으로부터 해방되기 시작했고 셈하기가 기계화되고 있기 때문에, 상상력은 확대될 수 있다. 명석판명(klar und distinkt)의 원칙이라는 수백 년 동안의 정류 과정을 지나온 숫자들은 이제 창조적인 상상력을 위해 기여할 수 있게 되었는데, 그러한 상상력은 이전에는 그 어디에서도 실현될 수 없었다. 우리의 체험들·인식들·가치들 그리고 행위들은 그럼으로써 측정불가능한 심연 속으로 확대되고 심화되어질 것이다. 어떤 섬세하고 정확하며 명석판명한 창조적인 눈의 이러한 유토피아적 시각에는 그러나 몇 가지 방해물이 마주하고 있다. 그 첫번째에 우리가 모험 속으로 뛰어드는 것을 방해하는 우리 자신의 사고범주들이 아마도 놓여 있을 것이다. 우리가 모니터들 위에 나타난 새로운 영상들을 주시할 때, 마치 이 경우 영상을 만들어 내는 어떤 새로운 기술이 문제되고 있는 것처럼, 컴퓨터-"예술"이라는 것에 관해 말하고 있다. "예술"이라는 범주를 통해서 우리는 이러한 영상들로 이르는 길을 폐쇄시켜 버리고 있다. 컴퓨터(자판)는 두뇌 속의 과정들을 시뮬레이션한다. 거기에서 번쩍이는 영상들은 거의 직접적으로——만약 "직접적"이라는 단어가 인간 자신이 그러하듯이 어떤 소외된 존재에 대해서 어떤 의미를 지닌다면——두뇌로부터 바깥으로 던져진 영상들이다. 이렇게 표출된 그리고 정확하게 이루어진 꿈들을 "예술"이라고 부르고자 하는 것은 따라서 잘못된 것이다——더욱이 지금까지의 모든 예술은 이러한 꿈의 이미지로의 주저하는 다가섬이라고까지 강조해 왔다. 지금까지 생산된 컴퓨터 영상들 중 대부분은 과학적이고 기술적인 실험실 속에서 만들어졌지, 벤야민적인 아우라에 의해서 신성시된 예술가의 골방에서 생산된 것은 아니다. "예술"이라는 범주와 "과학과 기술"이라는 범주 사이의 경계는 그러한 영상들에 의해서 제거되어진다. 과학은 스스로를 예술형식으로 명시하고, 예술은 과학적 인식의 한 조건으로서 명시하게 된다.

불충분한 상투적 범주들을 결정하는 것은 아직 언급되지 않았다. 다시 말해서 현재 눈(숫자의 형태)이 귀(자모음의 형태)를 지배하기 시작하고 있다면, 청각적인 지각들을 숫자적으로 조작하는 것(그것을 디지털화하는 것)이 이론적으로뿐만 아니라 실천적으로도 가능하다. 소위 말하는 컴퓨터 음악은 이것에 대한 단지 하나의 맹아적인 보기일 뿐이다. 숫자들은 가까운 미래에 소리들을 보이게 하고 영상들을 듣게 할 수 있을 것이다. "전자적 혼합"(electronic intermix)은 이러한 방향으로 향하는 첫걸음이다. 음악과 조형예술들 사이의 경계가 붕괴되고 있다는 것 그리고 그것이 사실상 수학의 지배하에 이루어지고 있다는 사실은 물론 상당히 오래 전부터 예견되었다. "작곡하기"(Komponieren)는 "컴퓨터적 계산"(Komputieren)의 한 징후이다. 그리고 이미 피타고라스에게서부터 리라와 삼각형은 서로 가까운 관계였다.

여기 우리의 회의적인 눈앞에서 그리고 그 눈에 예속된 우리의 귀 앞에서 나타나는 유토피아, 즉 숫자들이 플라톤적 하늘로부터 인공지능들로 옮겨 가고 있는 유토피아는 새로운 것이 아니며, 오히려 너무 낡은 것이다. 적어도 그리스인들만큼이나 오래된 것이다. 그리스인들은—극도로 감동한 순간에—지혜에 도달하는 방법으로 "음악은 수학적 기술이다"라고 이야기했다. 이러한 유토피아, 이러한 방법, 이러한 테크닉은 지금 만들어질 수 있다—우리가 그것을 만들 것이라고 말하고 싶지 않아도, 우리는 사실상 모든 과정들을 점들로 계산하고 그것을 곡선들로 컴퓨팅하여, 이 곡선들을 그 다음에는 미래 속으로 투사(그 것들을 "미래화")할 수 있다. 그리고 우리가 그렇게 하고 싶은 흥미를 가지고 있다면, 우리는 이러한 곡선들을 또한 음향적으로 진동하도록 할 수 있다. 그러나 이 경우에는 항상 우연들이 고려되어야 하지만 그러한 우연들은 거의 확실성에 가까운 개연성으로서 사전에 예방될 것이며, 곡선들은 우리가 투사했던 대로 그렇게 나타날 것이다. 이런 사고들은 이와 같이 내면으로 신중하게 읽혀져야 한다.

자모음들은 가장 오랫동안 보전되어 온 문화인자들에 속한다. 그것들은 그 자신의 원래의 형태를 비록 그것이 발명된 이후부터 3500년 동안의 세월 속에서 여러 번 바꾸기는 했지만, 원래의 모양은 오늘날에도 여전히 인식될 수 있다. "A"는 셈족의 황소(헤브라이어 "aleph")의 두 뿔 모양을, "B"는 셈족의 집(헤브라이어 "beth")의 두 개의 둥근 지붕모양을, "C"는 셈족의 낙타(헤브라이어 "gimul")의 등 모양을 나타내고 있다. 자모음들은, 기원전 2000년경 동지중해에서 알파벳을 발명한 사람들에 의해서 이미 인식이었듯이, 어떤 문화장면의 형상들이다. 그것들은 황소, 집, 낙타 등과 같은 사물들의 그림문자(Piktogramm)들이다. 그리고 이 자모음들(Buchstaben)이라는 단어는 너무나도 오래되었기 때문에, 우리는 독일어에서 이와 같은 의미를 지닌 단어들 중에서도——비록 자모음들이 셈족의 거주 지역에서 나왔지 결코 독일 어느 지역에서나 흔한 너도밤나무숲(Buchenwald)에서 나오지는 않았지만— "너도밤나무가지들"(Buchenstabe)이라고 말하지 않고 고풍스러운 느낌이 드는 이 "Buchstaben"이라는 단어를 쓰고 있다.

우리는 자모음들을 더 이상 오래된 사물들의 그림문자로 사용하는 것이 아니라, 대략 이 사물들이 지칭하고 있는 셈족의 단어들의 첫 음성을 위한 기호로서 사용하고 있다. 그런데 우리는 왜, 우리가 글을 쓸 때, 발음된 음성들을 시각화시키고 있는가? 우리가 사고들을 문자적으로 확정짓고자 할 때, 왜 우리는 중국인들이나 몇몇 새로운 컴퓨터코드들[아이콘]처럼, 사고들을 위한 기호 즉 표의문자를 쓰지 않고, 발음된 언어를 경유하는 이와 같은 훨씬 먼 우회로를 택하고 있는가? "둘"이라고 쓰는 대신에 "2"라고 쓰는 것이 훨씬 더 간편하지 않은가? 알파벳을 만든 시리아인 발명가들이 사고와 문자 사이로 어떤 발음된 언어를 밀어넣었을 때, 그들에게는 그와 같이 불합리한 코드에 삽입시켜 놓았던 중요한 이유들이 있었음에 틀림없다. 이러한 이유들은 다음에서 자세히 검토되어야 할 것이다.

여기에서는 그림문자들로부터 수수께끼 같은 그림들에 이르는 자모음들의 숨겨진 발전경로가 추적되지는 않는다. 무엇이 사람들로 하여금 알파벳적으로 그리고 발음된 언어를 매개로 글을 쓰도록 할까?라는 질문이 필연적으로 제기된다. 이것은 하나의 극히 현실적인 질문이지 결코 역사적 질문은 아니다. 그 질문 속에서는 더 이상 언어적인 것이 아닌 어떤 코드를 위해 알파벳을 포기해야 하는 결단을 내리는 말들이 표현되고 있다.

알파벳은 표의문자적 글쓰기에 대한 하나의 분명한 거부이다. 표의문자들이 갖는 모든 장점들에도 불구하고 알파벳 자모음들이 사용되어져야만 했다.

표의문자들은 "관념들", 내면의 눈으로 보여지는 형상[이미지]들을 위한 기호들이다. 형상들에 대한 집착은 그러나 글쓰기 중에는 진정으로 피해져야만 한다. 글쓰기는 형상들을 설명하고, 설명함으로써 벗어나는 것이다. 형상적이고 표상적이며 이미지적인 사고는 어떤 개념적이고 담론적이며 비판적인 사고에 의해 굴복되어야만 한다. 형상[우상]파괴적으로 사고할 수 있기 위해서는 알파벳적으로 글을 써야지 표의문자적으로 써서는 안 된다. 그 때문에 발음된 언어의 소리들이 기록되어지는 것이다.

말하기 중에 우리는 표상들에(을) "대해서"[넘어서, Über], 그리고 형상들에(을) "대해서"[넘어서] 이야기하며, 동시에 우리는 이미지적 사고를 넘어서 있고 그리고 위로부터 아래로 향해 말한다. 어떤 발음된 언어의 총보로서의 알파벳은 이러한 말하기로써 끌어올려진 초월성을 형상들에 대해 고착시키고 훈련시키는 것을 허용한다. 우리는 알파벳적으로 글을 쓰고 있는데, 그것은 형상을 넘어선 초형상적(Überbildlich), 개념적인 의식의 차원에서 주장하고 구성하기 위해서이지, 결코—문자 이전의 말하기에서와 같이 계속해서 형상적인 사고방식에 고착하기 위해서가 아니다.

우리가 알고 있듯이 알파벳은 그 유래가 없을 정도로 성공적인 발명품임이 증명되고 있다. 알파벳은 비-알파벳적인 지역에서는 결코 수행되지 못했던 담론들——그리스 철학, 중세신학, 현대과학들의 담론들——을 가능케 했다. 알파벳이 없었다면 이러한 담론들은 발생되지 않았을는지도 모른다. 왜냐하면 그것들은 표상[그림]들로부터 점점 더 멀리 분리되고 점점 더 추상화되고 더 표상불가능하게 되는 개념적·비판적 담론들이기 때문이다. 그럼에도 불구하고 도출되는 결론은, 표의문자들을 완전히 포기하는 것이 알파벳으로서는 불가능하다는 점이다. 현대과학들의 담론은 숫자 없이는 불가능하다. 비록 표의문자들이 형상들을 위한 기호들이기는 하지만, 그것들은 언어에 결박당한 사고방식으로서는 접근되어질 수 없는 고도의 추상성을 획득할 수 있다. 문제는 알파벳이 "순수한" 개념적 사고의 코드로서 실제로 과연 하나의 행복한 선택이냐는 것이다. 아마도 사고행위가 언어에 결박당함으로써 우리의 고도의 추상화 능력들이 위축되어 온 것 같다. 그래서 이러한 추상화 능력들은 단지 수학의 영역과 상징적 논리의 영역에서만 발전될 수 있었다. 아마도 알파벳의 극복은 이러한 능력들에 대해 새로운 발전 국면들——가령 합성화면들의 장——을 열어 놓을 것이다. 아마도 우리는 알파벳이 없다면 점점 더 형상[우상]파괴주의적으로 될는지도 모른다(그랬더라면 우리의 문화는 완전히 다른 방식으로 귀결되었을 것이다). 그와 같은 사고들은 알파벳을 제거하는 것이 문제가 될 경우에 요구되어진다.

알파벳이 표상들 대신에 개념들을 서술하기 위해 발명되었다고 주장되어진다고 해서 그것으로써 모든 것이 다 해명되는 것은 아니다. 왜냐하면 도대체 어떻게 언어를 경유하는 기나긴 우회로가 설명될 수 있겠는가? 구어 자체에 있는 어떤 요소가 고정되어지기를 요구한다. 어떤 식으로 고정되느냐 하면, 사실상은 화자와 청자의 기억 속에서라기보다는— 또한 음반이나 카세트에 고정되는 것도 아니다— 오히려 바로 문자적으로 고정된다. 발음된 언어는, 문자언어화되기 위해서 그리고 그럼으로써 자신의 완전한 성숙상태에 도달하기 위해서, 그 자체 스스로 문자를 향해 성큼 다가서고 있는 것처럼 보인다. 발음된 언어는 알파벳의 발명 이후에는 문자언어를 위한 준비과정으로 나타나고, 알파벳은 인간에게 비로소 정확하게 발음하는 법을 가르치기 위해 고안되었다.

우리는 현재 전(前)문자적인 말하기에 대한 경험이 전무하다. 아이들의 세계와 문맹자들에게서조차도 언어는 문자를 매개로 침투하고 있다. 물론 우리는 알파벳의 발명 이전에는 어떻게 구어로 발음되었는가를 "신화적"으로 재구성할 수 있다. 말하자면 "꼭 다문 입(Mund)으로써" 무엇을 의미했는가를 재구성할 수 있다. 이 입이라는 단어의 어원은 라틴어에서의 "침묵"(mutus)이다.

오늘날의 관점에서 보면 그 당시 인간들은 중얼거리며 더듬거렸다. 그들은 (만약 우리가 "담론"이라는 단어를 어떤 사람의 입으로부터 다른 사람의 귓속으로의 소리들의 흐름들로 이해한다면) 이미 담론들을 생산했으나, 이것들은 의도적으로 실행된 것은 아니었다. 그것들은 결코 정확한 담론은 아니었다고 말할 수 있다. 그것들은 저항들(반발)에 부딪혀 되돌아오고 맴 돌기만 하여 결국은 침묵에 봉착한다. 낭만주의 이래로 우리는 이와 같은 신화적 중얼거리기에서 지혜들을 추적하고— 결국에는 우리 자신이 자기독백적으로 말하고 있다는 것을 발견하는 데 익숙해졌다. 다른 시각에서 보면 당시 인간들은 웅얼웅얼거렸다고 할 수 있다.

알파벳의 도움으로, 신화적인 웅얼거리기는 (맴도는 순환 속에 휘감기지 않고) 분명하게 하나의 행을 따라 어떤 물음이나 의문부호 내지는 어떤 마침표를 향해 배열될 수 있게 됨으로써, 즉 정확하게 묻고 정확하게 명령을 내리고, 정확하게 서술하고 그리고 설명하는 능력을 지니게 됨으로써 교정되기 시작한다. 알파벳은 신화적인 말하기를 어떤 논리적인 말하기를 통해서 대체시키고, 동시에 신화적인 사고를 논리적인 사고로 대체하기 위해서 고안되어졌다. 알파벳은 비로소 처음으로 자모음적으로 "사고"할 수 있게 하기 위해서 발명되어졌다.

자모음의 코드 속으로 입문하는 아이들과 문맹자들은 우선 철자법을 배우지, 읽기를 먼저 배우지는 않는다. 그들은 기호들로부터 기호화된 것 즉 발음된 언어 속으로 뛰어들 수 있게 하기 위하여 기호들을 배운다. 그들은 일단은 정확하게 말하는 법을 배운다. 그리고 그들이 그것을 배웠다면, 발음된 언어는 그들에게서는— 그들이 기호를 도움으로 해서 침투하는— 하나의 현상으로 된다. 그들은 더 이상 그들의 입이 놀리는 대로(그들은 그런 식의 말은 수다쟁이들에게 맡긴다) 말하지 않는다. 그 대신에 그들은 문어체적 독일어, 옥스퍼드 영어, 백과사전파의 불어 그리고 단테의 이탈리아어로 말한다. 즉 그들은 정확하게 말하게 된다.

알파벳은 발음된 언어를 밑으로 억누르면서 [각명문자로] 문자화하는 것이 아니라, 그것을 표면 위로 올려놓으면서 [표면문자로] 문자화하며, 그것은 언어의 품격을 위로 높이고, 자신의 규칙들에 따라 언어를 질서화하기 위해서 언어를 자신의 손아귀에 넣는다. 이런 방식으로 알파벳은 또한 언어에 의해서 의미되는 것 즉 사고도 조절하고 질서화한다. 따라서 글쓰기 능력이 있는 사람에게 발음된 언어는—그것을 통해서 자기 자신을 표현하는—하나의 "미디어" 이상의 의미를 지니는데(이것은 문맹자나 아이들에게서도 마찬가지다), 언어는 그들에게서는 오히려 물질이다. 그 물질에 그들은 알파벳을 자국내고 그 물질을 향해 그들은 자모음적으로 표현하고 있다. 간단히 말해서, 그들은 언어를 가공하고 있다. 언어가 하나의 수단("미디어")이기를 중단하고, 그것이 하나의 목적이 되기 시작하자마자, 비로소 알파벳적 글쓰기에서 본질적인 것이 나타난다.

글쓰는 사람은 발음된 언어를 문자규칙들에 따르도록 강요한다. 언어는 저항한다. 모든 언어는 그 자신의 성격에 해당되는 방식으로 저항한다. 독일어의 성격은 애매하고, 영어는 거칠고, 불어는 가식적이고, 포르투갈어는 교활한 성격을 지니고 있다. 글쓰는 사람의 언어노동은, 글쓰는 사람의 간섭 아래 묶여 있으면서도 그것으로부터 벗어나려고 하지만, 그러한 간섭 때문에 부서지고 마는, 글쓰는 사람을 유혹하는 언어에 대한 폭력이다. 자모음적 글쓰기의 분위기는 글쓰는 사람과 언어 사이에 벌어지는 사랑싸움("증오와 사랑")이다. 이러한 사랑싸움에서는 언어의 능력—언어는 그전에는 예감되지 않았던 것을 예감할 수 있다—이 표현되고 있다. 유감스럽게도 문학비평 특히 낭만주의적 문학비평은 이러한 싸움에서 글쓰는 사람을 사로잡는 흥분에 의해 잘못된 길을 걸었다. 그리고 사실상 글쓰는 사람에게서는 왜곡되어진 어떤 것이 나타난다—만약 그것이 냉담한 언어로 표현되어야 한다면 글쓰는 사람은 자모음들 즉 이러한 죽은 글자들을 언어라는 살아 있는 신체에 대해 누르는데, 그럼으로써 자모음들은 언어로부터 생기를 빨아들일 수 있게 된다. 다시 말해서 이러한 문자라는 흡혈귀는 자신의 손가락 밑에서 하나의 모험적인 독자적 생활을 시작하게 된다. 글쓰는 사람이 이와 같이 획득한 생명의 도취에 의해 감동받는다는 것은 전혀 놀라운 일이 아니다. 문학비평은 글쓰는 사람들의 언어창조적인 작업에 관해 이야기하게 된다.

정보이론이 우리에게 내보이는 거리로부터는 글쓰는 과정이 다르게 묘사되어진다. 가령 알파벳은 언어를 알파벳의 "철자법적" 규칙들의 고리 속으로 강요한다. 그럼으로써 언어는 왜곡되고, 언어는 그 자신에게 이전에는 비개연적이었던 형식들을 취하게 된다. "비개연적"이라 함은 "정보적"인 것과 동의어이다. 그래서 말하자면 알파벳적 글쓰기는 언어로부터 3500년 전 이래로 항상 새로운 정보를 취해 왔다. 알파벳은 그것이 발명된 이래로 우리가 가용할 수 있는 모든 언어들로부터 항상 새로운 정보들을 이끌어 내기 위해 그 언어들에 대해 정질을 하고 끌질을 해왔다. 그럼으로써 이 언어들은 매우 섬세하고 귀중한 도구들이 된다. 그 어떤 글쓰는 사람도 지금까지 처녀 같은 언어에, 즉 이전에도 무수히 많은 난봉꾼과 결코 잠자리를 같이 해본 적이 없는 그런 언어에는 접근하지 못하고 있다. 언어에 대한 그의 사랑싸움에서 글쓰는 사람은 자기보다 먼저 글을 쓴 사람들의 정보들을 새로 가공하고, 그것으로부터 새로운 정보를 창출해 내는데, 그 정보 역시 뒤에 나타나는 글쓰는 사람들에게로 전수되며, 이 사람들도 그들 나름대로 그것으로부터 새로운 정보를 만들어 낼 것이다. 글쓰기의 모범은 천년 동안 계속되는 담론인데, 그것은 계속해서 새로운 정보들을 만들어 내고, 모든 개개의 작가들은 그러한 선례에 대화적으로 참여한다. 알파벳의 발명은, 비록 그 발명자가 그렇게 의도하지는 않았지만, 이와 같은 길로 그 담론을 유도했다.[1]

알파벳의 발명 뒤에 잠복되어 있는 모티프를 추적하기 위한 시도는 얼핏 보아 두 가지 상이한 해답을 얻었다. 그 하나의 해답이 말하는 것은, 발명가의 의도는 형상[우상]파괴적이었을지도 모른다는 것이다. 즉 형상(및 표의문자)들이 아니라 음성들이 글쓰기 중에 기호화되며, 그럼으로써 의식은 스스로를 형상과

---

1 여기에서 우리는 플루서의 문학적 텍스트 이론을 간파할 수 있다. 모든 텍스트는 다른 텍스트를 전제로 하고 또 그것을 지시하고 그 자체는 또 다른 새로운 텍스트에 의해 지시된다는 데리다 식의 논리가 전개되고 있다. 따라서 문자로 이루어진 "구텐베르크 은하"는 곧 세계의 "텍스트화"라고 할 수 있다.

결부된 마술적 사고로부터 해방시킬 수도 있다는 것이다. 또 다른 해답이 말하는 것은, 알파벳 발명가의 의도는 어떤 일직선적 선형적 담론의 장치라는 것이다. 즉 신화적·순환적 중얼거림 대신에 어떤 일관된 말하기가 유도될 수 있도록 하기 위해, 글쓰기 중에 음성들이 기호화되어야만 한다. 그러나 이 두 가지 해답들을 좀 더 자세히 고찰해 본다면, 이 두 가지 해답이 실은 똑같은 사실들을 표현하고 있다는 것을 확인할 수 있다.

알파벳 발명가들은 형상제조자와 신화론자들을 자신들의 적으로 인식하고, 두 부류의 사람들 사이에는 아무 차이가 없다고 생각했는데, 이는 정확한 인식이었다. 형상만들기와 형상숭배(마술)뿐만 아니라 어둡고 순환하는 중얼거림(신화)은 동전의 양면과 같다고 여겨진다. 알파벳의 발명 뒤에 잠복된 모티프는, 마술적–신화적("전역사적") 의식을 능가하여 하나의 새로운("역사적") 의식에 자리를 마련하는 것이다. 알파벳은 역사적 의식의 코드로서 발명되었다. 만약 우리가 알파벳을 포기하게 될지도 모른다면, 아마도 그것은 우리가 우리 스스로의 역사적 의식을 능가하려고 노력하기 때문일 것이다. 우리는 역사의 진보에 싫증을 내고 있으며, 싫증만 난 게 아니다. 역사적 사고는 자기 스스로가 광기적이고 살인적임을 증명했다. 이것은 왜 우리가 이러한 코드를 포기할 준비가 되어 있는지를 말해주는 진정한 이유다(알파벳의 기술적 결함 때문에 우리가 그것을 포기하는 것은 아니다).

5. 텍스트

구어에 대한 투쟁 속에서 자모음들은 언어의 생명을 자기 내부로 빨아들인다(자모음들은 근본적으로 죽은 글자들에 다름 아닌데, 그것들은 신화들에 의해 주문으로 불러일으켜진 마술을 행들 속으로 돌돌 말아 올리기 위하여 고안된 것이다). 즉 자모음들은 흡혈귀이다. 이렇게 생기를 얻은 글자들에 의해 형성된 행들을 텍스트라고 한다. 어원적으로 볼 때, "텍스트"라는 단어는 하나의 직물이고, "일직선"(Linie)이라는 단어는 아마로 짠 실(Leinenfaden)을 의미한다. 텍스트들은 그러나 미완의 직물이다. 그것들은 수평적 일직선들("날실")로만 구성되어 있고, 완성된 직물과 같은 수직적 실들("씨실")로는 짜여져 있지 않다. 문자기록물(텍스트들의 우주)은 하나의 반제품이다. 그것은 완성을 요구한다. 문자기록물은 수용자를 지향하며, 수용자들에 대해 자신을 완성시킬 것을 요구한다. 글쓰는 사람은 완전히 짜여지기 위해 수용자에 의해서 읽혀지기를 바라는 실들을 짠다. 비로소 그럼으로써 텍스트가 의미를 지닌다. 하나의 텍스트는 그것이 가지고 있는 독자 수에 비례해서 그만큼 더 많은 의미들을 지니게 된다.

"책들은 운명을 가지고 있다"(habent fata libelli)라는 유명한 테제는 여기서 의미한 것을 단지 부정확하게만 말하고 있을 뿐이다. 여기서 의미된 것은 글쓰는 사람이 자신의 텍스트를 고유한 역학에 따라 그 텍스트와 유희하는 힘들에게 넘긴다는 그런 뜻이 아니다. 텍스트는 완성되어지기 위하여 내보내졌다는 사실을 의미하고 있다. 따라서 텍스트는 어떠한 운명도 "가지고" 있지 않다. 그것은 하나의 운명 그 자체 "이다". 다른 말로 표현하면, 텍스트는 의미들로 "가득 차" 있고, 이러한 충만 상태는 비로소 그것의 독자들 개개인에 의해서 고유한 방법으로 착취(해석)된다는 것이다. 하나의 텍스트는 그것을 해독하는 방법들의 숫자가 많으면 많을수록 더 많은 의미들로 가득 차게 된다. 아리스토텔레스적인 텍스트들은 의미로 가득 차 있다. 왜냐하면 그것은 알렉산더 대왕 시대의 독자에게서는 토마스 아퀴나스나 헤겔, 갈릴레이 혹은 20세기의 역사가들에게서 의미하는 것과는 다른 어떤 것을 의미하기 때문이다. 운명 그 자체와 "동일한" 텍스트— 텍스트는 메시지이다— 는 비로소 수용자에게서 완성된다. 수용되지 않고 읽혀지지 않는 텍스트들은 의미 없는 자모음들의 행들이며, 그것들은 읽혀지는 경우에야 비로소 의미를 지니게 된다.

텍스트들이 미디어들— 수신자라는 기둥뿐만 아니라 발신자라는 기둥 위에 세워져 있는 다리들— 이라는 사실은 이상하게도 항상 글쓰기 중에 현재화되는 것이 아니다. 텍스트들은 자신의 구조에 따라 타자들에게로 지향되어 있고 그 자체로서는 아무 의미가 없다는 그런 사실을 글쓰기 중에 망각하는 글쓰는 사람들도 있다. 글쓰기 중에 타자를 망각하는 것은 자기망각의 결과이다. 글쓰는 사람은 자신의 글자들로 무장한 채, 스스로를 방어하며 저항하는 언어에 대항해서 투쟁한다. 그는 언어를 장악하고자 한다. 그리고 그 언어를 관통함으로써 그 언어에 의해서 의미된 것, 다시 말해서 그 자신의 사고들·감정들·표상들 그리고 희망들도 장악하고자 한다. 이러한 투쟁은 글쓰는 사람의 기력을 소진시키고, 그로 하여금 그 자신과 다른 사람들을 망각하게 한다. 글쓰기는 하나의 도취적인 모험이다. 바로 자기망각에 빠져 버린 텍스트들은 우리가 소유하고 있는 가장 의미 있는 텍스트들로 분류된다. 이것은 글쓰기의 내면 속에 숨어서 우리를 노려보는 수많은 모순들 중 하나이다.

두 가지 텍스트 유형을 구분해 보자. 하나의 유형은 "커뮤니케이션적"이고, 의미전달적이며 중개적이다. 다른 하나의 유형은 "표현주의적"이고, 표현(Ausdruck)적이며 어떤 압박(Druck)하에서 쓰여진 것이다. 첫번째 유형의 예는 과학적 커뮤니케이션인 것 같고, 두번째 유형은 서정시이다. 이러한 극단적인 사례들은 전체 문자기록물을 두 개의 가지로 나누도록 유도한다. 의식적으로 수용되어지기를 노리는 가지와 그리고 이러한 전자의 의도를 의식하지 않고 있는 다른 가지로 나누게 한다. 그와 같은 문자기록물비평에 대해 그러나 다음과 같은 사고로써 반박할 수 있다. 대부분의 커뮤니케이션적 텍스트들은 편안하게 수용되기를 원하고, 쉽게 읽혀질 수 있기를 바란다. 따라서 그것들은 "지시적"(denotativ)이어야만 한다. 즉 하나의 분명한 메시지를 전달해야만 한다. 그 결과는 그와 같은 텍스트들이 그것을 읽는 모든 독자들에 의해서 똑같이 해석된다는 것이다. 과학적 텍스트들, 특히 대체로 숫자적 기호들을 사용하는 텍스트들은, 비록 문외한인 독자들에게는 그것이 "어렵다"고 여겨지겠지만, 오히려 편안하게 수용된다. 그런데 그 어려움은 텍스트에서 발견되는 것이 아니라, 이전에 습득된 코드목록에서 발견되어질 수 있다. 물론 과학적인 텍스트로 출판되었지만 그럼에도 불구하고 "애매모호한" 텍스트들도 있다. 이것은 특히 "정신과학적" 텍스트들에 해당된다. 여기에서 제안된 문자기록물비평은 형식적인 사고들로 구성된 그러한 종류의 텍스트들이 반드시 과학적이지는 않으며, 단지 스스로를 과학적이라고 표시하기만 한다는 점을 보여 줄 수 있을 것이다.

이에 반해서 표현주의적 텍스트들은 자신의 수용자들을 존중하지 않는다. 그것들은 어렵게 읽혀지도록 할 수 있다. 그것들은 "암시적"(konnotativ)이고 "애매모호"할 수 있다. 다시 말해서 다의적인 메시지들을 전달할 수 있다. 그 결과는, 그러한 텍스트들이 그 독자들 개개인에 의해서 각자 다른 방식으로 해석되어질 수 있다는 것이다. 그렇다면 표현주의적 텍스트들은 커뮤니케이션적 텍스트들보다 더 의미가 풍부한 것일까? 여기에서 제안된 문자기록물비평은 다음과 같은 모순적 결론, 즉 자신의 커뮤니케이션적 의도를 의식하지 않는 그러한 텍스트야말로 더 의미가 충만한 메시지들을 전달하고 있다는 모순적인 결론에 이르지 않을 수 없게 된다.

방금 시도해 본 것과 같은 문자기록물 분류를 계속할 필요는 없다. 의식적으로 커뮤니케이션적인 텍스트들이 다시 말해서 예외적으로 암시적일 수도 있다. 그 예가 바로 성경인데, 그것은 서양의 기본 텍스트이다. 성경은 모든 가능한 독자에 의해서 수용되고 그들 개개인에 의해서 각기 자신들의 방식으로 해석되어지기를 바라는 텍스트이다. 그것은 모두에게 그리고 모든 개인에게 그들 자신에 의해 선택된 방식으로 말한다. 그것은 운명이고 또 운명이고자 한다. 동시에 성경은 표현적이고 어떤 압박하에 쓰여졌다. 이러한 의미에서 성경은 모든 텍스트들을 위한 하나의 모델이다. 왜냐하면 그것은 자기망각 속에서 그리고 타인에 대한 의식 속에서 쓰여져 있기 때문이다. 이러한 타인에 대한 의식은, 성경의 헤브라이어 "원텍스트"가 바로 항상 반복해서 타인들에 의해 번역되어지기를 의도하고 있다는 지경으로까지 확대되고 있다. 그래서 70명이 번역한 그리스어 구약성서 (Septuaginta), 공인 라틴어 번역성서(Vulgata), 흠정영역성서(The King James), 루터가 독일어로 번역한 성서의 운명은 포괄적으로 분석된 원텍스트가 펼쳐진 운명들이라고 할 수 있다. 성서텍스트의 역사가 보여 주는 바와 같이, 서양적 운명의 펼쳐짐은 정신사의 구조를 위한 모델로서 이용할 수 있다. 확실히 성서는 커뮤니케이션학의 유명한 명제——"인간이 커뮤니케이션을 잘하면 잘 할수록 점점 덜 정보를 지니게 되고, 인간이 더 많이 정보를 제공할수록, 커뮤니케이션하는 것은 점점 더 어려워진다"——를 의심스럽게 만들고 있다.

텍스트들은 반제품들이다. 그것들의 행들은 하나의 종결지

점을 향해 서두르고 있지만, 그러나 이 지점을 지나서면 어떤 독자와 마주하게 되는데, 텍스트는 이 독자에게 자신을 완성시켜 주기를 희망하고 있다. 글쓰는 사람이 그것을 의식하든 말든 심지어는 그가 카프카처럼 명시적으로 그의 텍스트를 완성하려는 독자를 거부하는 말든 상관없이, 텍스트들은 어떤 모르는 타인에 의해 탐색된다. 우리는 분명히 텍스트들의 우주를 다양한 기준들에 따라 분류할 수 있지만, 그럼에도 불구하고 모든 텍스트들에 공통되는 것은, 텍스트들이 희망적으로 또는 절망적으로 어떤 타인에 의해서 공격되어지기를 바라는, 쭉 펼쳐진 가지들이라는 점이다. 이것은 글쓰기의 몸짓이 보여 주는 정서이다.

내가 글을 쓸 때 나는 누구를 위해 현존하는가? 문자에 의해서 지배되는 사회에서 이것은 정치적인 질문처럼 여겨진다. 즉, 텍스트를 쓰는(그리고 출판하는) 것은 그와 같은 사회에서는 본질적으로 정치적인 몸짓이다. 다른 모든 정치적 앙가주망은 텍스트들에 복종하고 텍스트의 명령을 따른다. 만약 위의 질문이 ("진공 속"에서가 아닌) 텍스트 우주라는 구체적 콘텍스트 속에서 제기된다면, 글쓰는 나는 모든 사람을 위해서가 아니라 내가 도달가능한 수용자들을 위해 현존하고 있다는 점이 분명해진다. 내가 모든 사람들을 위해 글을 쓰고 있다는 생각은 과대망상적일 뿐만 아니라 잘못된 정치의식의 한 증상이다. 글쓰는 사람이 도달 가능한 것은 단지 그의 텍스트들을 전달해 주는 채널들을 통해 그와 결합되어 있는 그런 수용자들일 뿐이다. 따라서 그는 직접적으로 그의 수용자에게 글을 쓰는 것이 아니고, 오히려 자신의 중개자에게 글을 쓰고 있다. 그는 우선 자신의 중개자를 위해서 현존하는데, 여기서 "우선"(in erster Linie)이라는 단어는 문자 그대로의 의미에서 "최초의 행에서"(in erster Linie)로 받아들여져야 한다. 즉 텍스트의 최초의 행에서 마지막 행에 이르기까지, 텍스트는 그것의 중개자를 위해 쓰여진 것이다. 전체 텍스트는 그것이 우선 어떤 중개자를 위해 쓰여져 있다는 사실에 의해서 영향받는다. 그 어떤 문자기록물비평도 이러한 사실을 간과할 수는 없을 것이다. 중개자는 외부에 있는 것이 아니라, 모든 텍스트의 내부에 있다. 그 중개자는, 도서인쇄의 발명 이래로는, 대체로 출판인이다.

출판인은 텍스트들의 흐름 속에서 그것을 걸러내는 망판[스크린]과 같은데, 그의 과제는 대부분의 텍스트들을 인쇄하여 출판하는 것이다. 우리가 현재 헤엄쳐 다니고 있는 인쇄된 텍스트들의 거대한 홍수는 조각난 텍스트들로 구성된 빙산의 일각일 뿐이며, 사실상 그 빙산 밑에는 망판을 통과하는 데 실패한 수많은 텍스트들이 노출되지 않은 채 숨어 있다.

하나의 텍스트는 하나의 표현(Ausdruck)이며, 그 표현의 의식적 혹은 무의식적 의도는 바로 감명[Eindruck; 인상]을 주는 것이다. 인쇄(Druck)되지 않은 채 방치된 텍스트들은 출판인에게 어떤 나쁜 인상을 주었던 표현들이다. 그런 텍스트들은 출판인의 기준들(망판 속에 난 구멍들)을 통과하여 살아남는 데 성공하지 못했다. "어떤 나쁜 인상을 준다"는 것은 인상을 받는 사람의 기준들에 부합하지 못했다는 것을 의미한다. 이로써 (망판의 구조방식에 따라) 검열하는 기준들에 대한 문제가 제기된다.

비록 우리는 항상 자동적인 검열 장치들에 대한 단초들——예를 들면 매스미디어들의 편집과정들—— 을 관찰할 수 있지만, 출판인은 지금까지 결코 자동로봇이었던 적이 없다. 현재까지 출판인들은 그래도 자신들의 기준들을 그들을 매혹시키려고 하는 텍스트의 기준에 맞출 수 있을 정도로 융통성이 있는 그런 사람들이었다. 출판인들과 텍스트들 사이에도 여전히 대화들이 존재하고 있으며, 이 대화들이 출판인의 기준들을 변화시킬 수도 있다(게다가 출판인들의 융통성 정도는 어떤 사회에 존재하는 자유의 척도로서 간주될 수도 있다). 이러한 텍스트들과 출판인들 사이의 대화가 가령 출판인의 기준들을 변화시키기도 하지만, 반대로 그것이 텍스트들을 변화시키기도 한다. 이것이 대화의 본질이다. 즉 대화에 참여한 사람은 타인의 타인이 되고 그리고 그가 타인을 변화시킴으로써 그 자신도 변화시키게 된다. 인쇄된 텍스트는 출판인을 변화(매혹·감동)시키는 것일 뿐만 아니라, 그것은 또한 출판인에 의해 변화(장악·영향)되었던 텍스트이기도 하다. 인쇄된 텍스트는 글쓰는 사람과 출판인 사이에 나눈 어떤 악수의 결과이다. 그것은 악수한 두 사람의 손자국들을 담고 있다. 글쓰는 사람의 손은 텍스트 속에서 출판인의 손에 의해서 장악[파악]되었다. 이러한 악수는 가장 감동적인 몸짓의 하나다. 왜냐하면 그것은 가장 공개적이면서도 가장 친밀한 몸짓이기 때문이다. 출판인은 글쓰는 사람을 위해 현존하고, 글쓰는 사람은 출판인을 위해 현존한다. 그리고 두 사람 모두는 독자를 위해 현존하고 있다.

인쇄된 텍스트는 따라서 인쇄되지 않은 텍스트와는 반대로 이중의 압력(Druck)을 받고 있다. 그것은 글쓰는 사람의 표현압력(Ausdruck)에 의해서 그리고 출판인의 반대압력(Gegendruck)에 의해 부하가 걸려 있다. 그것은 둥글게 꽉 쥔 주먹과도 같은데, 텍스트는 양측의 의도에 따라 둥글게 응축된 것으로서 그의 미래의 독자에게로 침투한다. 그것은, 마치 우리가 깊이 생각하지 않고——이러한 개념에 내재하는 역할을 의식 하지 않고—— 말하듯이, 독자에게 "정보를 준다". 여기서 "정보를 준다"는 것은 이러한 압력에 대해 저항하는 어떤 것 속으로 형식을 눌러넣는다(drücken)는 것을 의미한다. 인쇄된 텍스트에서는 글쓰는 사람과 출판인이 독자에게 정보를 주기로—— 독자를 감명시키기로—— 공모한다. 먼저 글쓰는 사람의 표현압력이, 그 다음에는 출판인의 반대압력이, 그 다음에는 인쇄기의 압력[Druck; 인쇄]이, 마지막으로는 독자에 대한 감명[Eindruck; 인상 압력]이 작용하는데—— 이것이 바로 텍스트들이 갖는 구텐베르크적 역학이다.

물론, 우리를 휘감고 있는 텍스트들의 인플레이션을 놓고 볼 때 이러한 역학이 무의미할지도 모른다는 의문이 들기도 한다. 이러한 무의미함은 문자의 포기를 낳게 하는 이유 중 하나일지도 모른다. 날마다 집으로 배달되는 인쇄물 더미, 서점에서 길을 잃어버릴 정도로 쌓아 놓은 책들의 원시림——이것들은 글쓰는 사람과 출판인이 우리에게 정보를 주려고 공모했을 때 둥글게 꽉 쥔 주먹들은 확실히 아니다. 그것들은 아마도 우리 독자를 무감각하게(anästhesieren) 하려고 출판인들에 의해 제작된 마취제들이다(이 경우 이러한 출판인들은 그러한 목적에 동의하는 글쓰는 사람을 물색한다). 인쇄되어지는 것은 대체로 마취시키기 위한 것들이며, 출판인과 글쓰는 사람은 단지 이러한 마취산업에 고용된 사람들처럼 여겨진다. 그런데 그 고용인들은 가까운 장래에 자동적인 기계장치들에 의해 대체될 수 있다. 즉 출판인은 프로그램된 망판장치에 의해, 글쓰는 사람들은 워드프로세서에 의해 대체될 것이다——궁극적으로 알파벳은 별 성능이 없는 코드로 간주되어 포기되고 단지 프로그램되어 소리를 내는 영상들만이 사회에 정보를 제공하고 사회를 마취시키게 될 것이다. 다시 말하자면, 텍스트 인플레이션과 정보혁명에 직면해서도 여전히 문자숫자적 텍스트의 쓰기·출판·인쇄 그리고 읽기가 의미를 지니겠는가?

여기서 문제되는 것은 무감각하게 하는 마취제를 꿰뚫고 들어갈 수 있는 주먹 쥐기이다. 여기서 중요한 것은 미학적[감각적] 문제이다. 즉 미학의 어원인 "아이스테스타이"(Aisthestai)라는 말은 "지각·감각하기"를 의미하는데, 현재에 그리고 미래에 정보적 텍스트들이 도대체 여전히 지각되어질 수 있느냐라는 것이 문제이다. 또는 글쓰는 사람과 출판인들이 여전히 점점 더 막강해지는 자동적인 마취산업에 대항해서 공모하는 것이 가능할까 하는 것이 문제이다. 마취에 반대하고 정보를 위하는 이러한 공모, 즉 텍스트들이 구텐베르크적 시대로부터 전자기적 시대로 건너 뛰어넘도록 하기 위해 텍스트들을 이와 같이 둥글게 마는 것(Ballung)은 우리가 오컴의 면도날로부터 인식한 하나의 전략이다. 이러한 오컴의 면도날에 스스로를 내맡기는 텍스트들만이 무감각하게 하는 마취제를 꿰뚫고 들어갈 수 있다. 어떤 텍스트가 둥글게 말리면 말릴수록, 소프트웨어의 마취에도 불구하고 더 지각될 수 있다.

오컴의 면도날이 말하는 것은 "인간은 불필요하게 사태(Sache)들을 증가시켜서는 안 된다"는 것이다. 그 면도날은 하나의 도구이며 그것은 불필요한 것—우리가 오늘날 흔히 이야기하고 있는 잉여적인 것(Redundantes)—을 잘라낸다. 글쓰는 사람들의 표현압력에 대항해서 출판인들이 행사하는 반대압력은 오컴의 면도날에서의 진동과 같다. 인쇄되지 않은 텍스트와 인쇄된 텍스트들 사이의 차이는 분명하다. 전자는 기요틴에서 교수형에 처해진 신세이고, 후자는 투쟁에서 살아남은 것이다.

이처럼 도살된 텍스트들이 있음에도 불구하고, 우리는 수많은 텍스트들에 의해 겹겹이 둘러싸여 있다. 출판인의 기요틴은 그 사이 쓸모없는 것임이 증명되었다. 그에 반해서 오컴의 면도날은 기요틴보다 더 나은 기준들을 세우도록 허용한다. 출판인의 기준들(그들이 지닌 망판에 난 구멍들)은 구텐베르크적 상황에서 전자기적 상황으로의 과도기에 해당되는 기준들이다. 간단히 말하자면 어떤 텍스트가 짧으면 짧을수록, 그리고 둥글게 말리면 말릴수록, 그것은 더 낫다. 그것은 "정보주의적" 기준인데, 이것이 말하는 바는 어떤 텍스트가 덜 잉여적이면 덜 잉여적일 수록 그 텍스트는 그만큼 더 정보적이라는 것이다. 짧으면 짧을수록 더 진리적이다. 왜냐하면 모든 불필요한 것은 비진리이기 때문이다. 아인슈타인의 방정식들은 뉴턴의 방정식들보다 더 진리적이다. 왜냐하면 전자의 방정식들은 질량을 가급적 배제하고 센티미터와 초단위로 충분하기 때문이다. 어떤 텍스트가 짧으면 짧을수록, 그것은 더 낫다. 왜냐하면 불필요한 것은 좋은 것이 아니기 때문이다. 짧은 규정들——법칙들, 사용설명서들——은 긴 규정들보다 낫다. 왜냐하면 그것은 더 쉽게 지켜질 수 있는 행위모델들을 제시하고 있기 때문이다. 어떤 텍스트가 짧으면 짧을수록, 그것은 더 아름답다. 왜냐하면 모든 불필요한 것은 아름답지 않기 때문이다. 아름다운 텍스트는 하나의 체험모델이고, 그것이 더 둥글게 말리면 말릴수록, 그것에 의해 모델화된 체험은 더 강하다. 텍스트의 출판보다 더 간단하게 그리고 따라서 더 자동화될 수 있는 것은 없는 것처럼 여겨진다. 텍스트들은 하나의 피할 수 없는 초소형으로 축소될 수 있다. 오늘날 모든 텍스트비평은 단지 초소형의 텍스트들만이 정보혁명에서 살아남는 가능성을 지니고 있다고 목소리를 높여야만 할 것으로 생각된다.

유감스럽게도 사태는 그리 간단하지 않다. 바로 그 자체의 잉여로부터 정보들을 쥐어짜내는 텍스트들도 있기 때문이다(예를 들면 소설가 토마스 만이 작품 속에 쳐놓은 미로와 같이 복잡한 곁다리 이야기를 생각해 보자!). 그러나 앞의 이런 이유들 때문이라기보다는, 특히 어떤 비판적 지점이 존재하고 그 지점으로부터는 오컴의 면도날의 또 다른 적용들이 텍스트를 다듬는다기보다는 그것을 완전히 거세시켜 버리기 때문이다. 만약 대부분의 잉여들이 삭제된다면, 단지 소음과 거의 인지될 수 없는 정보들만 남을 것이다. 글쓰는 사람과 출판인 사이의 대화적 전투에서 중요한 것은 이러한 비판적 지점의 발견이다. 그 지점에서는 최고의 정보들이, 전체가 소음 속으로 추락하기 전에, 도달되어진다. 이러한 비판적 지점의 발견이 결국 결정적인 출판적 기준이다.

텍스트들은 담론들이다. 문자기호들은 담론들 속에서 그것이 끝나는 종결지점을 넘어서서 자신을 완성시키는 독자에게로 향한다. 만약 오컴의 면도날이 이러한 담론을 토막낸다면, 독자는 그것을 더 이상 수용(암호해독)할 수 없다. 텍스트가 짧으면 짧을수록, 그것의 암호해독은 더 어려워진다. 비판적 지점으로부터 텍스트는 암호해독될 수 없다. 글쓰는 사람과 출판인 사이의 전투는 읽기의 어려움을 최고 수위로 올려놓고——이 지점에서 멈춰서 있어야만 한다. 그것은 독자에게 과중하다고는 느끼지 않을 정도의 범위 내에서 가능한 한 최고를 요구해야만 한다. 그 출판의 기준은 독자의 읽기능력이다.

텍스트들은 물 흐르듯이 흘러야만 한다. 둥글게 뭉쳐진 자모음들, 단어들, 문장들 그리고 단락들은 빈틈없이 서로 연결되어야만 한다. 텍스트 단위들은 하나의 파동구조 속에 끼워 맞춰져야 한다. 중요한 것은 리듬체계(Rhythmus), 즉 리듬들이 서로 중첩되어 층을 이루는 것이다. 자모음들·단어들·문장들·단락들의 각각의 개별적인 층들은 그에 독특한 리듬에 따라 율동을 맞추고, 그것들 모두가 똑같이 율동을 맞춰야만 한다. 텍스트들은 "조율"(stimmen)해야만 한다. 어떤 통일적인 조율상태는 텍스트의 음악적·어휘적·의미론적·논리적 차원에서 율동을 맞춰야 한다. 따라서 오컴의 면도날은 담론을 토막내는 것만이 아니다. 그것은 담론을 어떤 조율하는 통일체로 다시 조립해야만 한다는 말이다. 출판인은 텍스트로부터 하나의 콜라주를 만들어야만 하지만, 그럼에도 불구하고 독자는 텍스트를 콜라주라고 간주해서는 안 된다.

텍스트들은 조율해야만 한다. 두 가지 종류의 조율상태, 즉 리듬들이 존재한다. 첫번째의 리듬에서는 한 담론의 물결이 다른 담론의 물결로부터 귀결되고 있다. 두번째 리듬에서는 담론의 물결이 잇따라 밀려와 거품을 낸다. 이 두번째 종류의 리듬을 우리는 싱커페이션적[1]이라고 부를 수 있다. 어떤 텍스트가, 만약 그것이 자기 지신과 항상 반복해서 모순을 일으키고 동시에 그럼에도 불구하고 빈틈없이 계속 흐르고 있다면, 싱커페이션적이다. 그와 같은 텍스트는 독자를 사로잡는다. 왜냐하면 그것은 심장마비에 대항하고, 독자를 분노케 하며, 독자를 본의 아니게 흥분시키기 때문이다. 그러한 텍스트는 사실상 정보를 주기 위해 무감각하게 하는 미디어들을 뚫고 들어가는 그러한 둥글게 말린 주먹이다. 텍스트 안에 있는 내면적 모순, 그 모순의 싱커

---

1 synkopisch; 운율상 대체로 두 자음 사이에서 악센트가 없는 모음이 소실되는 현상. 약음이 생략되는 현상.

페이션적 폭력은 글쓰는 사람과 출판인 사이의 외면적 모순의 결과들 중 하나이다. 진·선·미를 갖춘 텍스트들은, 다시 말해서 둥글게 말려져 있고 빈틈없이 흐르면서도 모순이 가득 찬 텍스트들은 글쓰는 사람과 출판인 사이의 창조적 대화의 작품이다. 그것들은 몇 가지 희망을 던져주고 있다. 다시 말해서 모든 텍스트들이 전부 다 서서히 다가오는 기술적 영상의 우주에서 희생되지는 않을 것이라는 희망 말이다.

글쓰는 사람은 우선[또는 첫번째 행에서] 그의 출판인을 위해 현존한다. 그와 공동으로 미완의 반제품 "텍스트"를 하나의 둥글게 말린 주먹으로 만들기 위해 존재하며, 그리고 희망은 바로 그 둥글게 말린 주먹이 정보적 상황 속으로 돌진해서—문자숫자적 코드의 추월 이후에도—텍스트를 완성시키는 독자를 사로잡는다는 데 그 본질이 있다. 글쓰는 사람은 그 자신의 고독으로부터 나와 출판인과의 공동작업을 매개로 공동체 속으로 뛰어들기 위해 타인을 찾아가는 길 위에 서 있다(비록 글쓰는 사람 그 자신은 자기가 타인을 찾아가는 길 위에 서 있다는 점을 의식하지 못하고 있다고 하더라도). 도서인쇄의 발명 전에는 출판인들이 존재하지 않았다. 텍스트를 비평하고 그것들을 독자에게 중개하는 과제를 담당했던 교회가 있었다. 따라서 그 당시에 글쓰는 사람은 완전히 다른 것을 향한 (위대한 신의 영광을 향한, ad maiorem Dei gloriam) 자신의 동경으로부터 글을 썼다. 독자란 그 당시 글을 쓰는 사람에게서는 (그의 텍스트를 완성시키기 위해) 신적 본질로 이르는 길 위에서 그의 텍스트를 중개하는 사람이었다. 도서인쇄의 발명은 글쓰기를 변화시킨다. 하나의 종교적인 앙가주망으로부터 어떤 정치적인 앙가주망이 탄생한다.

6. 도서인쇄

타이포그래피는 여기에서는 인쇄물의 생산을 위한 기술 내지는 문자숫자적 정보들의 배분을 위한 방법으로 이해되어야 하기보다는, 오히려 새로운 종류의 글쓰기와 사고하기로 이해되어져야만 한다. 비록 인쇄라는 측면들이 현재의 정보혁명(전자기적 정보는 도서인쇄의 기술과 배분방법의 연속적 발전으로서 이해될 수 있다)의 이해를 위해서도 매우 중요하지만, 여기서 문제가 되는 것은 더 근본적인 질문이다. 다시 말해서 도서인쇄의 발명과 더불어, 글쓰는 사람이 글자들을 배열하여 질서화할 때, 그 자신이 무엇을 하고 있는지에 대해 비로소 처음으로 의식하게 되지 않았느냐는 질문, 글쓰기의 이와 같은 이론적·실천적 제어가 글쓰기 중에 표현되고 있는 역사적 의식의 추월로 진입하지는 않을까 하는 질문, 가령 정보혁명이 글쓰기에 장치된 잠재적 가능성들이 소진된 결과로 파악되어질 수 있지 않을까 하는 질문들 등이 중요하다.

그리스어 "typos"는 먼저 일단 "흔적"을 의미한다. 그리고 이러한 의미에서 가령 해변 백사장에 남겨진 새발자국들이 "typoi"이다. 따라서 그 단어가 의미하는 것은, 이러한 흔적들이 여기에서 백사장을 지나간 새를 분류하기 위한 모델로서 사용될 수 있다는 것이다. 그리고 결국 그 단어가 의미하는 바는, 나 자신이 다양한 종류의 새들을 비교하고 구분할 수 있기 위해 그와 같은 새발자국 흔적들을 모래 속으로 그려 넣을 수 있다는 것이다. 따라서 "typos"는 모든 새발자국에 공통된 것(즉 "유[전]형적인 것"das Typische)을 의미하며, 이것은 모든 특징적인 것과 개별적인 것의 "배후"에 있는 보편적인 것을 의미한다.

그런데 그리스어 "graphein"이라는 단어는 먼저, "새기다·파묻다"(graben)라는 뜻이다. 이러한 의미에서 가령 철필에 의해서 점토판에 남겨진 흔적들이 "타이포그래피"(Typografien)이다. 그러나 우리가 알고 있듯이, "graphein"이라는 단어는 일반적인 언어관습에서는 "글을 쓰다"를 의미한다. 그것은 문자기호들— 분류·비교·구별되어져야 하는 이러한 흔적들—의 파내기를 의미한다. 그럼으로써 "타이포그래피"라는 단어는 근본적으로 "파내는 새기기"(Grubengraben) 또는 "문자기호 쓰기"(Schriftzeichenschreiben) 등으로도 번역될 수 있는 하나의 중복어법이다. 그냥 "글쓰기"라고 말해도 무방하다.

문자(그리고 특히 문자숫자적 문자)가 발명된 이래로, 인간은 타이포그래피한다. 구텐베르크는 원래 아무것도 발명하지 않았다. 이미 기원전 3000년에서 2000년대 사이에 인간은 구텐베르크적 의미에서 책을 인쇄할 수도 있었다. 모든 기술적인 전제조건들(인쇄기, 먹, 평평한 종이, 또한 금속형틀을 만드는 기술)이 당시에 다 갖춰져 있었다. 그러나 인간은 아직 인쇄하지 않는다. 왜냐하면 인간이 문자기호들을 점토판에 표시할 때 그들이 활자/유형들[1]을 다루고 있다는 점을 아직 의식하지 못했기 때문이다. 그들은 문자기호들을 특성문자[캐릭터][2]로 간주했다. "유형화[전형화]시키는"(typisierend) 사고방식은 그 당시에는 아직 의식에 도달하지 못했다. 구텐베르크의 가장 위대한 행위는 문자숫자적 문자로써 고안된 활자/유형들의 발견이었다.

유형화하는 의식의 획득이 얼마나 어려운지 예를 들어 보자. 중세의 보편논쟁에서 중요한 것은 비교의 문제였다. 만약 내가 탁자를 의자와 비교한다면 나는 무엇을 행하고 있는가? 나는 이 두 가지 사물에 공통되는 어떤 것, 그것들에 유형적인 어떤 것을 발견해야만 하는가? 아마도 그들 양자에 공통되는 "가구적 본질"이 그것일까? 이것은 "실재론자들"(Realisten)의 견해였다. 혹은 나는 이 두 개의 사물들이 비교불가능한 성질들을 지니고 있고, 따라서 나는 도대체 불가능한 비교를 강요하기 위해서 허공으로부터 어떤 하나의 단어(가령 "가구"라는 단어)를 잡아낚도록 강요되고 있다는 사실에 타협해야만 할까?── 이것은 "유명론자들"(Nominalisten)의 견해였다. 실재론자들에게서는 유형적인 것,

---

1 Typen; 독일어에서 der Typ/Typus(유형·전형)와 die Type(활자)는 같은 어원에서 유래하며, 복수형은 die Typen으로 그 형태가 같다. 저자는 이 점에 착안하여 소위 활자사용과 유형화하는 사고방식 사이의 연관관계를 설명하기 위해 두 단어를 차별 없이 쓰고 있다.
2 Charakter; 가령 상형문자 "人"에서와 같이 그 기호의 형태가 사물의 특성과 일치하고 있는 문자 기호들.

보편적인 것이 실제로 특징적인 것 속에 숨어 있으며 또 그것이 발견될 수 있는 것이었다. 즉 "보편적인 것은 실재로서 존재한다(universalia sunt realia)." 따라서 그들에 대한 명칭이 "실재론자들"이다. 유명론자들에게 있어서는 현실적으로 특정적인 것의 배후에는 아무것도 없다. 그리고 유형[전형]적인 것은 순전히 우리가 비교를 목적으로 고안하는 이름일 뿐이라는 것이다. 즉 "보편적인 것은 이름으로서 존재한다(universalia sunt nomina)." 따라서 그들을 지칭하기를 "유명론자들"이라고 한다.

그런데 이 논쟁에서 중요한 것은 전적으로 논리학의 문제(즉 "비교"는 어떤 공통되는 동일한 것으로의 소급인가, 아니면 똑같지 않은 것들로부터 동일한 것을 만들기 위한 트릭인가?)만이 아니다. 중요한 것은 주로 실존적인 문제이다. 다시 말해서 보편범주들이 실재적인 것이라면, 그것들은 위계적으로 질서화되는 하나의 피라미드를 만들 수 있다. 내가 비교를 통해서 책상과 의자에서 가구적 본질을 발견한 후에, 나는 한 개의 가구와 한 벌의 옷 사이의 비교를 통해 "더 높은" 보편성을 발견할 수 있음에 틀림없으며, 그 다음에는 피라미드의 꼭짓점까지 즉 모든 보편범주 중에서도 보편적인 범주인 신에게로까지 이를 수 있다는 것이다. 나는 따라서 비교를 통해 신에게로 향할 수 있으며, 나의 영혼도 구제할 수 있다. 그런데 이것은 사실상 두 가지 상호보충적인 방법들로써 가능하다. 먼저, 사고상으로 내가 특수자로부터 점점 더 보편자를 추론하고, 이러한 연역을 수단으로 어떤 낮은 단계의 현실성에서 점점 더 높은 단계의 현실성으로 상승함으로써, 나는 결국 신에게로 이르는 사유의 길(철학과 신학)로 나아간다. 그렇지 않으면 "제작행위"(Werk)들을 매개로 나는 실천적으로, 특수자 ("우연성") 속에서 보편자("본질")를 발굴하고, 그런 다음에 이러한 본질로부터 하나의 더 높은 본질을, 궁극적으로 모든 본질 중에서도 최종적인 본질("다섯번째의 본질", "정수~")을, 다시 말해서 신이라는 존재를 우연성들로부터 발굴해 낼 때까지, 계속 발굴해나간다. 즉 나는 납으로부터 금을, 금으로부터 불로장생의 샘을, 현자의 돌을, 궁극적으로는 신을 현재화할 수 있다. 나는 훈련된 제작행위(예를 들면 연금술)을 통해 신에게로 이르고 나의 영혼을 구제할 수 있다는 것이다.

만약 보편범주들이 단순한 말들에 불과하다면, 모든 철학과 신학은 단순한 말장난("말의 홍수──웅웅거리는 목소리들")이 될 것이고, 연금술과 같이 신을 찾는 모든 실천들은 따라서 악마적일 것이다. 왜냐하면 이때 내가 감수해야만 하는 것은, 내가 태어났을 때 던져졌던 이 세계가 순수한 비교불가능한 독특한 현상들로 구성되어 있고──내가 그런 현상들에 대해 다소 관심이라도 기울이기만 하면──나의 영혼은 그 속으로 얽혀 들어간다는 것이기 때문이다. 따라서 나는 이 속세로부터 등을 돌려 신에 대한 구체적이고 순수한 형언할 수 없는 신앙("sola fide") 속에서 나 자신을 열어야만 한다──만약 내가 악마에게 유혹당하지 않고 나의 영혼을 구제하고자 한다면.

도서인쇄의 발명은──비록 역사책들이 이미 그에 대해 언급했지만──근세가 계속되는 동안 실재론자의 편으로 보편논쟁을 판결지었다. 비록 수많은 유명론자들이 근대철학과 과학의 완성에 결정적인 영향을 미치기는 했지만, 실재론적인 핵심 명제 "보편적인 것은 실재로서 존재한다"는 근세적 사고와 탐구의 근본원칙이 되었다. 우리는 보편범주들, 유형들의 실재를 믿고 있고, 원자핵, 종의 생식, 사회계급들, 민족유형들의 실재를 믿고 있다. 그리고 우리는 그 실재를 발견하고 조작하려고 시도하고 있다. 만약 현재 이러한 신앙이 동요상태에 있고, (예를 들면 실증주의자들이나 현상학자들처럼) 우리가 뒤로 되돌아가서 유명론자가 되려는 경향을 지니고 있다면, 그것은 유형화하는 사고방식의 소진—그 사고방식의 부조리화—으로 환원될 수 있다.

도서인쇄의 발명은 보편논쟁을 실재론자의 편으로 판결지었다. 도서인쇄가 분명히한 것은, 우리가 글쓰기 중에 (따라서 스스로를 글쓰기 속에서 표현하는 사고 중에) 활자/유형들을 조작하고 있다는 점이다. 도서인쇄는 활자/유형들을 손에 넣을 수 있게 했고, 그것들을 장악하였다. 그래서 그것은 이념의 실재에 대한 플라톤적인 신앙(중세의 실재론의 대부였던 이러한 신앙)을 그 자신의 사변적 차원으로부터 실천적인 차원으로 옮겨 놓았다. 도서인쇄는 현대과학의 버팀목들 중 하나가 되었다.

구텐베르크 이전의 글쓰는 사람은 문자기호를 어떤 특정한 발음된 언어에 특징적인 소리를 가시화할 수 있게 하는 특성들(Charakter)로 간주했다. 각각의 특정한 언어는, 이러한 잘못된 견해에 의하면, 그 자신에 특징적인 알파벳을 요구한다고 한다. 왜냐하면 라틴어의 A는 그리스어의 알파(a)와는 다른 소리를 의미하기 때문이다. 그래서 그 당시에는 네 개의 알파벳들—다시 말해서 그리스어, 라틴어, 헤브라이어 그리고 아랍어—이 공존했는데, 각각의 알파벳은 해당 언어—알파벳은 그 언어에 특징적인 것이다—를 그에 특징적인 방식으로 가시화시키기 위해서 존재했다. 그러나 이미 그 당시에도 인간은 문자기호들이 실제적으로는 유형들이지 결코 특성들이 아니라는 점을 희미하게 의식하고 있었다. 따라서 가령 슬라브의 언어들을 그리스어 자모음으로, 게르만어를 라틴어 자모음으로 그리고 이란어를 아랍어 자모음으로 기호화하는 것이 가능하다는 것을 희미하게 의식했다. 그러나 이러한 흐릿한 의식에도 불구하고 네 개의 알파벳들에 "특징적인" 언어들은 성스러운 것으로 간주되었다. 만약 오늘날까지, 글쓰기에서 유형적인 것에 대한 분명한 의식에도 불구하고, 네 개의 알파벳들이 서로 나란히 양립된 채로 보존되고 있다면, 그 이유는 오늘날까지도 위와 같은 희미한 의식의 잔재들이 유형화하는 사고에 반발하기 때문이다.

도서인쇄는 글쓰는 사고 중에 유형적인 것에 대한 희미한 의식을 분명한 빛 속으로 올려놓으며, 동시에 또한 이러한 사고의 문제점(의문점)도 조명해 왔다. 두 가지 문제들이 여기에서 제기되는데, 그것들은 이러한 사고의 현대적 위기를 조명하고 있다.

#1.

도서인쇄가 보여 주는 것은, 활자/유형들이 (플라톤과 중세 실재론자들이 생각했던 것과 같은) 변치 않는 "영원한" 형식들이 아니라,

모델화되고 개선되며 그리고 배척될 수도 있다는 점이다. 예를 들면 라틴어 알파벳에서는 독일어 발음 "sch"를 위한 기호가 마련되어 있지 않기 때문에, 독일어에서는 "sch"라는 활자/유형이 고안되어졌다(물론 그것은 그리 가치있는 발명은 아니다). 그러나 이것이 곧 유명론적 테제인 "글자들은 순수한 발명품이다"라는 것이 증명되고 있다는 것을 의미하는 것은 아니다. 반대로, 그것이 의미하는 바는, 활자/유형들이 사태들이라고 할지라도, 그것들은 특징적인 것에 적응해야만 한다는 것을 의미한다. "sch"라는 활자/유형은 우리 위에 있는 어떤 플라톤적인 하늘에서 떠다니는 것이 아니다. 그러나 우리는 그것을 바로 그 때문에 오랫동안 근거 없이 날조할 수 없었다. 대신에 우리는 그것이 "Sch"라는 소리에 적응하도록 강요받는다. 만약 우리가 이렇게 한다면, 우리는 이 소리를 사실상 활자적/유형적으로 파악한 것이다. 이로써 근본적으로 "이론"이라는 개념이 변화된다. 그 개념은 이제 더 이상 영원한 형식들에 대한 어떤 경건하고 수동적인 관조행위 즉 어떤 공허한 말장난을 의미하는 것이 아니라, 항상 더 나아지는 (그리고 이러한 의미에서 더 진리적인) 유형들의 발전적인 모델화를 의미한다. 이론들은 인식들을 제공한다. 그러나 그것들은 발명품들이다. 학문적 인식에 기초가 되는 이러한 문제는 그 본질에 있어서는 도서인쇄의 발명 속에 포함되어 있다. 이러한 문제의 의식은 글을 쓰는 역사적 사고의 현재적 위기의 뿌리들 중 하나이다.

#2.

하나의 인쇄물은 하나의 활자적/유형적 사물이지 결코 특정적인 비교불가능한 유일무이한 사물이 아니다. 하나의 인쇄물은 하나의 "본보기"이고, 하나의 유일무이한 사물(예를 들면 원고)에 대한 수많은 예들 중에서 하나이다. 특징적인 사물(이러한 유일무이한 종이면)로서가 아니라 유형으로서 인쇄물은 가치가 있다. 인쇄물(종이, 문자인쇄)의 생산이 흥미 있는 것이 아니라, 유형(텍스트)들의 생산이 흥미 있다. 어떤 인쇄물에 대한 관찰은 "호머 파베르[공작인]"라는 고전적인 인간학을 허물어뜨리고 있다. 그것은 원죄에 대한 벌로서의 노동이라는 기독교적 테제를 증명하고 있다. 유형화하는 것, 기호들을 조작하는 것, "의미부여" 또는 정보주기는 인간의 품격에 어울리는 활동임이 명백해진다. 노동하기, 특징적인 사물들의 생산하기는 인간의 품위에 어울리지 않으며 인쇄기에 맡겨 놓아야 될 동작으로 경시된다. 노동에 대한 이와 같은 경시와 유형화하기에 대한 이러한 존중의 첫번째 결과는 산업혁명, 즉 기계들의 설비이다. 도서인쇄는 산업혁명의 모델이자 핵심으로 이해될 수 있다. 정보들이 책들 속에서만 인쇄되는 것이 아니라, 기계적으로 또한 섬유물·금속·플라스틱 위에도 인쇄되어야만 한다.

계속하여 인쇄물은 산업혁명을 넘어서 탈산업사회로까지 이른다. 그것은 현재 나타나고 있는 특징적인 대상들에 대한 경시와 유형적이고 "순수한" 정보에 대한 존중의 핵심이다. 노동과 관련된 모든 가치들의 역전이 여기에서 표현되고 있으며, 이러한 문제의 의식은 현재적 위기의 뿌리 중 하나이다.

구텐베르크와 더불어 글을 쓰는 사람들에게 그들이 유형들을 조작하고 있고 자신이 "정보제공자"임이 의식되기 시작했을 때, 유형화하는 사고방식은 모든 문화영역들에서 전개될 수 있었다. 그것은 활자/유형들을 고안하고, 그것들을 세계의 특성들에 적응시키고, 계속 개선하고 그런 다음에 세계로 향해 누르는 것이다. 이러한 사고방식은 기원전 2000년대 중반경에 동지중해 지방에서 흐릿하게 형성되었다. 도서인쇄와 더불어 분명한 의식 속으로 침투해 들어왔으며, 그것은 근세에 이르러 지구를 정복했다. 구텐베르크 은하계는 맥루한이 말했던 것보다 훨씬 뒤로 소급되며, 훨씬 앞으로도 계속 나아갈 것이다. 물론 지금까지는 억눌려 온 유명론에 대한 유형화하는 사고, 즉 이와 같이 변형된 실재론의 승리가 완전히 최종적인 것은 아니라는 징후도 있다. 과학·기술·정치·예술 그리고 철학에 의한 모든 현상들의 이와 같은 보편적인 분류와 유형화에 대한 유명론적인 반박이 또 다시 명료해지고 있다. 현상학자 후설의 전투구호 "사태들 자체로!"는 추상적 유형을 탈피하여 구체적인 개별 사실로 향한다는 뜻인데, 이는 유명론을 위한 한 사례이다. 그것은 "진보"를 의심하고 있다. 왜냐하면 구체적인 사태로부터 추상적인 유형으로 이르는 이러한—과학·기술·경제 그리고 정치의—진보는 그러나 서서히 타락한 광기임에 틀림없음을 드러내고 있기 때문이다. 예를 들면 아우슈비츠에서, 핵무기에서, 환경파괴에서, 간단히 말해 모든 것을 보편화하고 유형화하는 장치들 속에서 드러나고 있다. 우리는 보편범주들의 실재에 대한 신앙을 잃어버리기 시작하고 있다. 그리고 속세의 유명론적인 감정이 적어도 카프카 이래로 우리 내부와 우리 주변에서 응축되기 시작하고 있다. 도서인쇄의 사고는 추월당하기 직전에 처해 있다.

정보혁명, 즉 기호의 이와 같은 생산 그리고 전자기적 장들 속으로의 기호의 침투는 분명히 도서인쇄적 사고방식과 단절하고 있다. 컴퓨터 모니터들 또는 텔레비전 화면 위에 나타나는 새로운 기호들은 더 이상 하나의 대상 속으로 새겨진 흔적들이 아니다. 그것은 더 이상 "타이포그래픽"이 아니다. 그리고 새로운 정보혁명이 만들어 내는 사고방식은 더 이상 타이포그래픽적인 유형화하는 사고방식이 아니다. 인쇄의 동작과 이러한 동작 속에서 표현되는 멘탈리티는 고고학적 유물이 될 것이다. "진보"는 고고학적 유물이 될 것이고, 따라서 현재 진보적인 사람이 앞으로는 퇴행적이 될 것이다. 물론 우리들 대부분은 퇴행적으로 사고하도록 저주받은 운명들이다. 왜냐하면 흔적을 파내는 사고방식은 우리 내부 속에 깊이 파고들어와 있기 때문이다. 우리는 아마도 계속 기꺼이 쓰고 인쇄할 것이다. 즉, 우리는 정보혁명에 대해 두려움과 경탄이 교차되는 심정으로 마주 서 있다.

정말로 분명한 점은, 우리가 구텐베르크적인 문화로부터 전자기적 문화로의 이행기에서 무엇을 잃어버리게 된다는 점, 다시 말해서 우리에게 서양의 유산으로 가치 있게 여겨지는 모든 것을 잃어버린다는 점이다. 이와는 반대로 우리가 그 대가로 무엇을 얻을 것인지는 아직 알지 못하고 있다. 만약 우리가 그것을 알 수 있다면, 우리는 이미 새로운 사고방식의 계단을 높이 올라온 셈이다. 그러나 우리는 우리를 유명론적인 사고방식, 가령 성 프란체스코의 삶과 시 속으로 침잠시킴으로써, 우리의 미래를 예감할 수 있을 것이다. 오로지 신앙(sola fide)을 매개로?

도서인쇄, 자기의식적으로 된 이와 같은 알파벳적 글쓰기는 서양적·역사적·과학적·진보적 사고의 자기의식적으로 된 표현으로 간주될 수 있다. 정보혁명은 도서인쇄, 알파벳 그리고 이와 결부된 사고방식을 쓸모없는 것으로 만든다. 그것은 하나의 새로운, 아직은 나타나지 않은, 그러나 이미 예감될 수 있는 사고방식으로 이어진다. 그것은 비록 하나의 공허한 주장처럼 들릴지도 모르겠지만, 현실적으로는 하나의 숙고된 그리고 희망찬 미래를 향한 질문이다.

7. 규정

정보혁명과 더불어 나타난 사고방식을 예감하는 방법은, 새로운 기호들을 전자기적 장들 속으로 새겨넣는 장치들을 조작하는 그런 사람들에게서 관찰될 수 있다. 그들은 키보드를 누르는 사람들이다. 그들은 장치들을 프로그래밍하기 위해 이것을 행한다. "프로그램"(Programm)이라는 단어는 라틴어의 "praescriptio"[1]와 독일어의 "Vorschrift"[2]의 의미를 지닌 그리스어에서 파생된 것이다. 프로그래밍하는 사람들이 아직도 글을 쓰고 있다고 할 수 있는가? 또는 계속 더 글을 쓸 것이라고 할 수 있는가? 우리시대의 흐름을 거스르는 퇴행적인 사람들이 만약 기본적으로는 그 어떤 것도 변한 것이 없고 "본질적인 것"은 항상 동일한 것으로 남는다고 주장한다면, 그들이 옳은 것이 아닐까? 그런데 이 사람들은 누구에게 글을 쓰는가? 그들은 어떤 종결지점을 넘어서서 다른 사람을 향해서 글을 쓰지는 않으며, 오히려 그들은 기계장치에게 그리고 기계장치들을 위해 글을 쓴다. 앞에서 살펴보았듯이, 글쓰기는 다른 사람들에게 글쓰기의 "본질적인 것"

---

1 규정 또는 전(prae)+문자(scriptio)로 번역됨.
2 규정 또는 전(Vor)+문자(Schrift)로 번역됨.

을 맡기지 않았던가? 따라서 이러한 사람들에게 있어서는 글쓰기의 "본질적인 것"이 변화되었다. 그것은 하나의 또 다른 글쓰기이고, 따라서 하나의 새로운 이름을 필요로 한다. 즉 "프로그래밍"(Programmieren)이 그것이다. 그것은 퇴행적인 사람들에게는 불편할 뿐만 아니라 경악스럽게 여겨질 것이다.

새로움에 대한 이러한 경악은 먼저 얼핏 보아 악의 없는 어떤 측면에서 파악되어져야 한다. 그 사람들은 다시 말해서 더 이상 알파벳적으로 글을 쓰는 것이 아니라, 다른 코드 즉 소위 말하는 이진법적 코드들을 사용한다. 인공지능들은 (아마도 단지 잠정적이겠지만) 아직은 너무나도 우둔해서 자모음들을 해독할 수 없다. 비록 새로운 컴퓨터코드들이 그 유래가 없을 정도로 단순하지만(방금 말한 인공지능만큼이나 단순하다), 새로운 코드들을 사용하는 것은 그리 간단하지 않다. 그것들은 구조적으로는 단순하지만 기능적으로는 복잡한 시스템들이다. 우리들 중 대부분이 그 체계들의 조작법을 배우지 않았지만, 우리 모두는 알파벳을 배웠으며, 도서인쇄는 하나의 일반적인 민주주의적인 알파벳화[문자습득]를 결과로 가져왔다. 이러한 새로운 코드들에 의해 우리는 또 다시 문자를 잊어버리는 문맹인이 되어 가고 있다. 어떤 새로운 코드사용층이 생성되고 있다. 그 새로운 문서(컴퓨터 프로그램)들은 우리들 대부분에게는 도서인쇄의 발명 이전에 알파벳적 문자들을 감싸고 있었던 그런 비밀 속으로 침투해 들어가고 있다. 암호화될 수 없는 것은 경악스러운 비밀인데, 우리는 그 비밀 앞에서 두려움에 가득 찬 채 무릎을 꿇고("supplex turba"),

그것을 피해 가려고 하고 있다(그것은 바로 유대율법이 새겨진 두 개의 석판[십계명] 앞에 꿇어앉아 있는 황금송아지의 형상과 같다). 물론 비밀을 폭로하는 것보다 더 간단한 것은 없다. 우리는 비밀코드(로마인이나 유대인의 경우에는 알파벳, 우리들의 경우는 컴퓨터코드)들을 단지 배우기만 하면 된다. 그러나 새로운 것에 대한 우리의 경악은 바로 이것을 불가능하게 한다. 단지 우리의 경악하지 않는 아이들만이 이것을 놀이하듯 배우고 있다. 우리는 그것을 다른 방식으로 시도해야만 한다. 우리는 우리의 타이포그래픽적 사고방식으로 포스트-타이포그래픽적 "글쓰기"의 계략을 알아내도록 노력해야 한다. 내가 지금 쓰고 있는 이 에세이는 자모음적이기 때문에, 그것은 프로그램들에 대한 경악으로부터 빠져나오려고 시도할 것이다.

만약 우리가 "프로그램들"을 인간이 아니라 기계장치에 맞춰진 문서로 이해한다면, 문자의 발명 이래로 그리고 기계장치들 이전에도 항상 프로그래밍을 해왔다고 할 수 있다. 다시 말해서 우리는 마치 인간들이 기계장치들인 것처럼 생각했고 또 항상 인간들에게 글을 써왔다. 우리는 인간들에게 행위모델을 규정해 왔다. 그리고 이러한 규정들은 우리가 서양문학이라고 부르는 모든 담론을 선도적으로 주도하는 직조물[텍스처] 속에서 하나의 강력한 근본동기를 형성하고 있다. 만약 이러한 근본동기를 서양역사에 대한 어떤 전체적 시각을 위한 지도원리로 간주한다면, 그 발전과정은 다음과 같이 묘사될 수 있다. 함무라비

비문[소위 말하는 함무라비 법전] 이래로 처음에는 이러한 규정들은 "계명"들이었다. 12개조의 금기(Duodecim tabularum) 이래로 그것들은 "규칙"들이 되었고, 나중에는 "교회령", "훈령" 그리고 다른 명령형식들로 분화된다. 그런 다음에 산업혁명 이후부터는 이러한 규정들이 기계에 대한 인간의 행위와 관계되는 규정들 즉 "사용설명서"가 된다. 마지막으로 정보혁명 이래로 위에서 말한 "프로그램들", 다시 말해서 기계에 대한 규정들이 이러한 발전을 마감한다. 프로그램들은 따라서 완전히 새로운 글쓰기 방식일 뿐만 아니라 또한 이미 최초의 문자 속에서 맹아로 녹아 있었던 어떤 경향의 완성이기도 하다.

방금 묘사된 규정들의 근본동기(그리고 동시에 그 속에서 표현된 서양의 역사)는 다양한 방식으로— 예를 들면 탈종교적인 세속화 경향(Desakralisierungstendenz)으로— 해석될 수 있다. (예를 들면 유대인들의) "(십)계명들"은 성스러운 것이었고, 그것들은 신적인 저자를 지니고 있었다. 그것은 인간들을 인형(기계장치)들로 만들었던 어떤 초인간적인 권위였다. "법규들"(가령 헌법적 기본법)은 비록 신적이지는 않지만 적어도 신화적인 작가(예를 들면 "민중")를 지니고 있었으며, 그것은 인간들의 태도를 조작하는 신화적 권위였다. 모든 이후의 규정들의 경우에 점점 더 분명해지는 사실은, 그 규정들이 다른 인간들을 지배하는 인간들에 의해서 만들어져 있다는 점이다. "사용설명서"에 있어서도 나타나는 것은, 모든 규정들의 의도가 인간행위를 기계와 같은 하나의 자동적인 행태로 파악하고 있다는 것이다. 따라서 사용지시들은 기계들이 자동화되면 될수록 점점 더 짧아진다—그것들이 완전히 자동화될 경우에는 아예 쓸모없게 될 것이다. 그 대신에 등장하는 것이 따라서 프로그램들이다. 프로그램들은 인간들에게 규정되어져 있는 것이 아니라, 인간 대신에 기계장치들에 규정되어질 수 있다. 따라서 분명히 밝혀지고 있는 사실은 규정들(그리고 서양의 역사)의 경향은 완전히 세속적인 태도를 지향하고 있고, 이 목적지에 도달하면 인간 자체를 규정화하거나 그들을 조작하는 것이 더 이상 필요 없을 정도가 된다는 점이다. 왜냐하면 인간들은, 마치 그들이 그래야만 하는 것처럼, 자동적으로 태도를 취할 것이기 때문이다.

우리는 규정들의 근본동기를 가치변화의 경향으로서, 즉 (만약 "과학"이라는 개념이 가치로부터 자유로운 사고와 행동으로 이해될 수 있다면) 인간태도의 과학화의 경향으로서 간주할 수 있다. "계명들"은 "영원한" 가치들을 지향하는 태도를 규정하고, "법규들"은 "높은" 가치들에 지향된 태도를 규정하며, 그 다음에 이어지는 모든 규정들은 가치로부터 자유롭게 되고, 결국에는 사용지시들은 단지 하나의 기능적인 태도들과 관계한다. 따라서 중요한 것은 태도의 진보적인 탈정치화와 기능화인데, 그것은 규정들의 합성적 구성에서 읽혀질 수 있다. 그것들은 명령적인 명제("너는 ~해야만 한다")로부터 기능적인 명제 "만약 ~한다면/~해라"로 된다. 십계명 "너는 너의 아버지와 어머니를 공경해야 한다"는 "만약 네가 닭고기 스프를 먹고 싶다면, 닭고기 통조림을 ~와 같이 조리해라"로 된다. 이러한 행위의 진보적인 가치변화는 프로그램들에서 그 연결고리를 발견한다. 논리적 분석에 따라 짜여진 컴퓨터 프로그램들에서는 "~해야 한다(sollen)"라는 도덕적 요구를 위한 상징이 존재하지 않는다. 따라서 분명해지는 것은, 규정들(그리고 서양역사 전체)의 경향은 모든 태도의 완전한 탈정치화를 목표로 하고 있고, 이 목표가 달성되면 인간과 사회는 마치 하나의 사이버네틱 체계처럼 자동적으로 자기 스스로를 조절할 것이라는 점이다.

규정들 속에 잠복해 있는 경향들에 대한 이와 같은 두 가지 해석들은 발흥하는 기능적 사고방식의 징조를 전달하고 있다. 그것은 하나의 세속적이며 가치로부터 자유로운 사고방식이다. 그것은 더 이상 역사적·정치적·윤리적 카테고리들로써는 파악될 수 없다. 사이버네틱적·컴퓨팅·기능적 카테고리들은 이러한 사고방식에 적용될 수 있다. 따라서 프로그래밍은 본질적으로는 글쓰기라고 불릴 수 없다. 그것은 글쓰기에서와는 다른 사고방식이 표현되고 있는 하나의 또 다른 동작이다.

프로그래밍을 탈신화화려는 위와 같은 시도가 과연 프로그램에 대한 경악을 제거했는지는 불확실하다. 분명히 우리는 사태를 어떤 낙관주의적인 관점에서 취급할 수 있다. 프로그램들이 기계장치들에 맞춰 규정된 이래로 규정들의 중압감은 인간들로부터 생동감이 없는 대상들로 옮겨가 버린다. 그리고 인간들은 마치 그들이 원하는 대로 그렇게 태도를 취할 정도로 자유롭다. 그렇게 함으로써 규정들 속에 잠복된 그리고 프로그램들 속에서 완성되는 경향이 자유를 목표로 취하는 것처럼 보인다.

기계장치들이 인간들보다 더 잘 그리고 더 빨리 태도를 취한다. 그것들은 자동차를 더 잘 조립하고, 옷들을 더 잘 꿰매며, 조각상을 더 잘 조각하고 조만간에는 인간들보다 버찌를 더 잘 수확할 것이다. 그리고 결국에는 그것들이 인간보다 더 잘 생각하게 될 것이다. 즉, 더 빨리 계산하고 결정할 것이다(아마도 그것들은 버찌를 수확하는 것보다는 계산을 더 잘할 것이다). 그리고 인간들은 이제부터 기계장치들을 프로그래밍하는 데 집중할 수 있게 된다. 이것은 바로 역사의 시작 이후부터 추구되어 왔던 바로 그런 자유가 아니었던가?

이제 이와 같이 직관적인 사고와는 다른 두 가지 완전히 다른 종류의 회의에 다다르게 된다. 첫번째 그리고 먼저 떠오르는 회의는 아주 쉽게 정리될 수 있다. 그것이 말하고 있는 것은, 모든 태도양식들이 진부 다 기계장치들로 전이될 수 있는 것이 아니라는 것이다. 예를 들면 "네 부모를 공경하라"는 계명이 의미하고 있는 태도들과 같이, 인간들의 존엄성을 결정하는 자동화될 수 없는 태도양식들도 존재한다는 것이다. 그러나 그것은 오류이다. 항상 그래왔듯이 모든 태도양식들은 프로그래밍될 수 있고 자동화될 수 있다. 우리는 그것들은 단지 태도의 구성요소들, 즉 행위원자들(Aktome)로 분해해야만 하며 그리고 나서 또다시 프로그래밍해야만 한다. 위에서 말한 계명 속에서 언급된 태도는 "병석에 누워 있는 네 어미를 미음으로 부양하라"와 같은 유형의 행위원자들로 분해될 수 있다. 기계장치들은 인간들이 이러한 계명에 따라 태도를 취하는 것보다 더 잘, 더 빨리, 그리고 더 정확하게 태도를 취할 것이다.

　낙관주의에 대한 두번째의 회의는 좀 더 어렵다. 그것이 말하는 것은, 자발적 강제(Sich-verhalten-Müssen)로부터의 인간의 해방은 총체적인 부자유로 향해가고 있다는 것이다. 어떤 방식으로 태도를 취해야 하는 (즉 노동하고, 걷고, 앉고, 계산하며 그리고 행하는) 그 어떤 필연성도 존재하지 않는다면, 모든 태도는 "보상 없는 행동"(acte gratuit) 즉 하나의 의미 없는 부조리한 몸짓으로 될 것이다. 부자유는 총체적인 조건지어짐에서뿐만 아니라 바로 총체적인 조건지어지지 않음 속에서도 존재한다는 것이다. 이에 반해 낙관주의적인 시각에서 의의를 제기해 본다면, 모든 인간적인 태도는──그것이 규정에 의해서이든지 아니든지 간에──죽음(죽어야 될 필연성)에 직면해서는 부조리하고, 근본적으로는 모든 규정들이 항상 이러한 부조리함에 의미를 부여하려는 의도를 지녀왔다고 할 수 있다. 규정들이 인간들로부터 기계장치들로 전이된다면, 인간들은 이러한 기계장치들의 부조리한 태도(그리고 동시에 기계장치들의 기능에 고유한 태도)에 하나의 의미를 부여할 수 있을 만큼 그로부터 자유롭게 된다. 프로그래밍은 그에 따르면 의미부여이고, 프로그래밍 뒤에 잠복된 의도는 세계와 그 안에 있는 인간의 삶에 의미를 부여하기 위해 인간을 자유롭게 하는 것이다.

　만약 프로그래밍에 대한 경악을 불식시키는 이러한 낙관주의를 고수한다면, 프로그래밍에 의해 글쓰기를 추월함으로써 역사의 목적이 도달된다고 말할 수 있다. 모든 태도는 세속적·

과학적·기능적·비정치적이고, 인간들이 이러한 태도에 의미를 부여하는 것은 자유롭다. 역사와 그리고 이러한 역사를 생성시키는 사고방식은 완성되었다. 어떤 새롭고 탈역사적이며 부조리에 의미를 부여하는 사고방식이 나타나고 있다. 이러한 낙관주의가 실제로 모든 문제들을 만족시키느냐의 문제가 제기되고 있다. 우리가 그러한 낙관주의를 받아들인다면, 도대체 현실적으로 모든 글쓰기가 프로그래밍에 의해서 추월가능한가라는 문제가 남는다. 모든 규정들은 프로그래밍이 가능하다. 그러나 단지 규정들만이 글로 쓰여지는 것은 아니다. 문자기록물은 순수한 계명, 법규들 그리고 사용설명서들로만 구성되어 있는 것이 아니다. 그리고 이와 같은 계속적인 글쓰기 속에서는 역사적·정치적·가치평가적 사고방식이 보존될 것이다.

그런데 위와 같은 (퇴행적인) 의의제기는 하나의 오류임이 증명되고 있다. 물론 모든 문자기록물들이 다 규정들이나 태도모델들로 구성되어 있지 않다는 것은 맞는 말이다. 왜냐하면 인식모델(예를 들면 과학적·철학적 텍스트들)이나 경험모델(예를 들면 문예창작과 "순수문학"이라고 부르는 모든 것)들도 존재하고 있기 때문이다. 태도·인식·경험의 모델로 문자기록물을 구분하는 것은 인간의 "이상"을 "진" "선" "미"로 구분하는 고전적인 그리고 산업혁명 이후부터는 더 이상 지탱될 수 없는 구분법에 따른 것이다. 우리는 모든 명제들을 "만약 ~한다면/~해라"라는 명제들로 환원시킴으로써, 인식 및 체험모델을 태도모델로 환원시킬 수 있는 그러한 방법들을 현재 사용할 수 있게 되었다. 명제의 계산은 결국, 그것이 어떤 종류의 표현이든지 간에, 모든 명제를 함수관계로 바꿔 놓을 수 있게 한다. 우리는 모든 문자기록물들을 프로그래밍할 수 있게 된 것이다.

프로그래밍된 문자기록물은 하나의 상황과도 같은데, 그 상황에서는 모든 텍스트들이 먼저 규정들로 환원될 수 있고 그 다음에 인공지능에 의해서 컴퓨터적으로 계산될 수 있다. 이러한 방식으로 특별히 영향력 있는 인식 및 체험모델이 생산될 수 있다는 사실은 이미 사용되고 있는 합성영상들에서 인식될 수 있다. 단순한 통계적 곡선들로부터 복잡한 전체 이론들의 묘사들에 이르기까지, 화면 위에서 번득이는 이진법적·디지털적으로 코드화된 인식모델들은 그 명료성과 표현능력에 있어서 모든 과학적인 숫자·문자적으로 코드화된 텍스트들을 훨씬 능가하고 있다. 소위 말하는 컴퓨터예술은 이미 현재 체험 모델(환상적이고 "불가능한" 구성들)을 만들어 내고 있는데, 그것들은 비록 그림들이기는 하지만 디지털로 코드화된 프로그램들에 의존하는 영상들로서, 문자숫자적으로 코드화된 텍스트들의 코드변환들로서 간주될 수 있다. 이러한 극히 강력한 체험모델들은 우선은 프로그래밍된 문예창작과 픽션들로, 그 다음에는 "영상적인 예술"로 간주될 수 있다. 그럼으로써 모든 글쓰기의 프로그래밍에 대한 낙관주의적인 입장이 정당한 것으로 간주된다. 만약 문자숫자적 글쓰기가 디지털 프로그래밍에 의해서 대체되어질 것이라면, 지금까지 텍스트에 의해서 전달된 모든 메시지들, 모든 태도·인식 그리고 체험모델들은 새로운 정보적 미디어들에 의해 훨씬 효과적·창조적으로 전달될 것이다.

우리는 그러나 이러한 낙관주의에 흥분해서는 안 될 것이다. 지금까지 문자숫자적 방식으로 쓰여졌던 것을 프로그래밍함으로써 비록 많은 것이 성취되겠지만, 퇴행적인 사람들이 당장 추방되어질 수 있는 것은 아니기 때문이다. 다시 말해서 문자숫자적 코드로부터 디지털코드로의 코드변환에 있어서 어떤 것을 잃어버리게 되는데, 그 잃어버리게 될 것은 반드시 퇴행적인 사람들에 의해서만 글쓰기에서 가치 있는 것으로 간주되는 그런 유산은 아니다. 왜냐하면 사고와 글쓰기 사이에서의 중개자인 구어가 상실될 것이기 때문이다. 디지털코드는, 그것이 개념들("관념들")을 가시화시킨다는 의미에서 표의문자적이다. 그것은, 알파벳과는 달리, 어떠한 발음된 음성들도 의미하지 않는다. 사고는 이전에 알파벳적으로 쓰여졌던 것을 프로그래밍하는 과정에서 언어로부터 분리되어 버릴지도 모른다. 그렇다면 그것은 경악스러운 일이다.

우리가 학교에서 배웠던 바와 같이, 글쓰기는 역사적 의식의 한 몸짓이다. 우리 아이들이 배우기 시작하고 있듯이, 프로그래밍은 어떤 다른 종류의 의식의 몸짓으로서, 문자적인 사고라기보다는 오히려 수학적인 사고와 비교되는 의식의 몸짓이다. 이 의식이 사용하고 있는 코드들은 숫자들처럼 표의문자적이다. 수학적 사고가 비역사적이라는 사실은 이미 비트겐슈타인이 다음과 같은 지적, "2+2는 오후 여섯시에는 4이다"라고 말하는 것이 무의미하다고 하는 지적으로써 논증한 바 있다. 수학적 사고는 그러나 지금까지 유기적으로 문자숫자적 코드 속에 깊이 빠져 있었으며, 그것은 역사적 사고의 흐름들에 의해서 휩쓸려 왔다. 이제 프로그래밍은 문자숫자적 코드들로부터 뛰쳐나와, 그 것들로부터 스스로를 분리시키고 구어들로부터 갈라서고 있다. 이 같은 상황이 비관주의를 정당화하고 있다.

8. 구어

프로그래밍이 문자숫자적 문자로부터 분리되고 있다면, 사고
는——겉으로 표출되기 위해서——더 이상 구어를 중개로 작동하
지 않을 것임에 틀림없다. 서양문화(그리고 다른 모든 알파벳화된 문
화들)를 강하게 특징짓고 있는 구어를 매개로 한 표현기호에로
의 우회는 쓸모없는 것이 될 것이다. 알파벳의 지배하에서 가능
했던 이와 같은 사고와 말하기의 결합이 지양될 것이다. 우리가
사고의 규칙들을 "논리"(말의 규칙들)라고 부르는 것, 우리가 언어
비판을 사유분석의 방법으로 적용하고 있는 것, 성경이 태초에
말이 있었다고 하는 것, 또는 하이데거가 "언어는 존재의 집"이
라고 말한 것 등에 책임이 있는 것이 바로 이 결합이다. 사고와
말하기의 이와 같은 결합은 근본적으로 보면 놀라운 것이다. 왜
냐하면 알파벳과는 다른 코드들이 항상 존재해 왔으며, 그 코드
들을 매개로 사고는 스스로를 외부로 표출해 왔다. 가령 그림 그
리기와 수학의 코드들이 그와 같은 것들이다. 인간은 따라서 항
상 말하기가 단지 사고의 한 측면이라는 점을 의식했었고, 그리
고 항상 반복해서 다양한 종류의 게임들을 하나의 "공통분모"로
묶으려고 시도했다. 이것에 대한 인상적인 예는, 논리의 법칙들
과 수학의 법칙들을 서로 환원시키려고 했던 (그러나 무위로 끝난)

시도이다(러셀·화이트헤드, 『수학 원리』참조). 그러나 알파벳은 지배적인 코드이고, 그것은 모든 다른 것들을 수천 년 동안 뒤덮어 왔다. 알파벳을 추월할 경우에는 사고가 말하기로부터 해방되며, 다른 비언어적인 사고들(예를 들면 수학적이고 형상적인 사고들, 아마도 완선히 새로운 사고들)은 아직 예감되지 않은 발전국면에 이를 것이다.

그러나 말하기는 이것으로써 결코 추월당하지 않을 것이다. 그 반대다. 이제 알파벳으로부터 분리된 구어는 각종 장치들에서 흘러넘칠 것이다. 레코드판, 카세트 그리고 말하는 영상들은 인간사회를 큰 소리로 부르고 그것에게 속삭일 것이다. 인공지능들조차도 말하기를 배울 것이다. 말하기, 즉 발음된 언어가 지각되어지는 방식은 스스로를 기술적으로 발전시킬 것이다. 이때 위험은 알파벳으로부터 분리된 말하기가 점점 더 황폐화될 것이라는 점이다. 우리의 언어들은 수천 년 동안이나 알파벳을 선별하고 새겨놓은 스크린들을 통과해 왔고, 그럼으로써 강력하면서도 아름답고, 섬세하면서도 정확한 도구들로 변화되어 왔다. 만약 그것들이 무성하게 번식된다면, 그것들—그리고 그것들과 더불어 대부분의 사고들—은 야만화될 것이다.

물론 말하기에 대한 알파벳의 영향은 과대평가되어서는 안될 것이다. 다시 말해서 현재의 언어관행을 고찰해 본다면, 우리는 곧 대부분의 대화와 글들이 무의미하고, 심지어 무의미하기보다는 사악하다는 것을 알 수 있을 것이다. 모든 대화와 글 중약 95퍼센트가 문법적으로 오류이다(가령 "이 세탁기가 더 나아요"라든가 "베를린은 북쪽에 있어요"라는 표현). 따라서 그것들은 본질적으로는 아무것도 표현하지 않는다. 만약 길거리에서 사람들이 말하는 것을 엿듣고, 신문·잡지 그리고 소설들을 읽어 본다면, 컴퓨터 프로그램에 대한 시각은 정말로 하나의 미적인 기분전환으로 작용할 것이다. 만약 알파벳의 추방 이후에 이와 같은 잡담과 이러한 선동적 표현들이 사고에 대한 지배를 상실한다면, 이것은 하나의 인식론적·정치적, 그리고 미학적 카타르시스로 간주될 수 있을 것이다.

언어는 물론 최고도의 정신적 작용이고, 우리가 구사하는 언어들은 우리의 최고 유산들에 속한다. 우리에게 보존과 증식을 위탁하는 이러한 유산에 대한 무수한 관점들 중 몇몇들이 여기에서 요약되어야만 한다.

즉, 우리의 언어들(인도-게르만어 및 셈족-햄족어)은 "유동적이다". 다시 말해서 그것들은 말들을 문장의 질서 속에서의 그 위치에 따라 변화시킨다. 그러한 말들로 형성되어진 문장들은 "바깥으로-말하기"[Aus-sagen; 표현]이다. 즉 주어[주체; Subjekt]들로부터 내던져진 술어이다. 우리의 언어들이 표현하는 것(우리 언어의 우주)은 따라서 의도적인, 화살모양의 상황들로 구성되어 있다. 예를 들면 "헨젤은 그레텔을 사랑한다"라는 문장은 "사랑한다"라는 말의 기투이고, 그 기투는 헨젤로부터 나와서 "그레텔"을 겨냥하고 있다. 이것이 모든 언어 유형들에 다 적용되는 것은 아니다. 예를 들면 [한국어·일본어·터키어와 같은] 교착어에 있어서는(예를 들면 인디언 종족 투피-구아라니족에게서처럼) 문장들 대신에 단어들의 콜라주들이 존재한다. 따라서 그 언어세계(그들에 의해서 발음된 단어)는 어떤 의도의 성격이 아니라, 어떤 사태의 성격을 지니고 있다. (예를 들면 중국어와 같은) 고립어에서는 문장들이 존재하지 않는다. 대신에 음절들의 병치들만 존재하고 있고, 따라서 그 언어의 우주는 투사(Projekt)의 성격이 아니라 모자이크의 성격을 지니고 있다. 따라서 우리가 대체적으로 언어와 결부되어 사고하는 한, 우리는 이러한 두 개의 세계에서는 방향감을 상실하고 있다. 그것들은 우리의 사고를 동요시키고 있다. 왜냐하면 그 세계들은 우리의 세계가 현실로부터가 아니라 우리의 언어들로부터 구조화되어 있다는 점을 증명하고 있기 때문이다. 그와 같은 동요는 비록 유익하기는 하지만, 우리가 우리의 언어에 신세지고 있는 것을 또한 보여 주고 있다. 즉 우리 언어는 우리에게 망을 제공하는데, 그 망의 실들과 매듭들 속에서 우리는 사유하고 느끼며 욕구하고 행동하고 있다.

우리 언어들은 모두 똑같은 유동적인 구조를 지니고 있다(비록 독일어는 예를 들면 "도나우강증기여객선선장Donaudampfschiffahrtska-pitän"과 같은 굴절현상을, 그리고 영어는 "put"[놓다] 혹은 "set"[놓다]와 같은 고립현상의 경향을 지니고 있기는 하지만). 우리 언어들은 개별적으로 이러한 구조를 자기 자신에 고유한 방식으로 단지 조작하기만 할 뿐이다. 우리의 언어들은 항상 하나의 고유한 문법을 지니고 있다. 우리 언어로부터 다른 언어로 번역할 경우에, 이 문법은 우리를 지탱하는 망으로부터 떨어지지 않은 채 번역하는 것을 가능케 한다. 그리고 그 번역은 우리의 욕구를 확대하고 심화시키는 폭력적인 방법이다. 왜냐하면 우리의 언어들은 개방적인 체계들이기 때문이다. 즉 그것들은 다른 언어의 구성요소들, 말들과 규칙들을 그 체계 속에——그것의 독특한 성격을 상실함이 없이——이식시키는 것을 가능케 한다. 번역들은 우리의 언어 중 어느 한 언어에서 그전에 언급되었던 어떤 것을 다른 식으로 언급하는 것을 또한 가능케 한다. 우리 언어들의 다양성, 구조적 공통성 그리고 기능적 다양성은 우리의 우주를 항상 새로운 사고들, 감정들, 욕구들 그리고 행동들에 개방시키는 것을 가능케 한다.

우리 언어들의 이러한 다양성은 아직 또 다른 측면을 지니고 있다. 구어들은 음성적 현상들이다. 모든 개별 언어는 독특한 멜로디와 독특한 리듬을 가지고 있는데, 사실상 겹겹이——음소의 층으로부터 단어와 문장의 층을 넘어 담론의 층으로까지——층을 이루고 있다. 이러한 언어 멜로디와 리듬 중의 많은 것들은 수렴적이다(예를 들면 이탈리아어의 음악성은 러시아어의 음악성과 수렴한다). 다른 것들은 또다시 서로 현격하게 대조를 이루기도 한다(예를 들면 체코어의 리듬은 프랑스어의 리듬과 대조된다). 우리는 따라서 음악적인 언어구성들을 생산하고 우리의 우주를 항상 새로워지는 분위기 속에서 율동을 맞추도록 할 수도 있다.

우리의 언어들은 다양한 종류의 단어들이 개념들을 위한 상징들로 암호화되고 문장 구성의 규칙들이 사고의 규칙들로 암호화되어진 코드들이다. 즉 그것들은 이중적으로 암호화된 코드들이다. 이제 코드들은 두 개의 서로 대립되는 지평들로 향하는 경향이 있다. 즉 지시성[외연성; Denotation]——여기에서는 각각의 개별 상징은 자신의 우주 속에서 유일한 요소를 의미한다. 내포성(Konnotation)——여기에서는 모든 각각의 상징은 우주 속에서 부정확하게 규정된 지역을 의미하고 우주 속에서 각각의 요소는 하나의 상징 이상의 어떤 것에 의해 의미된다. 지시적 코드의 장점(예를 들면 상징적 논리)은 명석판명이고, 내포적 코드의 장점(예를 들면 이미지[그림; Bild])은 의미의 충만함 또는 해석가능성들의 다양함이다. 우리 언어의 이중의 암호화는 우리 언어가 이 두 개의 지평을 향해서 확장될 수 있도록 하고 있다. 우리는 정확하고 엄밀하게(외연적·지시적으로) 이야기할 수 있을 뿐만 아니라 또한 의미로 충만하고 의미를 함유한 채 (내포적으로) 이야기할 수 있다. 우리는 심지어 두 가지를 동시에 수행할 수 있다. 그럼으로써 우리의 언어들은 그 유래가 없을 정도로 많은 결실을 낳은 코드들로 자리 잡는다. 그것들의 우주는 정말로 광범위한 우주이다.

우리의 언어들은, "인간"이라는 종의 연륜과 비교해 볼 때, 아직은 젊은 형태들이다. 인도-게르만어와 셈-햄족 언어들은 공통의 뿌리들로부터 싹튼 것처럼 보이는데, 그 뿌리는 신석기 시대보다 더 이전으로는 소급될 수 없다. 그러나 아마도 인간들은 겨우 수십만 년 전부터 말을 했을 것이다. 따라서 우리의 언어들은 아직 거의 발전되지 않은 체계들이고, 예감될 수 없는 세계를 향해 계속 발전될 수 있는 체계들이다. 그리고 그것들의 단어형태들과 문장구조에서는 수백세대들의 경험들이 축적되어 있다. 우리가 말을 할 때마다, 이러한 수집된 기억이 우리로부터 표출되어 공공의 공간 속으로 뛰어들어 그 공간 속에서 더 풍부하게 된다. 이것이 모든 구어들에 다 적용되는 것은 아니다. 대부분의 언어들, "원시적" 언어들은 기억저장소로서 기능할 만큼 충분히 체계적으로 코드화되어 있지는 않다. 몇 개의 인디언 언어에서는 어휘가 수십 년마다 변화된다. 왜냐하면 많은 단어들이 터부시되어 더 이상 사용되어져서는 안 되기 때문이다. 그에 반해 다른 몇 개의 언어들은 너무나도 강하게 체계적으로 코드화되어 있어서, 그것들은 경직되어 더 이상 발전이 불가능하게 될 수 있다(예를 들면 고대 이집트어). 우리 언어들의 엄격성과 신축성 사이에서의 귀중한 균형감각은 그것들을 유지하고 계승해야 할 우리에게 하나의 도전이다.

여기에서 언급된 우리 언어들에 대한 찬양은 앞 장에서 스쳐 지나갔던 비관주의를 해명하고 있다. 다시 말해서 미래가 점점 더 언어코드에 의존하고 점점 더 계산과 컴퓨팅의 코드에 의존하는 하나의 새로운 사고방식을 동반할 것이라면, 모든 것을 뒤덮을 언어홍수가 이러한 사고를 위한 단지 하나의 배경소음이 될 것이라면, 우리에게 주어진 이러한 "언어"라는 귀중한 유산의 상실이 염려되어져야만 한다. 우리가 알파벳의 발명 이전에는 결국 구어가 유일한 코드로서 계속 반복해서 풍성하게 세대에서 세대로 전승되어 왔고 이와 똑같은 것이 알파벳의 추방 이후에도 일어날 것이라는 식의 생각으로 스스로를 위로한다고 하더라도, 이러한 걱정이 더 줄어들지는 않을 것이다. 왜냐하면 알파벳 이전의 상황은 구어라는 관점으로부터 보면 알파벳 이후의 상황과는 근본적으로 다른 상황이기 때문이다.

알파벳의 발명 이전에는 구어가 (우리가 나중에 확인할 수 있는 한) "신화" 즉 사회의 체험·인식 그리고 태도모델의 전달자였다. 그리고 그의 과업이 신화들을 전승하는 것이었던, 아마도 특히 노인이거나 현자였던 "신화이야기꾼"(Mythagogen)들이 존재했다. 이로써 이러한 사람들에게는 또한 언어들을 보존하고 풍성하게 만드는 과업이 부여되는데, 그 과업은 나중에 알파벳적으로 글을 쓰는 사람에 의해서 넘겨받게 된다. 아마도 호메로스는 언어보호적이고 언어창조적인 동작으로서의 말하기로부터 글쓰기로의 이와 같은 이행을 보여 주는 하나의 본보기이다(신화이야기꾼들은 아마 노래도 불렀을 것이며 그래서 알파벳적 문자로의 이행은 구어가 여러 차원들 중 한 차원으로 빈곤화되는 것으로서 감지될 수 있었다). 알파벳의 추방 이후에는 구어의 보존과 풍성화의 임무를 부여받은 엘리트가 존재하지 않을 것이다. 언어는 (가령 수다쟁이들에게) 내맡겨져서 황폐화될 것이다. 미래의 비알파벳적인 엘리트들이 언어보호라는 과제를 떠맡을 것이라는 최소한의 희망도 없다는 것은 아직은 맹아적인 현재의 상황을 한번 훑어보는 것만으로도 족하다.

특정한 현상들은 얼핏 보아 그와 같은 엘리트의 양성을 고지하고 있는 듯하다. 그 현상들 중 두 가지가 바로 구어화된 책들의 카세트와 구어적인 창작물(Dichtung)의 카세트 및 레코드들이다. 이 두 가지 사례들은 선별되어진 것이다. 왜냐하면 그것들은 두 가지 극단적인 사례들을 나타내기 때문이다. 구어화된 책은 읽혀진 텍스트이다. 따라서 여기에서는 구어가 알파벳적으로 쓰여진 텍스트에 바탕을 두고 있는 반면, 구어적 창작물은 분명히 문자에 의한 매개를 포기하고 있다. 첫번째 사례는 하나의 과도상태로서 이와 같은 고려들로부터 배제될 수 있다. 즉 더 이상 아무 책도 쓰여지지 않는다면, 또한 구어화된 책들도 존재하지 않을 것이기 때문이다. 그와 같이 커뮤니케이션은 메시지의 어떤 불필요한 빈곤화일지도 모른다. 이에 반해 두번째 보기는 고려해 볼 만한 가치가 있다. 여기에서는 새로운 신화이야기꾼들(딜런 토머스, 러시아인들, 브라질인들, 인도와 아프리카의 "음유시인들")이 언어창조적으로 영향을 미치고 있는 것처럼 보이며, 구어에 그것의 잃어버린 음악적 차원들을 재현시켜 주는 것처럼 보인다. 음반의 발명 이전에는 결코 언어 창조적인 활동이 이와 같이 수백만부나 배포된 "시들"에서와 마찬가지로 그렇게 빨리 그리고 그렇게 광범위하게 영향을 미치지는 않았다고 생각할 수도 있겠다. 그러나 여기서 중요한 것이 사실상 창작(Dichtung)일까? 우리가 이 단어를 어원론적으로 해설할지라도—그것이 구술(Diktat)이든지 격언(Diktum)이든지 간에—, 자세히 들여다볼 때 드러나는 사실은, 이러한 새로운 신화이야기꾼들에게서는 어떤 다른 것이 관계하고 있다는 점이다.

카세트테이프와 음반은 다시 말해서 시대에 뒤진 것이나 다름없다. 왜냐하면 비디오로 녹화된 오페라가 음반으로 녹음된 오페라보다 더 많은 정보를 담고 있기 때문이 아니라, 오히려 영상들이 음향보다 새로 나타나는 사고방식에 더 잘 부합되기 때문이다. 따라서 카세트와 음반에 녹음된 창작물들은 곧 비디오들에 의해서 추월당할 것이다. 이것은 단순히 그것을 작동시키는 기계장치들의 급속히 낮춰지는 비용이 문제될 뿐이다. 그리고 여전히 카세트들과 음반들을 만드는 창작자들은 비디오판을 프로그래밍할 것인데, 왜냐하면 그들은 사실상 "문예창작가(언어에 관계하는 사람)"가 아니라, 새로운 종류의 체험모델의 창조자들이기 때문이다. 그들은 현재 비디오를 아직 이용할 형편이 못되는 사람들을 위해 시를 짓고 있다. 그들의 언어창조는 처음으로 나타나는 테크닉을 이용하고 있고, 그들이 생산할 (그리고 물론 이미 생산하고 있는) 말하고 노래하며 움직이는 영상들은 언어를 다른 시각적인 코드와 나란히 이용할 것이다. 바로 그 때문에, 그리고 현재의 구어적 창작물이 창조적이기 때문에, 구어적 언어는 새로운 코드들을 이용할 것이고 그럼으로써 그 자신은 하나의 배경소음만을 형성하도록 운명지어지고 있다는 점을 보여 주고 있다── 우리는 이와 같은 사실을 토키영화로부터 인식하고 있는데, 토키영화에서는 음악과 그리고 특히 말하기가 보조기능이며, 무성영화가 고유한 영화적 "언어"라고 할 수 있다.

탈알파벳적 상황에서는 언어보호를 담당하는 엘리트가 없을 것이다. 모든 점을 고려해 볼 때, 비록 사람들에게 말이 걸려지고 또 그들 속으로 유래가 없을 정도로 많은 말이 침투당할지라도, 말하기는 (가령 현재 몸동작의 코드와 마찬가지로) 단지 지배적인 코드를 전달하는 것을 돕는 보조기능만을 수행할 것이다. 이것은 다음과 같은 가정을 가능케 한다. 즉 상상조차 할 수 없는 먼 과거에 말하기가 나타나자 그 이전의 풍부하고 창조적인 몸동작이 보조도구로 전락되었던 것과 마찬가지로, 앞으로는 말하기가 그와 같은 보조동작으로 격하될 것이다. 이것은 비관주의를 정당화시킨다. 우리는 미래에는 마치 이탈리아 나폴리 사람들처럼 말보다는 손짓, 발짓 등으로 대화할 것이다. 이것은 언어의 귀중함이라는 관점에서 보면 하나의 불행한 사태이다.

9. 문예창작

전통적으로 문예창작[1]과 모방은 (각각 "poiesis"와 "mimesis"로서) 구분되어졌다. 그러나 알파벳의 지배하에서 즉 사고의 언어와의 이와 같은 긴밀한 결합하에서 "창작"은 대개 그 전략이 언어들의 우주를 창조적으로 확대하는 것인 하나의 언어유희로 이해된다. 이러한 우주는 단어 및 문장 조작, 언어기능들의 조절, 단어 및 문장들의 의미들과의 유희, 음소들의 리듬적·멜로디적 조절 등을 도움으로 해서 문예창작적으로 심화되고 확대된다. 이러한 의미에서의 문예창작은 언어가 항상 또 다시 새롭게 싹터 나오는 그러한 샘과 같다. 그리고 사실상 모든 문자기록물(Literatur)에서, 즉 "문예창작적" 텍스트들뿐만 아니라 과학적·철학적 또는 정치적 텍스트들 속에서도, 언어는 항상 새롭게 샘솟고 있다. 서두에서 지적된 사고들로서 떠오르는 생각은, 모방에 대한 대립으로서의 문예창작은 지금까지는 예감하지 못했던 길들—즉 기계장치들과 그에 해당되는 새로운 코드들의 도입으로 인해 열려진 길들—의 방향을 잡아 줄 것이라는 점이다. 영상들

1 Dichtung; 독일어에서 Dichtung은 "구술적" 의미의 창작으로서, 이 책에서 저자는 "문자적"인 Literatur와 구별하고 있다.

은 그것의 모방적·미메시스적 기능으로부터 벗어날 것이며, 그것들은 창조적·창작적(poetisch)으로 될 것이다. 이런 창작적 능력은 이미 현재에도 예를 들면 영화·비디오 그리고 합성화면들 속에서 분명히 가시화되고 있다. 그러나 문예창작이 언어유희라는 의미에서만 적용된다면 문예창작에게는 새로운 문화에로의 접근이 봉쇄되어 있다. 왜냐하면 그러한 창작은 알파벳적 글쓰기에 묶여 있기 때문이다.

우선 첫눈에 보아도, 비-알파벳적 언어유희들도 존재할 수 있는 것처럼 보인다. 기계장치들이 영상 및 음악적 음향들과 마찬가지로 언어와도 유희할 수 있지 않을까? 전자적 영상과 전자적 음악과 더불어 또한 전자적 문예창작도 존재할 수 있지 않을까? 기계장치들로 하여금 어떤 자동적인 언어조절을 수행케 하는 프로그램들에 대해 한번 생각해 보면, 그것들은 문예창작능력의 측면에서 알파벳적 조절들을 훨씬 능가할 수도 있을 것이다. 그와 같은 프로그래밍은 알파벳적 문예창작을 그것을 묶고 있는 현재의 엘리트적 족쇄로부터 해방시키고, 알파벳의 몰락까지 고려해 본다면, 점점 더 힘 있고 섬세화되는 말하기로 이끌수 있을 것이다. 만약 이와 같은 전략이 받아들여진다면, 우리는 다윗의 시편과 호메로스의 서사시들을 새로운 차원에서 고려해야만 한다. 그렇게 된다면 새로운 형태의 노래가 주인에게 바쳐질 수도 있을 것이다.

언어유희로서의 문예창작의 알파벳으로부터의 이탈과 알파벳의 컴퓨터로 계산하는 기계장치로의 변환이 전제하고 있는 것은, 점점 더 힘 있고 섬세화되는 말하기에 참여하는 사람들이 물론 존재하고 있다는 것이다. 바로 이와 같은 것은 앞 장에서 의문시되었다. 만약 미래의 문예창작적 활동을 미리 예견하고자 한다면, 문예창작을 모방에 대한 대립물로 파악하는 것이 필요한데, 이는 언어창조로서의 문예창작의 특수한 경우를 고려하기 위해서이다.

우리가 넓은 의미에서의 문예창작에 신세지고 있는 것—지각하고 체험하는 거의 모든 것—을 항상 의식하고 있는 것은 아니다. 문예창작활동은 체험모델의 산출행위이다. 그리고 그러한 모델이 없다면 우리는 거의 아무것도 지각하지 못할 것이다. 우리는 무감각하게 되고—우리의 위축된 본능들에 의지한 채—보지도 듣지도 못하고 감정도 없이 비틀거려야만 할 것이다. 문예창작가[작가]는 우리의 지각기관이다. 우리는 문예창작가들에 의해서 우리에게 전달되어진 모델들을 토대로 보고 듣고 맛보고 냄새 맡는다. 세계는 우리에게 이러한 모델을 통과해서 나타난다. 문예창작가들은 이러한 모델을 창조했지, 결코—만약 창조하지 않았다면 가령 그 어느 곳에서 모델화되지 않은 채로 자연상태에서 "소외된" 채 존재했을 뻔했던—그 어떤 것을 모방하지는 않았다. 만약 우리가 색깔을 본다면, 우리는 반고흐나 코닥필름을 매개로 보고, 우리가 음향들을 들을 때는 바흐나 로큰롤 음악을 매개로 듣고, 만약 우리가 맛을 본다면 브리야 사바랭(Jean Anthelme Brillat-Savarin)이나 패스트푸드를 매개로 맛을 느낀다. 이러한 색깔, 음향 그리고 미각들은 그것이 현재 있는 그 모습대로 존재하고 있다. 왜냐하면 그것들이 자연상태로부터 우리에게로 다가오는 것이 아니라, 문화적으로 즉 창작적(poetisch)으로 어떤 지각될 수 없는 자연적인 근원으로부터 가공되어졌기 때문이다.

색채들이 고흐 이전과 고흐 이후에 각각 다르게 지각되었다는 가설로부터 지각의 역사를 한번 구상해 본다면, 그것은 미학[감성적 인식의 학] 즉 체험의 역사일 것이다. 우리의 사랑체험을 한번 예로 들어 보자.

오늘날 우리의 사랑체험은 할리우드에서 가공된 사랑모델 속에서 인식될 수 있는데, 이것은 방랑음유시인들의 문예창작물로부터 가공되었던 낭만적 문예창작의 연애모델에 바탕을 두고 있다. 이러한 모델의 배후에서 우리는 기독교적 사랑의 모델 그리고 그 배후에서 또 다시 유대적·그리스적 사랑의 모델을 발견할 수 있는데, 그 뿌리들은 결국 역사 이전으로 소급된다. 사랑의 모델이라는 이와 같은 계보도에서 우리는 가령 플라톤적인 에로스, 스피노자 식의 지적인 사랑(amorintellectualis), 또는 니체 식의 운명애(amor fati) 등과 같은 곁가지들도 확인할 수 있다. 이와 같은 역사적 시각은 일종의 미학적 다위니즘[진화론]으로 귀결된다. 우리 자신의 사랑체험과 고대 그리스인의 사랑체험의 관계는 포유동물의 귀와 어류의 아가미와의 관계와 같고, 또는 우리의 사랑체험과 고대 멕시코 인디언의 사랑체험의 관계는, 포유동물의 눈과 곤충의 눈과의 관계와 같다. 할리우드 모델은 어떤 선형적 발전의 최종적 그리고 최고의 고리──즉 미학적 제국주의—로 나타난다. 우리는 모든 과거의, 그리고 "저개발된" 문화들보다 더 잘 지각하고 더 잘 체험한다. 우리가 지각하고 있는 것이 가장 진리적이다.

우리가 어떻게 모델이 생산되는지, 어떻게 시가 만들어지는지를 인식한 이래로, 다시 말해서 밀려들어오는 소음들로써 지나간 모델들을 계산하게 됨으로써, 그와 같은 식의 지각의 역사는 더 이상 실행될 수 없다. 우리는 스스로 가지를 뻗어 분화되는 종적인 계보가 아니라, 모든 방향으로 확장되는 모델들의 부채꼴을 마주하고 있는데, 그 부채꼴에서는 개별 모델들끼리 또한 횡적으로도 연결되어 있다. 지각의 진보에 대해서가 아니라 지각의 다양성에 대해서, 미학의 역사에 대해서가 아니라 미적 모델의 복잡한 체계에 대해서 이야기될 수 있다. 단지 몇 개 안되는 체험모델들이 현재 우리의 삶을 주도하고 있다는 사실은 역사적(내지는 약자에 대한 강자의 승리라는 관점에서 정치적)으로 해석될 수 없고, 오히려 사이버네틱적으로 해석될 수 있다. 불교적 혹은 중앙아프리카적 모델이 아니라 할리우드적인 사랑모델이 현재의 사랑체험을 채널화시킨다. 왜냐하면 매스미디어들의 채널들은 역사주의적·제국주의적 모범에 따라 구성되었기 때문이다. 이러한 모범의 극복 이후에는 채널들이 다르게 관리될 수 있다. 만약 우리가 예를 들면 케이블을 매스미디어에 도입한다면, 매스미디어들은 할리우드적인 사랑모델뿐만 아니라 중앙아프리카적 사랑모델도 전달할 수 있다. 그와 같은 종류의 변환을 위해서는 어떠한 역사주의적 혁명(강자에 대항하는 약자들의 봉기)도

필요하지 않다. 그와 같은 전환은 이미 착수되고 있는데, 왜냐하면 미디어들은 그것들의 커뮤니케이션학적인 구조에 따라 횡적으로 관리되어지기를 요구하고 있기 때문이다. 그리고 그 때문에 지금까지는 억압되었던 수많은 지각모델들이 우리를 살찌게 하는 채널들 속으로 밀려들어오고 있다. 전부터 우리는 지나간 세계보다 훨씬 더 복잡한 방식으로 지각하고 있다. 우리의 애정생활들뿐만 아니라 또한 색채·음향 및 취미생활도 점점 더 복잡해지고 있다. 체험모델 구성이라는 의미에서의 문예창작은 이미 전개되기 시작했고, 가까운 미래에는 지금까지는 예감되지 않았던 차원들이 성취될 것이다. 우리가 미래에 지각하고 체험하게 될 것이 무엇인지는 상상 가능하다.

방금 언급된 것은 음향적·운동적 영상들이다. 분명히 우리는 구어를 위에서 구상된 것 아래로 종속시킬 수 있으며, 좁은 의미에서의 문예창작 즉 언어유희로서의 문예창작이 미디어들의 횡적 관리 덕분으로 말하는 영상들의 형태로 강력하게 확대될 것이라고 할 수 있다. 이것으로부터 우리가 기대해도 되는 것은 영상과 음악에 있어서의 새로운 시적 창조력뿐만 아니라 오히려 언어에서의 새로운 시적 창조력이다. 그러나 이와 같이 알파벳으로부터 분리된다면, 우리가 문예창작에서 긍정적으로 가치를 부여하고 있는 모든 것을 잃어버릴 수도 있다.

알파벳적 문예창작가는 자모음을 수단으로 단어들과 언어규칙들을 조작하고, 그럼으로써 다른 사람들을 위해 체험모델을 생산해 낸다. 이 경우 그는 어떤 고유한 구체적 체험(감정, 사상, 희망)이 언어 속으로 침투해 들어가서 체험과 그 체험에 의해서 변화된 언어를 모든 사람이 접근할 수 있도록 만들었다고 생각한다. 기계장치들로 무장하고 그것들을 디지털적으로 처리하는 새로운 문예창작가는 그렇게 나이브할 수는 없다. 그는 자신의 체험을 디지털적으로 프로그래밍할 수 있기 위해서는 계산해야만 하고 체험들의 원자로 분석해야만 한다는 것을 알고 있다. 그리고 바로 이러한 계산에서 그가 확인해야만 하는 것은, 얼마나 자신의 체험이 이미 다른 사람들에 의해서 미리 모델화되어져 있었느냐이다. 그는 자기 스스로를 더 이상 "독창적인 창작자(Autor)"로서가 아니라 언어배열자(Permutator)로서 인식해야만 한다. 그가 조작하는 언어도 역시 그에게서는 더 이상 그 자신의 내면 속에 집적되어 있는 원자재로서가 아니라, 그 자신을 매개로 배열되기를 그에게 강요하는 하나의 복합적인 체계로서 나타난다. 시에 대한 그의 태도는 더 이상 영감과 직관으로 충만한 창작시인의 태도가 아니라 정보제공자의 태도이다. 그는 이론에 의존하며 더 이상 경험적으로 창작하지 않는다. 문예창작에 대한 그와 같은 정보적 태도는 오래전부터 이미 준비되어 왔다. 예를 들면 시인 말라르메는 이러한 태도를 이론적이며 거의 정보적인 표현으로 나타냈다. 즉 문예창작의 냉철하고 계산적이고 정확하고 심지어 기계적인 계기는 수많은 셰익스피어-소네트의 정밀성 속에서도 인식될 수 있다. 문예창작은—만약 그것이 자신의 경험적·직관적 태도를 어떤 이론적 태도를 위해 포기한다면——성숙으로 향해 발전될 것이라고 감히 이야기할 수 있다. 그러나 이러한 알파벳의 포기로써 문예창작에서의 모든 소박함은 상실된다. 뮤즈의 아들에 대한 우리의 모든 관념들은 따라서 언어기술자로서의 시인에 대한 관념과 중복될지도 모른다. 문예창작은 그럼으로써 탈신성화된다.

물론 여기에서 두 가지 코멘트가 추가되어야만 한다. 먼저 구어적인 문예창작에서 알파벳적 문예창작으로의 이행이 고려되어야만 한다. 그러한 이행은 가령 호메로스라는 형상 속에서 인격화되고 있다. 만약 사람들이 그 음유시인의 영감에 도취된 노래를 문자적 문예창작가의 자모음 조작과 비교한다면, 그들은 그 당시의 이러한 이행과정에서도 문예창작이 탈신성화되고 기술화되었다고 말해야만 되지 않을까? 둘째로 계산하는 문예창작의 냉철성이 문제되어야만 한다. 자신의 컴퓨터 화면 앞에 앉아 긴장된 채로 어떤 예기치 못한 단어 및 문장배열들이 화면 위에서 번득거릴까라고 기대하는 그와 같은 새로운 문예창작가는 어떤 창조적인 도취상태에 사로잡혀 있는데, 그와 같은 도취상태는 언어를 맞상대로 글을 쓰는 문예창작가의 투쟁의 열기에 비해 결코 뒤지지 않는다. 어떤 기술적 장애가 극복될 때마다, 관찰자들은 기술이 우위를 차지하게 될 것이라는 감정을 가지고 있으며, 새로운 기술이 새로운 창조적 샘을 열어놓고 있다는 것이 항상 증명되고 있다.

따라서 문예창작이 정보화된 이후에는 계산을 위해 직관이

상실될 것처럼 보인다. 그러나 실제로 중요한 것은 창작가의 의도가 변화되는 양상이다. 알파벳적 창작자는 언어규칙들과 언어레퍼토리들을 미리 짜여진 기획안에 따라 변화시키는 것을 의도하고 있다. 쓰여져야 되는 시는 그의 내면의 시각 앞에 서 있고, 그는 이러한 시각에 알맞도록 언어를 강요하고자 한다. 계산하는 창작자는 언어규칙과 언어레퍼토리를 배열[순열]들의 우연적 게임에 내맡기고, 그의 의도는 이러한 우연적으로 나타나는 계산들로부터 가장 적합한 계산들을 선택하는 것이다. 그것이 바로 우연과 게임하는 의도의 이와 같은 새로운 차원이며, 그 차원은 알파벳적 문예창작으로부터 구별될 수 있다.

그래서 우리는 미래에 어떤 언어유희라는 의미에서 두 가지 종류의 문예창작을 기대해 볼 수 있겠다. 한편으로는 말하는 인공지능들인데, 그것은 프로그램에 의거해서 어떤 중단되지 않는 흐름 속에서 항상 새로운 시들을 끊임없이 낭독하는 것으로서, 일종의 인공적 음유시인과 같은 것이다. 그리고 다른 한편으로는 정보제공장치들이 어떤 순열게임의 도움으로 알파벳적으로 또는 다른 방식으로 코드화된 시들을 숨 막힐 듯한 속도로 영상화면을 통해 우리 앞에 번득이게 할 것인데, 다시 말해서 일종의 인공적인 엘리엇이나 릴케 같은 장치들이다. 분명히 음유시인들을 릴케 같은 시인들과 결합하는 것이 가능할 것이다──만약 언어게임들에 관심을 가지고 있는 사람들이 여전히 존재한다는 것을 전제로 한다면, 그들이 나중에 영상과 음향의 형태로 사회에 흘러넘칠 결코 예감조차 될 수 없을 정도로 다양한 지각 및 체험모델에 직면하게 되어, 결국에는 하나의 배경적 코드만을 묘사할 언어가 우리의 지각들과 체험들을 모델화하기 위해 계속 사용되어져야 하느냐의 여부가 문제될 것이다. 문예창작적 창조력은 따라서 아마도 비-언어적이고 부분적으로는 여전히 표상불가능한 코드들로 집중될 것이다. 그와 같은 코드들은 더 이상 읽혀지지 않고, 다른 방식으로 해독되어지려고 한다. 읽기의 미래에 관해서 더 이상 감출 수만은 없는 질문이 제기되고 있다.

알파벳적으로 글을 쓰는 문예창작가는 그의 창작물의 행들을 독자에게로 맞춰 놓는다. 그는 자신의 체험모델을 일단은 읽으면서 완성시켜야 하는 사람들을 위해 구축하고 있다──그들이 그러한 체험모델에 따라 생활하기 전에. 그리고 그것이 의미하는 것은, 알파벳적으로 글을 쓰는 문예창작가들은 특히 그리고 무엇보다도 먼저 비평가들에게로 향한다는 것이 현실이다. 새로운 문예창작가들은 비평가와 같은 수용자들에게로 향하지 않는다. 그가 구축하는 모델은 변화되고 그러고 나서 계속 발신되어지기 위해 수용되어지고자 원한다. 그는 자기 앞 세대의 문예창작가들로부터 수용한 어떤 순열게임에 참여하고 있고, 그것을 다시 미래의 문예창작가에게 계속 제공할 것이다. 따라서 전통적인 의미에서의 비평이라는 것은 미래에는 더 이상 언급될 수 없을 것이다.

만약 우리가 알파벳적 글쓰기의 종말과 그것이 가장 완벽하게 완성된 형식을 기대한다면, 우리가 두려워하고 있는 것은 읽기의 몰락 즉 비평적인 읽기의 몰락이다. 미래에는 모든 메시지들 특히 지각과 체험모델들이 무비판적으로 수용될 것이고, 정보혁명이 인간을 메시지들에 대해 무비판적으로 순응하는 수용자들 즉 로봇으로 변화시킬지도 모른다는 점을 우리는 두려워하고 있다.

10. 읽기방식

건강한(물론 그것이 알다시피 반드시 옳다는 것은 아니지만) 인간오성이 말하는 것은, 글쓰기가 읽기보다 앞선다는 것이다. 왜냐하면 읽을 수 있기 위해서는 먼저 어떤 쓰여진 것이 있어야 하기 때문이다. 그러나 이것은 맞지 않다. 이미 문자의 발명보다 훨씬 이전에도 읽혀졌기 때문이다(완두콩을 예로 들어 보자). 글쓰기 자체는 단지 하나의 읽기방식이다. 이 경우 문자기호들은 행별로 연결되어지기 위해 가령 완두콩들과 같은 무더기로부터 골라내져야 한다. 독일어에서 "읽다"(lesen; legere, legein에서 유래)가 의미하는 것은 "부리로 쪼다" 내지는 "골라내다"이다. 이러한 골라내는 행위는 "선별"(Elektion)이고, 그것을 수행하는 능력이 "지능"(Intelligenz)이다. 그리고 이러한 골라내기의 결과는 "우아함"(Eleganz)과 "가려 뽑힌 사람"(Elite)이다. 글쓰는 사람들은 "최초의 지식인들"이 아니며, 단지 역사시대에 특징적인 지식인들이다. 그들은 그전보다 우아하게 가려낸다. 만약 읽기가 글쓰기에, 골라내기가 꿰매고 연결하기에──따라서 계산이 컴퓨팅에──선행한다면, 우리는 건강한 인간오성에 의해 은폐되어 있는 난제들을 발견할 것이다.

지능은 무더기로부터 어떤 것을 골라내는 능력이다. 털가죽으로부터 벼룩들을 골라냈던 우리 인간의 유인원적인 예감능력이 지능의 본질이다. 닭들도 또한 지능적이다. 그들은 짚더미로부터 곡식 낱알을 골라낸다. 앞에서 글쓰는 사람들은 깃털 달린 날짐승에 속한다고 언급한 적이 있다. 그들은 깃털을 가지고 있고, 골라낸다(읽는다). 우리는 두 가지 방법으로 골라낼 수 있다. (무엇을 쪼아내야 할지를 알고 있을 때에는) 기준들(Kriterien)에 따라 고르고, 그렇지 않다면 무작위로 고른다. 첫번째 방법은 "비평"(Kritik)이라고 부르고, 두번째 방법은 "추정하기"라는 뜻으로 쓰이는 영어단어 "to read"이다. 닭들은 기준에 충실하고 있다. 즉 그들은 "먹을 수 있는 것/먹을 수 없는 것"이라는 기준에 따라 고르고 있다. 그러나 골라낸 그러한 기준은 닭들의 경우에는 글쓰기를 방해한다. 그들은 곡식 낱알을——그것을 꿰매고 연결하지 않고—— 먹어 버리기 때문이다. 이에 반해서 우리의 유인원적 예감능력은 골라낸 벼룩들을——그것을 잡아먹어 치우지 않고—— 배열하여 질서화할 수 있었음에 틀림없다. 우리의 유인원적인 예감이 돌들을 나란히 배열했다는 것이 이를 말해주고 있는데, 별로 유쾌하지는 않지만 이것은 비판적 사고가 글쓰기보다 앞서 있다는 것을 말하고 있다. 글쓰기가 비판적 능력을 삶속으로 불러일으키고 또 요구한다고 주장하는 사람들(이 책의 한 논점도 이와 똑같다)은 이와 같은 닭들의 행태에 비추어 볼 때 자신들의 관점을 수정해야만 할 것이다.

모든 것이 다 골라내어질 수 있는 것은 아니다. 골라낼 수 없는 것(해독불가능한 것)도 있다. 그러나 모든 것은 나중에 골라내어질 수 있게 되도록 [부리로] 쪼아질 수 있다. 이 경우에 쪼는 부리의 날카로움이 문제이며, 과학은 이러한 부리를 점점 더 날카롭게 연마하고 있다. 그러나 만약 우리가 과학의 근본을 이루는 인식이론을 이와 같은 방식으로 정초하려고 한다면, 회의를 불러일으킬 것이다. 부리는 나중에 골라낼 수 있도록 쪼아야만 한다. 만약 부리가 점점 더 정교해진다면, 곡식들은 점점 더 작아질 것이고, 결국 그것들은 더 이상 골라내어질 수 없을 정도로 작아진다. 따라서 과학이 모든 것을——그것이 더 이상 골라낼 수 없는——곡식 낱알들로 계산·측정한다면, 세계는 또다시 해독불가능하게 될 것이다. 읽기보다 앞서 있고 이와 같은 읽기를 가능케 한다고 하는 비판이 너무 정확하게 될 수 있고 그럼으로써 읽기를 회피할 수 있다. 이것 역시 불유쾌하다. 다시 말해 해독불가능한 채로 놔두는 것, 즉 "비밀들"을——비록 우리는 적어도 칸트 이래로는 비판적인 능력을 인간 존엄성의 근원으로 간주하고 있지만——좋게 평가하고 있는 것처럼 보이기 때문이다.

비판적으로 읽는 것(예를 들면 닭에게서처럼 곡식 낱알과 모래알을 구분하는 것)은 가치를 평가하는 것이다. 곡식은 좋은 것이고, 모래는 좋지 않은 것이다. 만약 "해석"이 "평가"(pretium; 가격 그리고/또는 가치)와 연결되고 있다면, 닭들은 해석을 하고 있다. 비판적인 읽기에는 수수께끼를 푸는 것("to read")이 대립되고 있다. 여기서 중요한 것은 알다시피 가끔씩은 곡식 낱알도 발견하는 속담 속에 등장하는 눈먼 닭의 골라내기 행동이 아니라, 오히려 근본적으로 모든 가치평가를 거부하는 어떤 읽기방식이다. 과학은 이와 같은 방식으로 읽는다고 주장하고 있다. 그 주장에 따르면, 곡식 낱알과 모래알갱이는 과학에 있어서는 똑같은 가치이며, 이 두 알갱이는 동일한 방식으로 골라내져야 한다. 그리고 과학은 한 걸음 더 나아가 수수께끼 풀기식의 읽기는 기준에 충실한 추정에 비해 어떤 진보를 나타내고 있다고 주장하고 있다. 우리는 가치평가의 극복과 수수께끼 풀기의 훈련에 입각한 적용에서 읽기의 완성과정을 인식할 수 있을지도 모른다. 자신들에 의해서 읽혀진 현상을 해석하는 문화과학들은——자신에 의해 읽혀진 현상들을 해석하는 것을 거부하는—— 자연과학에 비교해 볼 때 미완의 과학이다. 이것도 역시 유쾌하지 않다. 왜냐하면 그것은 마치 비판적 능력이——그것은 인간의 존엄성과는 상관이 없다—— 오히려 인간보다는 닭들에게서 존재하고 있는 것처럼 보이게 하기 때문이다. 자연과학자들의 주장은 낱알갱이를 겨냥하고 있음에 틀림없다.

즉 "근원적인" 인간은 모든 것을 먹는 존재였다. 그는 모든 것을 그 주변을 빙 둘러서 그리고 그 안으로 향해 해석하면서 골라냈다. 나무들과 꿈들, 별들과 커피를 거른 찌꺼기, 새의 비행과 인간 자신의 간 등 그는 이 모든 것을 평가하고 찬양했다. 그러고 나서 그는, 망설이면서도 한 걸음 한 걸음씩, 수수께끼를 풀이하는 읽기를 배운다. 그는 진보적으로 모든 가치적 특징을 현상들로부터 분리시키고, 그 대신에 골라져야 하는 낱알갱이들에게 가치로부터 자유로운 암호를 부여한다. 그리고 사실상 가치적 특징을 멀리하는 이와 같은 진보는 세계의 표면 영역으로부터 출발해서 점차로 점점 가까이 세계의 중심으로, 읽는 인간들에게로 돌진했다. 먼저 가치적 특징은 돌과 별들로부터 떨어진다. 그래서 최초로 가치로부터 자유로운 과학인 역학과 천문학이 생성되었다. 그리고 나서 우리는 낱알갱이들의 탈가치화와 더불어, 화학·생물학·사회학·심리학 등의 형태로 점점 더 인간에게로 더 가까이 다가가, 결국에는 수수께끼 풀기와 같은 가치로부터 자유로운 읽기가 우리의 사고·느낌 그리고 욕구의 가장 내밀한 부분 속으로 들어가게 되었다. 그리고 여기에서 모든 가치들, 모든 해석행위들을 추방시켜 버렸다. 수수께끼 풀기식의 딱딱한 과학은 모든 연약한 해석을 읽혀져야 되는 세계로부터 제거하도록 한다. 가치 자유적으로 되어 버린 세계에서는 비판될 수 있는 것이 아무것도 없다. 이젠 아무도 성스럽지 않고, 반대로 누구라도 범죄적이다. 반대로 그가 성스럽거나 범죄적이 아니라는 것이다. 그가 음탕한 생각을 품고 있거나, 아니면 자신의 어머니와 동침했기 때문이다.

이제 수수께끼를 풀이하는 읽기가 유일하게 올바른 읽기라면, 그리고 모든 해석하고 평가하는 읽기가 근원적이고 닭과 같은 종류의 읽기로 간주될 수 있다면, 우리는 읽기 자체를 인공지능에게 맡겨 버릴 수도 있다. 인공지능들은 우리보다는 닭과 같은 읽기를 수행하며, 그것들은 우리처럼 항상 가치평가에 빠지지 않을 뿐만 아니라, 무엇보다도 더 엄격하다. 우리 자신은 읽기와 읽기학습을 포기할 수 있다. 그리고 읽기와 더불어 또한 쓰기, 즉 이와 같은 꿰매고 연결하는 읽기방식을 포기할 수 있다.

도대체 어떤 점에서 비판적 읽기가 수수께끼 풀기라는 읽기로부터 구별되는가? 골라내져야 할 하나의 곡식더미를 앞에 두고 있다고 하자. 비판적 읽기는 좋은 곡식알들을 골라낸다—단지 좋지 않은 곡식알들만 남아 더미를 이룰 때까지. 수수께끼를 풀이하는 읽기의 경우에는 좋은 곡식알과 나쁜 곡식알이 존재하는 것이 아니다. 그렇지만 이 고르기 방식은 몇 개의 곡식알은 골라내야만 하고 몇 개는 그냥 놔둬야만 한다. 수수께끼를 추정하는 고르기 방식도 역시 결국에는 두 가지 더미 앞에 마주 서는데, 예를 들면 큰 곡식들의 더미와 작은 곡식들의 더미가 그것들이다. "크다/작다"라는 것은 비록 가치가 아니고(그것은 양이다) 가치표시도 아니지만(그것은 숫자들이다), 그러나 큰 것과 작은 것을 구별할 수 있는 기준이 존재하고 있음에 틀림없다. 실제로 그러한 기준은 존재하고 있다. 그것은 "척도"라고 한다. 하나의 곡식알은 어떤 척도와의 관계를 놓고 볼 때 크거나 작다. 이러한 척도는 도량형이 된다. 즉 하나의 영점 눈금이 표시되고, 거기서부터 모든 나머지 점들이 기록된다. 하나의 곡식알은, 영점으로부터 그것의 크기의 간격에 따라 때로는 크고 때로는 작다. 그래서 수수께끼를 추정하는 읽기는 하나의 변장한 기준에 충실한 읽기임이 폭로된다. 그것의 기준은 어떤 영점이라는 것이다. 엄격한 과학들은 가치로부터 자유로운 것이 아니라, 모든 가치들을 어떤 절대적인 영점과의 관계에서 상대화시키는 것이다. 그러한 과학들에서 하나의 곡식알[입자]이 "즉자 및 대자적으로" 크다(또는 좋다 혹은 아름답다)는 진술은 더 이상 아무 의미도 지니지 않는다. 단지 그것이 상대적으로 크다고 말해져야만 한다.

이로써 관심은 이와 같은 절대적인 영점으로 옮겨진다. 이러한 영점에 어떤 긍정적인 이름을 부여해 봄으로써, 엄격한 과학들이 행하는 모든 측정들의 배후에 숨어 있는 모티프를 규명해 보기로 하자. 이러한 영점을 "진리"라고 불러 보자. 그 진리는 "영"-점이다. 왜냐하면 그것은 하나의 최종적인, 결코 도달할 수 없는, 따라서 공허한 지점이기 때문이다. 이러한 의미에 대해 노심초사하는 것은 이 문맥에서는 전혀 필요치 않다. "진리"가 궁극적으로 스스로를 드러내는 어떤 것이든, 아니면 우리 자신이 궁극적으로 폭로하는 어떤 것이든, 아니면 우리가 "지능을 요령 있게 적용시킴으로써(곡식알갱이 더미에 부리를 맞춤으로써)" 궁극적으로 도달하려고 시도하는 어떤 것이든지 간에—— 그것은 항상 도달될 수 없는 한계지점이다. 이러한 한계지점에 수수께끼를 추정하는 읽기가 접근하려고 한다. 철학자 칼 포퍼는 이것을 "반증하기"(falsifizieren)라고 부르고 있다. 즉 우리는, 최종 순간에 (시간들의 종말에 이르러) "진짜의" 알갱이들만이 남을 때까지, 덩어리로부터 "가짜의" 알갱이들을 골라내고 있다. 다시 말해서, 진리는 도달불가능하지만 어떤 방식으로든 우리는 진리를 처음부터 가지고 있어야만 한다. 그렇지 않다면 "가짜의" 알맹이들을 가짜라고 부르고 덩어리들로 골라내는 것이 불가능하게 된다. 수수께끼를 푸는 읽기 역시 기준에 충실한 읽기와 마찬가지로 "원시적·근원적"임이 폭로된다. 즉 마치 닭들처럼 과학자들도 처음부터 어떤 알갱이들이 골라져야 하는지를 알고 있다.

여기서 요점은 뉴턴의 말 "나는 아무런 가설도 고안하지 않았다(hypotheses non fingo)"이다. "고안하다"(fingere)라는 동사는 "픽션"(Fiktion), "비유"(Figur), "계략"(Finte)이라는 세 가지 명사와 결합된다. 뉴턴이 의미했던 것은, 그의 가설이 픽션이 아니라는 것이다. 그러나 그는 그의 가설들이 궁극적으로 진리를 낚아올리기 위한 보조적 비유들이며, 그것들은 다른 모든 비유들, 가령 우화·가정법·알레고리·비교 및 메타포와 마찬가지로 계략들이라는 사실을 부정할 수는 없다. 어떤 미리 파악된 가치들을 가정하는 것을 부정하는 수수께끼 풀기식의 읽기는 그럼에도 불구하고 하나의 픽션적 성격을 지닌다. 레오나르도는 따라서 "본질적 판타지"(fantasia essata)에 관해 언급한 적이 있다.

과학의 주장은 불안정한 지반 위에 서 있다. 그러면 수수께끼 풀기식의 읽기 방법은 위장된 기준에 충실한 읽기이고 과학도 예술이나 정치와 마찬가지로 가치판단을 행하고 있는가? 과학은 예술과 정치와 마찬가지로 픽션이다. 점점 더 분명히 드러나는 사실은, 과학·예술 그리고 정치를 날카롭게 구분하고자 하는 것이 무의미하다는 점이다. 과학에서는 정치적·규범적 계기들뿐만이 아니라 또한 픽션적·인공적·시적인 계기들도 작동하고 있다는 점, 그리고 예술과 정치에서도 진리에의 탐색이 감행되고 있다는 점이 인정되어야만 한다. 우리는 미래에는 가치로부터 자유로운 읽기(과학)와 해석하는 읽기(예술과 정치) 사이의 구별이 지양될 것임을 알게 될 것이다. 우리가 릴케의 책에서 읽을 수 있는 것은, 우리가 구분을 잘하면 잘할수록 실수를 범한다는 것이다. 따라서 우리가 위와 같은 점을 명심한다면, 놀라운 사실들을 기대해도 될 것이다. 과학, 예술 그리고 정치가, 만약 한번쯤 서로 서로 하나의 통일적인 읽기로 결합된다면, 세계와 우리의 내면으로부터 지금까지는 예감되지 못했던 것을 판독해 낼 수 있게 될 것이다.

과학의 예술 및 정치와의 이와 같이 더 이상 피할 수 없는 결합이 가리키는 바는, 픽션적인 것과 비-픽션적인 것을 구분하고자 하는 것이 미래에는 물론 불가능하게 될 것이라는 점이다. 과학이 스스로를 픽션들 중의 하나에 불과하다고 폭로한다면, "현실적인 현실"에 대해 이야기하는 것은 그 의미를 상실한다. 즉 "현실적"인 것은 바로 우리에게 픽션들이 읽어 주고 있는 바로 그것이다. 이것은 아마도 예술이 진리보다 더 낫다는 주장으로써 니체가 의미하고자 했던 것이다. 우리의 비판능력——그런데 이 개념으로써 우리는 아마도 픽션과 현실 사이의 구별을 의미하고 있는 듯하다——은, 수수께끼 풀기식의 읽기가 위장된 기준에 충실한 읽기라는 것이 분명히 드러난다면, 잃어버리게 될 것이다. 우리는 따라서 비판적 읽기의 뒤로 물러서면 더 이상 비판할 수 없다. 모든 비판적 읽기의 기초는 비판되어질 수 없는 신앙임이 분명해진다.

닭들은 곡식알이 좋다고 믿고 있다. 과학은 이러한 신앙을 상대화시키고 있다. 즉, 곡식알들은 먹이라는 관점에서 볼 때 좋은 것이다(그리고 모래알은 모래백사장이라는 관점에서 볼 때 좋은 것이다). 이것은 현실이 가치로부터 자유롭다는 과학적 신앙에 근거를 두고 있다. 우리가 이러한 신앙을 비판할 때 확신할 수 있는 것은, 현실은 우리가 그 현실을 믿는 바로 그대로 존재하고 있다는 것이다. 그리고 이러한 세번째 신앙(믿음)은 더 이상 비판되어질 수 없다. 왜냐하면 우리는 이제 그 신앙을 비판하기 위해서는 또 다른 신앙을 끌어들여야만 할지도 모른다는 것을 알고 있기 때문이다. 우리는 단지 어떤 신앙의 근거 위에서만 읽을 수 있다. 이러한 신앙이 없다면, 그 어떤 것도 비판될 수 없고 읽혀질 수 없다. 우리는 이러한 비판될 수 없는 신앙을 잃어버렸다. 이로써 우리는 비판수행과 읽기 능력을 상실해버렸다. 읽고 쓰는 것을 배운다는 것은 아무 의미가 없다. 읽혀지고 계속 더 쓰여질 만한 것은 더 이상 존재하지 않는다.

수수께끼 풀기식의 읽기는, 그것이 과학을 해석하는 비판적 읽기에 대한 대안으로서 추천하고 있듯이, 스스로가 위장된 비판적 읽기임을 드러내고 있다. 이로써 읽기의 기초, 다시 말해서 읽기가능성에 대한 신앙(전제조건 없는 암호풀기)이 동요된다. 그러나 이러한 읽기의 위기로부터 완전히 다른 읽기방식을 도출함으로써 미래에도 계속 읽는 것이 가능하다. 지금까지 "읽기"(to read)는 어떤 수수께끼 풀기로서 이해되어졌다. 비트겐슈타인은 수수께끼는 존재할 수 없다고 말했는데, 맞는 말이다. 신앙의 상실 이후에 우리는 사실상 세계 속에서 그리고 우리 내부에서 읽혀져야 되고 풀이되어져야 하는 수수께끼를 인식할 능력이 없다. 그러나 우리는 이 "읽기"를 또한 "추정하기"(erraten)로 번역할 수 있고, "수수께끼" 대신에 우리는 "퍼즐", 다시 말해서 조합 게임을 의미할 수도 있다. 따라서 "읽기"는 알맹이를——어떤 의미있는 것이 도출되도록——그와 같이 골라내고 조합하는 것을 의미한다. 이러한 새로운 읽기는 현재 나타나서 정형화되기 시작하고 있다. 즉 "컴퓨팅"의 읽기 방식이 그것이다.

세계와 우리 자신이 의미 없는(부조리한) 것으로 간주되고, 우리가 세계와 우리 자신을 쪼아 곡식알맹이들로——이 곡식알맹이들을 어떤 의미 있는 것으로 조립시키기 위해——분해할 수 있다는 것은 이러한 읽기 방식에 특징적인 것이다. 추정하는 읽기는 어떤 의미 없는 "원텍스트"에 의미를 부여한다. 이 경우에 중요한 것은 의미벡터들의 뒤집기이다. 즉 독자는 읽혀진 것으로부터 더 이상 의미를 뽑아내는 것이 아니라, 바로 읽혀진 것에 의미를 부여하는 존재이다. 이러한 새로운 종류의 독자(그리고 인공지능들)에게 있어서는 저기 바깥에 그리고 여기 이 안에서 어떤 것을 의미하는 그 어떤 기호들도 존재하지 않는다. 즉 아무것도 배후에 존재하지 않는다. 골라져야 되고 조립되어져야 하는 모자이크들——그것들은 저기 바깥과 그리고 여기 안에 있는 미립자들로부터 판독되어지는 것이다(예를 들면 합성적 화면들)——은 비로소 어떤 의미를 이러한 완전한 무의미로 투사해야만 한다. 모자이크들은 픽션·비유·계략들이자 모두 현실이며, 우리는 그 현실의 내부에서 낡은 읽기방식들의 포기 이후에도 살아야만 할 것이다.

이로써 모든 비판은 그 비판에 근원적인 목적을 성취했으며, 계몽주의는 완전히 승리했다. 그리고 가령 비판되어져야 하고 계몽되어질 만한 것은 아무것도 더 이상 남아 있지 않다. 모든 것이 분명하게 되었고, 특히 전체 기준들·가치들 그리고 측정들이 "이데올로기적"이라는 것과 그리고 읽혀질 수 있는 것들(현상)의 배후에는 아무것도 없다는 사실이 분명히 드러났다. 완전히 계몽된 의식은 더 이상 어떤 것을 판독해 내기 위해서 "지능적"일 필요가 없게 되었다. 그 의식은 창조적인 공동의 읽기에 전념할 수 있다. 낡은 읽기방식으로부터 새로운 읽기방식으로의 이와 같은 이행과정에서 중요한 것은 역사적·가치평가적·정치적 의식으로부터 사이버네틱·의미부여적·유희적 의식으로의 도약이다. 이러한 의식으로써 미래에도 읽혀질 것이다.

11. 암호풀기

"암호"(Ziffer)라는 단어는 아랍어 "Sifr"(텅 빈)에서 유래되었다. 또한 "Chiffre"(암호·숫자) 및 "Zero"(영)라는 단어들도 이로부터 유래되었다. 우리에게 숫자들——그리고 특히 영——을 도입했던 것은 아랍인들의 공적이었다. 숫자가——어떤 것으로부터 집합들을 선별해야 하는——텅 빈 껍데기라는 것을 알기 위해 굳이 집합론을 알아야 할 필요는 없다. 예를 들면 "2"라는 표시는 두 개[쌍]로부터의 선별을 위해 사용되는 하나의 텅 빈 껍데기이고, "a"라는 표시는 발음된 특정한 소리들의 집합으로부터의 선별을 위한 하나의 텅 빈 껍데기이다. "2"와 "a"사이의 차이는 단지 그 두 표시가 어디에서부터 선별된 것이냐에서 발견될 수 있다. 즉 "2"라는 표시는 관념들의 집합으로부터 선별하였고(즉 하나의 표의문자이고), 반면 "a"라는 표시는 발음된 소리들의 집합으로부터 선별한 것이다. 문서들이나 텍스트들은 암호들의 배열들이고, 이 경우 암호들이란 자모음들이나 다른 문자기호들을 말한다. 그리고 그것들을 읽는다는 것은 그것들을 탈-암호화하는 것, 즉 암호들 속에 내포된 집합들(내용)을 그것들로부터 선별하는 것을 말한다. 글쓰기는 암호들을 수단으로 내용을 선별하고, 읽기는 그렇게 선별된 것을 다시 선별하는 것이다—— 이것이 바로 암호화와 탈암호화가 의미하는 것이다. 이 경우 암호들, 유형들, 보편범주들은 단순한 관습들이고, 알맹이들을 자의적으로 형태화된 껍데기들 속으로 선별해 모아놓을 수 있다는 것이 유명론자들의 견해이다. 암호들은 바로 단지 편안한 껍데기들이다. 이러한 견해의 문제점 내지는 그 견해가 수백 년 동안 계속된 "실재론"의 지배 이후에 현재 다시 나타나고 있다는 것은 앞에서도 논의된 바 있다.

암호들은 국자나 컵처럼 우리 주변에 그냥 놓여 있는 것이 아니라, 체계로 질서화되어 있다. 왜냐하면 특수한 알맹이 유형들을 위해 특수한 껍데기를 갖는다는 것은 다시 말해서 알맹이들의 선별에 있어서는 중요하기 때문이다. 그러한 암호체계들은 암호들 사이에서의 관계들을 질서화하는 규칙들을 가지고 있다. 우리는 이러한 체계들을 "코드"라고 부른다. 예를 들면 알파벳적 코드와 아라비아 숫자의 코드들에 관해 이야기할 수 있다. 그리고 이 두 가지 코드가 결합될 때에는 문자숫자적 코드(alphanummerisches Code)에 관해 언급될 수 있다. "코드"라는 단어는 라틴어의 "caudex"에서 유래되었는데, 그것의 의미는 "나무줄기"이다. 이와 마찬가지로 "책"(Buch)이라는 단어도 너도밤나무(Buche)의 이름에서 유래되었다. 자모음들은 코드의 암호들이다.

우리가 문서를 읽기 전에 알아야만 하는 것은 어떤 코드가 사용되어졌느냐이다. 그 문서를 탈암호화하기에 앞서서 우리는 먼저 그것을 탈코드화해야만 한다. 그것은 항상 쉬운 모험만은 아니다. 예를 들면 라스코 동굴의 선사시대 암벽화 주변에 난해하게 쓰여진 필체는 비로소 컴퓨터의 도움으로 코드라고 인정되어졌고, 리우데자네이루의 산에 빗물에 의해 남겨진 흔적들이 오랫동안 코드로서(페니키아인의 자모음으로서) 간주되어진 바 있다. 만약 화성인이 지구에 추락한다면, 그는 어떤 주어진 현상 속에서의 암호배열의 특이한 규칙에 입각한 불규칙성 때문에—즉 정보이론을 도움으로 해서—이 현상에서는 어떤 코드화된 메시지가 다뤄지고 있다고 추정할 수 있을 것이다. 컴퓨터는 이와 같이 지구상으로 추락한 화성인이다. 상형문자적 코드의 해독가인 샹폴리옹은 "문자 그대로" 컴퓨터와 같은 사람이었다. 그러나 우리는 일상적인 읽기에서는 이 모든 것을 필요로 하지는 않는다. 우리는 문자숫자적 코드를 푸는 열쇠를 책가방 속에 넣어다니고 있다. 우리는 스스로를 텍스트들의 탈암호화에 국한시킬 수 있다.

암호풀기는 그 껍데기들로부터 내용들의 선별이고, 암호를 단 사람이 그 껍데기 속으로 집어넣어 접어놓고 내포화시켜 놓은 것을 다시 펼치는 것이다. 그리고 이것은 개별 암호들의 차원에서가 아니라 코드화된 메시지의 모든 차원들에서 일어난다. 만약 이러한 내용들이 (가령 헤라클레이토스의 단편들, 니체의 잠언집, 비트겐슈타인의 『논리철학 논고』 등처럼) 강하게 접혀져 있었다면 암호풀기는 힘든 모험이다. 그러나 대체로 우리의 눈들은 암호를 풀 때 행들을 따라서 날아다니고 있고, 암호내용들을 힘들이지 않고 열어 보일 수 있다. 그것은 우리가 알고 있듯이 오류이다.

왜냐하면 이 경우 우리는 수많은 "잠복된", 껍데기 깊이 내재해 있는 내용들만 빼먹고 지나가는 것이 아니라, 또한 더 나쁜 것은 우리 자신이 이 경우에 암호를 만든 사람에 의해 노리개로 전락할 수도 있기 때문이다. 암호를 만든 사람은 다시 말해서 'O'를 'A'로 암호화할 수 있고, 거짓말을 할 수도 있으며, 주의 깊게 해독할 경우에야 비로소 우리는 그의 계략을 알아낼 수 있다. 이것이 내보이는 사실은, 다양한 암호해독 방식이, 즉 적어도 조심스러운 펼쳐보기, 성급한 대강 훑어보기 그리고 불신의 시선으로 탐문하기 등과 같은 해독방식들이 존재하고 있다는 점이다. 우리는 위 첫번째 해독방식을 "코멘트하는 해독방식"으로, 두번째를 "공손한 해독방식"으로, 세번째를 "비판적 해독방식"이라고 부를 수 있는데, 이 경우 물론 우리가 의식해야만 되는 사실은, 모든 암호풀기는 읽는 사람의 어떤 비판적 태도를 전제하고 있다는 것이다. 즉 읽는 사람은 기준들을 지녀야만 하고, 그는 그 기준에 따라서 암호들을 그 자체로서 인식해야 하며 그러고 나서 이것을 풀어야만 한다는 것이다. 만약 여기에서 탐문하는 암호풀기가 어떤 "비판적 암호풀기"라고 불려진다면, 이것은 암호풀기 과정에서 비판적인 태도를 방법적 성격으로서 가정하고 있기 때문이다.

문서들은 암호해독자에게 맞춰져 있다. 글쓰는 사람은 자신의 손을 다른 사람에게로 향해 뻗으면서, 암호를 해독하는 사람에게 도달하려고 한다. 글쓰기의 정치적인 몸짓은 오로지 인간 자체가 아니라 암호해독자를 감동시키려는 데서 출발하고 있다. 그 결과 암호해독자와 암호작성자, 글읽기와 글쓰기는 위에서 제안된 카테고리에 따라 분류될 수 있다. 즉, 코멘트되어지는 것이 그 자신의 의도인 텍스트들이 있고, 다른 텍스트들은 공손하게 훑어보아져야 하고, 또 다른 텍스트들은 비판되어져야만 한다. 이러한 카테고리들보다 더 잘 문자기록물을 분류할 수 있는 카테고리들은 그리 많지 않다. 그러나 그 카테고리들은 실제로 전혀 적용되어 오지 않았다. 왜냐하면 그것들은 문자기록물에 대해 글쓰는 사람들의 관점으로부터이지 결코 독자의 관점으로부터 마주 서있지는 않기 때문이다. 독자는 글쓰는 사람의 의도를 정당한 이유를 지니면서 무시하거나 그것을 불신할 수도 있다. 그는 코멘트를 요구하는 텍스트(예를 들면 과학적 텍스트)를 공손하게 훑어볼 수도 있고, 비판을 요구하는 텍스트(예를 들면 문예창작적 텍스트)를 공손하게 훑어볼 수도 있으며, 모든 텍스트들을 비판할 수도 있다. 만약 글쓰는 사람의 텍스트가 아예 읽혀지지 않은 채 방치되어 있다면, 그것은 더 심하게 무시되거나 불신된 것이다. 즉 그의 텍스트가 그의 의도와는 달리 "잘못" 해독된다면, 글쓰기의 비극적인 측면이 나타난다——글쓰는 사람은 막다른 골목으로 쫓겨났다고 느낀다. 이것은 왜 글쓰는 사람의 운명——그의 텍스트가 바로 운명이다——이 공포와 동요——무기력한 근심——에 의해 뒤쫓기게 되는가 하는 이유이다. 왜냐하면 그는 더 이상 아무것도 할 수 없고, 다만 그의 텍스트가 자신을 "정당하게" 읽을 암호해독자를 발견할 때까지 수동적으로 그냥 기다리는 수밖에 없다. 이로써 글쓰기에서 특히 분명해지는 모든 상호주관적 조건들 중에서 하나의 관점이 언급되었다.

a. 코멘트하기(Kommentieren)

이 단어는, "mens"라는 음절이 "사유하다"라는 단어로 독일어
화되었다는 점에서, "함께 사유하다"를 의미한다. 그러나 독일
어에서는 위의 "mens" "mind" 또는 "mente"에 의해 의미되는
개념이 결여되어 있다. 이와 같은 코멘트하기는 글쓰기의 몸짓,
즉 반제품을 생산하는 이러한 몸짓에 부합하고 있다. 즉 글쓰기
의 몸짓은 독자에 의해서 완성되기를, 즉 코멘트되기를 바라고
있기 때문이다. 독자는 글쓴 사람에 의해 사유된 것을 끝까지 사
유하기 위해, 텍스트의 행들을 연장해서 끝까지 쓰기 위해 글쓴
사람과 함께 사유한다. 코멘트하는 읽기에 대한 분명한 예를 제
공하는 것이 성경이고, 그보다 좀 더 인상적인 것이 탈무드이다.
탈무드의 지면들에서는 나란히 배열되고 있는 코멘트들이 마
치 외심원처럼 코멘트되어진 성경텍스트를 감싸고 있다. 한 페
이지의 탈무드는 어떤 텍스트의 가시화된 운명이다. 그러나 이
와 같은 사례는 또한 코멘트하기의 진부한 기능, 텍스트 메시지
의 세속화(광범위한 유포)를 보여 주고 있다. "안식일을 성스럽게
지켜라"라는 성경문장(그것은 이미 번역에 의해 세속화된 표현이다)은
너무나도 자주 그리고 오랫동안 코멘트되어서, 그 내용이 마르
고 닳도록 써먹혀 소진될 지경에 이르렀다. 그 텍스트는 사람들
에 의해 왜곡된 채 쓰여지고 사람들의 입에 오르내렸다. 이것 역
시 글쓰기 전술의 한 측면이다. 즉 인간은 코멘트되어지기 위해

글을 쓰고, 그리고 이것이 성공을 거두면, 쓰여진 것은 케케묵어 평범한 것으로 마모된다.

b. 공손하게 따르기 (Befolgen)

근본적으로 태도모델(당위-제안들)을 전달하는 텍스트들만이 공손하게 따르도록 하는 의도를 지니고 있다. 규정들의 문제점은, 한편으로는 모든 당위적 제안들이 "만약 ~하다면/~해라 -제안들(Wenn/Dann-Propositionen)"로 번역 가능하다는 점에, 다른 한편으로는── 지시적 인식모델이든 혹은 조작적 체험모델이든 간에── 모든 진술 일반이 하나의 숨겨진 당위적 본질을 지니고 있다는 점에 있다. 예를 들면 지시적 진술들──"지구는 태양의 주위를 회전한다"와 "태양이 지구의 주위를 회전한다"──은 어떤 강력한 당위적 본질을 지니고 있는데, 주지하다시피 이러한 당위적 본질을 위해 목숨을 걸고 투쟁하기도 했다(예: 중세말 철학자 조르다노 브루노). 하나의 텍스트가 당위적 제안으로서 탈암호화되느냐의 여부는 적어도 글쓴 사람의 의도뿐만 아니라 마찬가지로 읽는 사람의 의도에도 의존하고 있다. 과학적 텍스트들이 "과학론적" 탈암호화에 의해 어떻게 태도모델로 굴절되는가 하는 모습은 정말로 우스꽝스럽게 관찰될 수 있다. 과학자들을 권위자[Autorität, 또는 독재자]로 본의 아니게 만드는 이와 같은 공손한 읽기는 행의 형태로 된 텍스트 자체의 구조에서 기인하고 있다. 눈은 행을 따라가야만 한다── 만약 눈이 메시지를 수신하고자 한다면. 이런 방식으로 본의든 또는 본의가 아니든 모든 글쓰는 사람들은 창조적 원작자(Autor)들 또는 권위자들이 된다. 텍스트에 대한 충실성, 이와 같은 기만적 형태의 노예근성은 물론 위험한 기형성들로 귀착될 수 있다. 왜냐하면 성급한 훑어읽기뿐만 아니라 행들을 따라 느릿느릿 기어가는 것 역시 텍스트를 공손하게 탈암호화하는 것을 의미하기 때문이며, 이러한 기어가기의 경우에는 독자들이 자모음적 차원 이외의 다른 모든 텍스트 차원들을 잃어버릴 수도 있다. 자모음에 대한 충성(예를 들면 많은 유대신비주의적 분파들과 종교적·정치적 경향들)은 공손한 읽기의 극단적인 한계, 즉 모든 글쓰기 자체에 잠복해 있는 위험으로서의 텍스트 숭배를 보여 주고 있다. 그 점에서 형상-전체주의(Bilder-totalismus)를 두려워하는 사람이라면 또한 이러한 살인적인 문자-전체주의(Schrift-totalismus)도 의심해야만 한다.

c.비판하기(Kritisieren)

"비판"(Kritik)이라는 단어와 "범죄"(Kriminalität)라는 단어는 그리스어 "krinein"과 라틴어 "cernere"에서 유래되었는데, 그것은 "박살내다"(auseinander- brechen)와 "죄를 저지르다"(verbrechen)의 의미에서의 "부수다"(brechen)를 의미하고 있다. 우리는 이와 같은 이중적 의미를 적어도 계몽주의(그리고 특히 칸트) 이래로 알고 있는데, 왜냐하면 이때부터 비판의 측면에서는 비판된 것이 그리고 비판된 것의 측면에서는 비판이 범죄적(verbrecherisch)인 것으로 간주되었기 때문이다. 어떤 텍스트를 비판적으로 읽는 사람은 글쓰는 사람을 범죄자로 간주하고 그리고 그를 대상으로 범죄를 저지른다. 이 전체가 어떤 범죄적인 분위기에 휩싸여 있다. 독자는 탐정 또는 살인자가 되고, 그리고— 많은 범죄소설들에서처럼—탐정 자신이 범죄자일 수도 있다. 글쓰는 사람은 항상 범죄자이다. 왜냐하면 그는, 비록 그가 의식하든 못하든 간에, 항상 거짓말을 하고 있기 때문이다. 비판적인 독자는 행들의 반대방향으로, 글쓰는 사람의 내면으로, 그의 콘텍스트 속으로, 그의 무의식 속으로 침투해 들어가 읽음으로써, 범죄의 흔적을 추적한다. 그래서 그는 결국 글쓰는 사람이 진리라고 간주하는 바로 그것이 사실은 하나의 계급 이데올로기이고, 하나의 위장된 승화물(Sublimation), 그렇지 않으면 객관적으로 입증될 수 있는 편견임을 발견한다. 게다가 비판적으로 읽는 독자는 글쓰는 사람이 의식적으로 거짓말을 하고 있다는 점도 발견한다. 이와 같은 방식의 암호풀기는 신문텍스트들에서 특히 효과적인데, 신문텍스트들은 공손한 그리고 비판적이지 않은 읽기를 계산에 넣고 있으며, 따라서 그럴듯하게 거짓말을 할 수 있다. 비판적으로 읽는 독자는 항상 범죄자이다. 왜냐하면 그는 글쓴 사람으로부터 그에게로 향해진 포옹의 팔을 형제처럼 다정하게 감싸지 않기 때문이다. 대신에 그는 이 팔을 거슬러 올라가 글쓰는 사람과 부딪쳐서 그를 그 내면으로부터 갈기갈기 찢어놓으려고 한다. 그러나 많은 글쓰는 사람들은 바로 이와 같은 비판을 추구하는데, 왜냐하면 그러한 비판과 더불어 비로소 글쓰기 과정에서 글쓰는 사람들의 내면에서 일어났던 일들이 분명히 떠오르기 때문이다. 가장 이상적인 것은 글쓰는 사람들이 코멘트되면서 동시에 비판되는 것이지만 이것은 불가능한 희망사항이다. 왜냐하면 코멘트하기는 텍스트로부터 출발하지만 반면에 비판하기는 텍스트 속으로 그리고 텍스트를 관통해서 침투하기 때문이다. 계몽주의의 역사는 이러한 침투의 진척과정으로 기술될 수 있을 것 같다. 즉 처음에는 계몽주의가 텍스트에 거슬러서 전진하다가(가령 칸트의 경우에는 과학적·철학적 텍스트에, 루소의 경우는 정치적·미학적 텍스트에 거슬러서), 그 다음에는 글쓰는 사람의 내면으로(가령 마르크스의 이데올로기 비판과 프로이트의 심리분석), 마지막으로는 예를 들면 프랑크푸르트 학파의 경우처럼 거짓말을 수단으로 해서 모든 거짓말의 자포자기적인 대량학살속에서 끝난다. 이러한 의미에서도 비판적인 읽기──즉 계몽주의──는 성공적으로 끝났다고 간주될 수 있다. (비판적인 텍스트들을 포함한) 모든 텍스트들은 비판적으로 암호해독되어질 수 있게되었으며, 그리고 모든 행들은 자기 자신에 거슬러서 대항하고있다──마치 괴물 우로보로스가 자신의 꼬리를 잡아먹듯이.

대체로 두 가지 근본동기들 때문에 글을 쓴다. 어떤 사적인동기(자신의 사고들을 질서짓기) 그리고 어떤 정치적 동기(다른 사람들에게 정보를 제공하기)가 그것들이다. 현재 인간은 이와 같은 모티프들에 대해 숙지하고 있을 정도로 충분히 계몽되어 있다. 사고들의 질서화는 하나의 기계적 과정이며, 게다가 문자배열로간주될 수도 있으며 인공지능들에게 내맡겨 버릴 수도 있는 것이다. 쓰여진 글이 향하는── 단지 독자라는 것이 발견되어지는 한에서—독자는 (쓰여진 글들을 분석하면서 이야기하는) 코멘트하는 사람 내지는 (자신을 마치 객체들처럼 글쓰는 사람에게 굴복시키는) 추종자이거나 (글쓰는 사람을 갈기갈기 찢어놓는) 비판자이다. 따라서 많은 글쓰는 사람들이 파악하고 있고 그들을 옥죄고 있는 글쓰기의 부조리에 대한 느낌은 텍스트의 인플레이션과 좀 더 적합한 코드들의 출현과 같은 외적인 사실들로만 환원될 수 있는 것이 아니라, 오히려 앙가주망과 표현하는 몸짓으로서의 글쓰기의 의식의 결과이다. 문화계에 대한 관찰뿐만 아니라 자기 자신을 향한 응시가 글쓰는 사람에게 보여 주는 것은 이미 그의 최후의 시간이 시작되고 있다는 것이다.

이와 같은 몰락의 분위기를 대변하는 한 사례로 나는 지금 타이핑하는 동안에 두 가지 일들을 시도하고 있다. 즉 글쓰기의 몰락과 관련한 나의 사고들을 정리하는 동시에, 그 사고들을 다른 사람에게 전달하고 있다. 그러나 내가 확실하게 알고 있는 것은, 내가 나의 사고들의 질서화 과정에서 오류를 범하고 있다는 점, 내가 만약 컴퓨터에 그 사고들을 프로그래밍했었더라면 그 오류들은 근절될 수도 있을 것이라는 점이다. 그리고 나는 나의 텍스트가—만약 그것이 텍스트 인플레이션에도 불구하고 읽혀질 수 있다면—어떻게 읽혀지는지를 확실히 알고 있다. 다시 말해서 그것은 분해되어 곱씹혀지거나 아니면 수박 겉핥기 식으로 읽혀지거나, 내가 의식적이든 무의식적이든 거짓말을 했다는 것이 드러날 수도 있을 것이다. 위에서 쓰여진 것에 적용되는 것은 또한 방금 글쓰기 중에 제시된 예—우로보로스—에도 적용된다. 그리고 그럼에도 불구하고 나는 이 예를 글로 썼다. 이러한 "그럼에도 불구하고"는 보이지 않는 부분으로서 현재 쓰여진 모든 텍스트들 위에 군림하고 있다.

그리고 왜 도대체 글쓰는 사람들은 스스로 한탄하고 있는가? 그들은 필자이기 이전에 무엇보다 먼저 독자이다—결국 이것은 읽기가 존재론적으로뿐만 아니라 또한 전기적으로도 쓰기에 선행한다는 점을 보여 주고 있다. 쓰여진 모든 것은 슬쩍 그리고 비판적으로 읽혀진 텍스트들에 대한 코멘트하는 대답이다. 다양한 방식으로 글들을 복잡하게 꼬아놓는 것은 독자들이다. 만약 글쓰는 사람이 독자로서 다른 사람들의 저작들을 복잡하게 만들었다면, 그 글쓰는 사람이 한때 계몽된 채—이미 글쓰기 행위 중에—자기 자신의 글들로 복잡하게 꼬아놓고 있다는 것은 결코 놀라운 일이 아니다. 남아 있는 것은 텅 빈 껍데기들이다. 그는 바로 자신의 암호화가 암호풀기라는 것을 배운 셈이다. "암호"라는 단어는, 만약 우리가 글쓰는 중에 오로지 영들만을 기호화하고 있다는 사실을 알기만 한다면, 자신의 근원적인 무의미를 되찾는다.

이러한 영점에서는 글쓰기와 읽기에 대한 회의가 머물러 있을 수 없다. 만약 회의가 이러한 방식으로 진행되지 않는다면, 우리는 그 회의를 다른 방식으로 시도해 보아야만 한다.

12. 책

문자에 대해 메타적으로 사유하는 문자, 즉 "메타문자"는 본의 아니게 우리가 글쓰기의 몰락을 기대해야만 한다는 결론에 도 달하였다──여러 다양한 지평들로부터 출발하여 결국 이러한 결론으로 수렴되는 근거들이 있다. 서로 결합되어 있는 근거들 은 다음과 같이 요약될 수 있다. 즉 어떤 새로운 의식이 형성 중 에 있다. 그 의식은, 자기 스스로를 표현하고 전달하기 위해서 비-문자숫자적 코드를 발전시켜 왔고, 그것은 글쓰기의 몸짓을 하나의 부조리한 행위로 간주하면서, 글쓰기가 이제 자신을 그 러한 부조리한 행위로부터 해방시켜야 한다는 것이다. 이때 제 기되는 의문은, 이와 같이 본의 아니게 도달한 결론이 강제적인 가의 여부, 또는 그러한 결론으로부터 빠져나가는 것이 가능하 지 않을까라는 의문이다. 그런데 우리는 실제로 글쓰기의 몰락 과 더불어 비판적인 능력도 잃어버리게 될 것이라고 염려하고 있다. 이와 같은 모티프가 정당한지 아닌지의 여부를 떠나(계속 글쓰기에 대한 우리의 앙가주망이 이성적이냐의 여부, 그리고 비판이 글쓰 기와 결합되어 있느냐의 여부, 또는 비판이 도대체 바람직한 사고방식이냐 의 여부와는 상관없이), 그 모티프는 여기에서 사유들을 위한 하나 의 새로운 단초로 연결될 수 있기에 충분하다. 이제는 우리의 사유가 더 이상 글쓰기의 몸짓으로부터가 아니라, 쓰여진 글의 구체적인 현실로부터 출발해야 할 것 같다.

문자가 지양되어질 수 있다면, 우리의 주변세계에는 단지 포장지만 존재하고 다른 종류의 종이는 존재하지 않을 것이다. 향수에 사로잡힌 채 종이원료인 셀룰로오스는 자신의 근원으로 되돌아갈 것이고, 숲들은 초록으로 빛날 것이며, 갈댓잎은 나일강가에서뿐만 아니라 지상의 모든 하천가에서 아침바람에 휘날릴 것이다. 우리와 같은 책벌레들, 즉 종이를 파먹는 흰개미 같은 존재들은 이러한 초록의 유토피아에 대해 두려워하고 있지는 않은가?

물론, 도서관들과는 다른 그리고 더 나은 인공적인 기억저장소들이 존재하게 될 것이다. 지금까지는 도서관들에서 보존되어졌던 것이 이러한 새로운 기억저장소들로 옮겨질 것이다. 브리태니커 백과사전의 내용은 그 저장소 안에서는 $1cm^3$보다도 더 적은 공간을 차지할 것이다. 그리고 그 속에 포함된 모든 정보들은 자판조작으로 눈 깜짝할 사이에 호출될 수 있을 것이다. 호출된 모든 정보들을 음성이 삽입된 영상으로 나타나게 하는 기계장치들이 나타날 것인데, 그 장치들은 정보를 자동적으로 여러 각도로부터 검색한 후 최종적인 결론들을 유도할 것이다. 이런 모든 검색들과 유도들은 $1cm^3$의 백과사전 속으로 자동적으로 다시 피드백되어 입력될 것이다. 그 백과사전은 스스로를 자동적으로 증식시키는데, 이러한 자기증식에도 불구하고 그것은 인공적인 기억저장소들에 저장된 정보 중 극히 일부분에 지나지 않을 것이다. 이러한 미래상은, 초록의 숲과 바람에 휘날리는 갈대숲과 마찬가지로, 우리를 두려워하게 하기보다는 우리를 기쁘게 할 것임에 틀림없다.

그러나 한편으로는 자동적인 고도로 기능적인 기억저장소들이, 다른 한편으로는 초록의 숲들이 종이에 의존하는 우리들에게 있어서는 소풍의 장소들이지 결코 거주의 장소들은 아니다. 우리는 종이 위에서 거주하고, 우리는 그것에 익숙해 있다. 그리고 그것이 너무나도 익숙하고 정상적이기 때문에 여전히 습관을 빙자해서 종이를 계속 감촉하기 위해, 우리는 종이를 신성화하고 있다. 『성경』은 예를 들면 그리스어의 "종이꾸러미"(byblos)에서 유래되었다. 이것은 그리스인들이 "파피루스"(papyros)라고 불렀던 것과 같은 종류이다. 그래서 수천 년 동안 우리는, 이 종이펄프가 우리의 타액(침)에 묻혀져 우리 현존재의 일부분으로 될 때까지, 종이를 곱씹어 왔다. 종이가 없다면 우리는 더 이상 올바르게 현존하지 못할지도 모르며, 인공적 기억저장소들과 초록색 숲들의 땅으로의 소풍들을 더 이상 감행하지 못할지도 모른다. 종이는 우리에게 있어서는 우리의 모든 체험들과 인식들을 빨아당기는 그러한 밑바탕들이다. 그 밑바탕들이 인공적인 기억저장소라는 모험적인 새로운 기호들인지 아니면 숲들의 초록빛 얼룩들인지의 여부와는 관계없다. 종이에 적혀질 수 없는 것은 우리에게 있어서는—그것이 아무것도 아니라는—의식의 대상이 된다. 종이는 우리의 고향이다—비록 그 고향이 물결치는 파도처럼 우리를 집어삼킬 듯이 위협하고 있기는 하지만. 따라서 정보혁명은 숲들뿐만 아니라 또한 우리 자신도 종이에 의한 홍수의 위험으로부터 구원하고 있다고 말할 수 있겠다. 그러나 우리는 바로 책벌레들이고, 우리를 집어 삼키고 있는 바로 그것을 먹고 있다. 우리는 책들을 위해서 책들로 생계를 이어 가고 있다.

책은 숲으로부터 인공지능들의 땅으로 가는 길 위에 놓인 과도기적 단계라고 할 수 있다. 그것은 항상 한 자락의 숲이었다. "책"이란 원래 어떤 나무의 이름이고 "liber"란 나무껍질이며 그리스어의 "lepis"(껍데기)에서 유래되었는데, 그 단어는 다시 원시 그리스어의 "lep"(껍질을 벗기다)에서 유래되었다. 책은 따라서 숲으로부터 껍질을 벗겨낸 것이었고, 그 숲의 잎사귀들은 그것들이 바로 속삭이고 있는 것을 말하고 있다. 그러나 책은 또한 이미 인공지능들의 한 부분이다. 왜냐하면 그것은 하나의 인공적인 기억저장소이고 비트(자모음)들로부터 컴퓨팅된 정보들을 포함하고 있다. 우리가 곧 알게 되겠지만, 책이 보여 주는 것은 인공적인 기억저장소에 이르기 위해서는 우리가 책을 관통해 들어가야만 한다는 것이다(비록 이러한 관통이 수천 년이라는 시간을 요구해 온 것처럼 보이지만). 그러나 우리는 책을 전혀 그렇게 볼 수 없다. 책이 어떻게 이집트의 갈댓잎으로부터 벗겨져 나와 파피루스/양피지/종이꾸러미로 발전되었는지, 즉 책이 결국은 1cm³의 크기로 해체될 때까지 어떻게 펼쳐지고 제단되고 제본되어졌는지, 우리는 이런 식으로 책을 관찰하지는 않는다. 왜냐하면 이런 식의 관찰은 우리에게 책등[책표지의 제본된 부분]만 보여 주기 때문이다. 물론 책등이 보여질 때도 책은 그냥 무뚝뚝하게 보여 주는 것이 아니라, 유혹적이고 기대를 걸게끔 하는 몸짓으로 보여 준다. 책은 책등에 유혹을 매달고 있다. 책은 등에서 배로 돌려지고, 펼쳐지고, 페이지가 넘겨지기를 원한다. 책등이 우리를 유혹하여 안내하는 이 세 가지 운동들은 나무들에서도 인공지능들에서도 가능하지 않다. 그것들은 나무들과 인공지능들 사이에 있는 과도기적 단계에서만 특징적이다. 우리가 숲을 떠나도록 했던 것, 우리로부터 또다시 박탈되어질 것, 그것은 책 돌리기, 책 펼치기 그리고 책장 넘기기이다.

a. 돌리기(Umdrehen)

도서관의 벽은 근본적으로 다른 여타의 벽들로부터 구별된다. 벽들은 공개적 공간과 사적 공간의 구별을 위한 시설물이다. 벽에 의해 만들어진 이러한 구별은 생활에 중요한데, 왜냐하면 인간의 삶은 공개적인 것과 사적인 것 사이의 진자운동이기 때문이다. 인간은 벽 뒤에서는 거주하는 사람이고 벽 앞에서는 경험하는 사람이다. 이러한 진자운동을 가능케 하기 위해서 벽들이 설치된다. 그 벽들에는 출입구(문)들이 설치되어져야 하는데, 그것들을 통해서 경험을 위해 벽 앞으로 나가기도 하고 거주를 위해 벽 뒤로 되돌아오기도 한다. 다른 출입구(창)들은 그것을 통해서 공개적인 것이 사적으로 엿보여지기도 하고, 사적인 것이 공개적으로 검열되기도 한다. 벽들에는 경험된 것과 엿본 것을 꼭 매달아 놓아야 하는 그림들이 장식되어질 수 있다. 우리가 이제 텔레비전 화면과 컴퓨터 화면을 창문(윈도)으로 간주하든 그림으로 간주하든 그에 관계없이 텔레비전과 컴퓨터 화면은 아무 문제없이 벽의 구조와 기능 속으로 접목되었다. 그것들에 있어서 중요한 것은 기술적으로 발전된 벽들인데, 그 벽들에서는 창문 기능들과 그림 기능들이 스스로를 변증법적으로 추월하고 지양하고 있으며, 거기에서는 [경험을 하기 위해 출입하는] 문들의 기능은 쓸모없는 것이 되어 버린다.

도서관의 벽은 이와는 다르며, 그것은 다르게 기능하고 있다. 서가에서 좌우로 그리고 아래 위로 나란히 배열된 책등들은 원래의 도서관 벽 앞으로 세워진 이차적인 벽을 형성하고 있다. 책등들과 원래의 벽 사이에는 종이의 영역이 놓여 있는데 그곳에는—여기에서 감행된 사고에 따르면—수많은 팔들이 우리들을 붙잡아 감동시키려 하고 있다. 그 팔들은 이렇게 단지 우리 자신이 우리의 팔을 그 팔들의 방향으로 내뻗을 때에만 벽으로부터 하나의 책등을 골라 빼낼 수 있고, 우리가 그 책에 의해 감동되어지도록 하기 위해 그 붙잡힌 책을 뒤집을 수 있다.

"돌리기"는 "혁명"과 동의어이다. 서가에서 책을 뽑아 책의 등으로부터 책의 표지 그리고 책의 배로 향해 돌릴 때에는 두 가지 사건들이 일어난다. 먼저 뽑혀진 책 뒤에서 원래의 벽이 나타난다. 두번째는 책에서 우리를 향해 뻗어진 어떤 타인의 팔이 잡혀질 수 있다. "혁명"은 아마도, 다른 사람을(만지든지 쥐든지 아니면 반대로 붙잡히든지 관계없이) 붙잡기 위해, 우리를 서로 갈라놓는 벽들이 보여지도록 하려는 것이 아닐까?

혁명에 있어서는 두 가지 문제가 제기된다. "무엇에 찬성하고 무엇에 반대해야 하는가?"가 그것이다. 대체로 "무엇에 반대해야 하는가"에 대한 대답이 훨씬 쉽게 내려진다. 그 대답은 책을 돌릴 때 명백해진다. 즉 벽들에 반대하는 것이다. 과학혁명의 경우에도 역시 이것은 분명하다. 과학의 벽들과 과학의 패러다임들은 깨뜨려지기 위해서 발견되어야만 한다. 근본적인 혁명, 예를 들면 산업혁명이나 현재의 정보혁명의 경우에는 벽들은 그렇게 분명히 인식되어지지 않는다. 좀 더 분명치 않은 것은 혁명이 "무엇을 위해" 일어나느냐이다. 혁명가들이 혁명을 위해 내거는 공약에 주목해 보았자 별 도움이 되지 않기 때문이다. 왜냐하면 그들 자신이 이러한 "무엇을 위해"를 전혀 예상할 수 없기 때문이다. 혁명 당시의 러시아 혁명가들은 그 후에 전개된 소비에트연방과 같은 체제가 될 줄은 전혀 몰랐을 것이다. 책 돌리기의 경우에는 그러나 모든 혁명들의 이 "무엇을 위해"가 분명히 나타난다. 즉 타인을 위해서이다. 책을 빼내고 돌리는 것은 혁명적 몸짓의 모델로 이용될 수 있다.

도서관의 벽을 제외하고는 그 어떤 벽도 혁명화될 수 없다. 억지를 부려도 소용없다. 더 이성적인 것은 문을 통해서 나가는 것, 창문을 통해서 엿보는 것 혹은 그림을 거는 것이다. 왜냐하면 다른 모든 사람들은 저 바깥에 있고 단지 거기에서만 만날 수 있기 때문이다. 그러나 도서관의 벽은 혁명적인 몸짓을 허용하는 것만이 아니라 그것을 요구하기도 한다. 왜냐하면 그 속에는 다른 사람이 들어 있기 때문이다. 단지 도서관 벽의 역사적 우주 속에서만이 혁명들이 가능하고 기술적 영상의 우주에서는 가능하지 않다.

b. 펼치기(Aufschlagen)

서가에서 뽑혀지고 돌려진 책은 펼쳐지기 위해 탁자 위에 놓여진다. 우리는 여기에서 여러 책 중에 한권을 뽑아내기로 결정하는 것과는 다른 종류의 선택에 마주하게 된다. 여러 책들 중 어떤 한 권의 책의 선택은 선택 자체를 문제시한다. 왜냐하면 그선택의 경우에 분명해지는 것은, 단지 제한된 수량만으로부터 선택될 수 있으며 전체를 한눈에 볼 수 없는 거대한 도서관의 벽을 마주하고서 무작위로── 운수에 맡기든지 아니면 책과 관계없는 기준들에 이끌려서든지── 책을 고른다는 점이다(선거라는 선택을 통한 대의민주주의의 몰락이 이와 같은 책의 선택방식과 관련지어 차후에 논의될 것이다). 이와는 달리 책을 펼치기 위한 선택에는 다음 네 가지 방법이 있다. 목차를 펼쳐보거나, 항목 및 인명색인을 찾아보는 것, 그림들을 찾아보는 것 혹은 전혀 펼쳐보지도, 페이지를 넘겨보지도 않는 것 등이다. 선택을 회피하는 이 마지막 방법은 따로 논의되어져야 할 것이다.

책이 무엇에 관해 다루고 있는가를 확인하기 위해서 목차를 펼쳐볼 수 있다. 우리 독자들은 흔히 책의 저자인 타자가 내뻗는 팔을 그의 인격 자체 때문이 아니라 그것이 다루는 사태[Sache; "항목"이라고도 번역됨] 때문에 잡는다. 이와 같은 사태적 펼치기는 책 속에서 취급되는 어떤 논의를 "위에서"[Über, 또는 관해서] 관찰한다. 책을 읽을 때마다 사람들은 그 사태를 "위"로부터 내려다보며, 논의할 수 있도록 하기 위해 사태들 위에 서 있다. 책 앞에 실린 내용색인[목차]을 펼치는 독자들을 일단은 통계적 지표의 형태로 붙잡아 두려는 욕구는 정말로 유혹적이다. 우리들 중에서 얼마나 많은 사람들이 먼저 사태들 위로 기어올라가 그 다음에 거기 위에서부터 아래로 또다시 사태 속으로 침잠해 들어가려고 하고 있는가?

독자들은 작가가 어떤 부류의 사람들과 교류하는지를 확인하기 위해 책 뒤에 실린 항목 및 인명색인(Sach-und Namenregister)도 펼쳐본다. 인명뿐만 아니라 항목들도 위와 같은 점을 보여주는데, 왜냐하면 이것들은 어떤 사회에 공통된 사태들이기 때문이다. 우리는 그 가혹한 사회에 참여하기 위해 저자라는 타인의 팔을 잡아당긴다. 이와 같은 상호주관적인 펼치기는 책 속에서 어떤 대화의 한 부분을, 그리고 그 대화에 동참하도록 초대하는 몸짓을 발견한다. 여기 이 책을 포함한 많은 책들은 이와 같은 종류의 색인을 가지고 있지 않다. 그러한 책들이 독자와의 대화를 거부하고 있기 때문이라기보다는, 그 책들은 자신이 어떤 부류의 사회 속으로 편입되기를 거부하고 있기 때문이다. 따라서 그와 같은 색인의 결여는 책을 펼치는 사람에게는 성나게 하는 일이고 자극적이다. 그래서 그는 화낸다. 왜냐하면 그는 그 자신이 누구와 관계해야만 하는지를 모르기 때문이다. 그리고 그는 자신이 팔을 잡아당기는 그 타인을 그 자신의 타자로서 (그를 단순히 인식하는 것만이 아니라) 인정하도록 요구당하고 있다. 만약 이러한 요구가 수용된다면, 이미 시작된 어떤 대화의 연속이 아니라 하나의 새로운 대화가 생성될 수 있다. 우리는 책 속의 도판그림들에 따라 펼치기도 하는데, 이것은 우리가 도대체 무엇을 맨 먼저 파악할 수 있는가를 표상해 보기 위해서이다. 만약 점잖은 사람이라면 양심의 가책을 느끼면서 행한다. 왜냐하면 그는 그림들이 책 속으로 삽입된 이유가 그 그림들을 글로 쓰여진 문자의 기능 속에서 관찰하도록 하기 위해서라는 점을 알고 있기 때문이다. 양심의 가책은 어떤 방해받은 역사의식의 한 징후이다. 즉 우리는 그 그림들을 텍스트 속에 연결시키지 않고 대신에 전역사적인 방식으로 이끌어낼 수 있다. 또한 여기에서도 통계학이 도움이 될 듯하다. 우리들 중에서 과연 얼마나 많은 사람들이 (마치 아이들이나 문맹인들이 하는 것처럼) 그림들을 펼쳐보겠는가? 그리고 과연 그들이 이것을 전역사적인 의식의 잔재 또는 새로 나타나는 의식에서 행하고 있을까? 그림 없는 책들도 표상 가능한 개념들을 전달할 수 있는 그런 책들이지만, 그러나 그 책들은 구태여 표상되지 않기를 원하는 개념들을 전달하는 책들이다. 우리는 그 책의 내용을 그림으로 그릴 수는 있으나 단지 그렇게 하고 싶지 않을 뿐이다.

펼치기는 펼쳐진 책을 읽는 방식을 선택하는 몸짓이다. 그것을 위해서는 현재 보조수단(예를 들면 도서관의 카드식 분류함), 그리고 인공적인 기억저장장치에서 발전된 기술을 응용한 검색장치들(가령 요약서비스), 정보 및 데이터 센터 등도 존재하고 있다. 그래서 실제로 도서관에서의 도서 선택은 더 이상 반드시 벽 앞에서만 이루어지는 것이 아니며, 대신에 벽 자체가 선택을 넘겨받는다. 선택능력은 자유의 중요한 측면이다. 책 돌리기의 혁명에 책 펼치기의 선택이 뒤따라야만 한다. 인공적인 기억저장장치들은 펼쳐지지 않는다. 그리고 낡은 책들조차도 선택들로부터 벗어나기 시작하고 있다. 이것은 선거[선택]에 의한 대의민주주의의 몰락의 징조로 간주될 수 있다.

c. 책장 넘기기(Blättern)

자유는 선택능력을 포함하고 있으며, 선택의 강제는 자기 스스로를 자유로서 표현할 수 없는 부자유로부터 나타난다. 다시 말해서 선택의 강제는 두 가지의 한계상황들을 부정한다. 즉 선택이 기준의 결핍 때문에 불가능하게 된 상황(가령 전체적인 파악이 불가능한 다량의 상황)과 모든 대안들이 전부 똑같은 가치를 지니고 있는 상황(가령 뷔리당의 당나귀[1]). 따라서 또한 이러한 한계상황에서 선택할 수 없는 것 역시 자유의 중요한 한 측면이다. 문제는 우연을 연주케 하는 자유이다. 문제는 책장 넘기기라는 동작이다.

만약 우리가 손가락 사이에 끼어 있는 책장들이 넘겨지도록 그냥 놔둔다면, 그것은 책장이 우연적으로 어떤 것을 향하고 결국 그 어떤 것이 우리로 하여금 책 속에 감겨진 실들을 어떤 느

---

1 중세 프랑스의 수도사 뷔리당이 주장한 역설. 당나귀를 세워놓고 그 주변을 빙 둘러서 건초더미를 놓아두면 그 당나귀는 결국 어느 것을 선택할지 몰라서 굶어 죽는다는 것.

슨하게 말린 끝단으로부터 다시 풀어내는 것을 허용할 것이라는 막연한 예감에서이다. 그것은 일명 아리아드네의 실[2]의 끝단을 찾는 일종의 미로 찾기와 같은 것이다.

만약 우리가 우연을 분석한다면, 우리는 그 우연들 뒤에서 일련의 원인들을 발견하게 될 것인데, 예를 들면 눈에 잘 띄는 자모음의 형태들은 책장을 넘기는 사람을 "우연적으로" 놀라게 하려는 의도를 지니고 있다. 그러나 만약에 우리가 그 원인들을 분석해 본다면, 우리는 그 원인들 뒤에서 일련의 우연들을 발견하게 되는데, 예를 들면 눈에 잘 띄는 자모음의 형태들은 우연적으로 작가나 식자공에 의해서 사용가능한 자모음의 형태들로부터 선별되어질 수 있다. 우연과 원인들의 서로 중첩되는 층들, 즉 모든 설명들의 이와 같은 샌드위치식 구조들이 야기시키는 것은 책장 넘기기가 우연으로 되고, 그 우연의 결과는 어떤 특수한 읽기방식이며, 그 방식에 따라 책장이 넘겨진 책이 탈암호되어져야 한다는 점이다. 다양한 검색방법들도 이와 마찬가지이다(이것은 곧 카오스는 해명되지 않은 질서이고 질서는 바로 해명되지 않은 카오스라는 명제가 의미하는 바로 그것이다).

진정으로 인공적인 기억저장장치에서는 책장 넘기기란 존재하지 않는다.

---

2 고대 그리스 신화에서 미노스왕의 딸 아리아드네(Ariadne)가 영웅 테세우스를 미궁에서 구출할 때 사용했던 실.

만약 책이 더 기능적인 기억저장장치에 굴복한다면, 우리는 펼치기나 책장 넘기기의 방법보다 훨씬 더 세련된 방법들로써 그 기억장치들에 저장된 정보들을 나타나게 할 것이다. 이러한 방법들과 관련된 전체 과학과 기술들은 생성 중에 있다. 이러한 기억저장장치들은—물론 그 장치들을 경우에 따라 수리해야 하는 전문가들은 예외이겠지만—가령 책처럼 돌리려고 한다면 그것은 무의미한 것일 수 있다. 그러나 전문가들의 소관인 혁명이라면 그것은 전혀 혁명이 아니다. 책을 돌리거나 선택하거나 혹은 이 같은 행위를 우연에 맡기도록 하는 등 잘못 기능할 가능성, 나쁘게 기능할 역사적 자유는 따라서 소멸될 것이다. 현재 [죽은 시체와 섹스하려는] 네크로필리아(Nekrophilie)와 같은 증세임을 분명히 드러내고 있는 죽은 책에 대한 애착(Bibliophilie) 때문이 아니라, 역사적 자유에 대한 앙가주망 때문에, 우리는 책벌레들이다—그리고 자동적인 기계장치들과 초록의 숲들에 대항해서 앙가주망하는 존재들이다. 이와 같은 우리의 "벌레 같은 감정", 즉 시체(책)들에 우리 자신을 가까이 하려는 느낌이 책들의 폐지에 대한 우리의 경악을 설명해 주고 있다.

13. 편지

편지를 의미하는 독일어 단어 "Brief"는 독일어에서는 "짧은 글"(불어 "brevet")을 그리고 영어로는 "짧은 문자적 요약"을 의미한다. 그러나 독일어에서는 더 이상 이와 같은 의미로 사용되지 않는다. 긴 편지들도 있기 때문이다. 지금 의미된 긴 편지라 함은 출판을 염두에 두고 출판인들에게 맞춰진 그런 텍스트들이 아니다. 비록 수많은 편지들이 출판되었고 그리고 더 많은 편지들이 분명히 그 편지를 받는 사람을 그 편지 속에서 언급하면서도 현실적으로는 출판인을 향해 곁눈질하고 있기는 하지만.

앞 장에서 역사는 즉 글쓰기의 시대는 숲에서부터 자동적인 기계장치들의 땅으로 향해 가는 길 위에서의 과도기적 단계로 간주되었다. 따라서 편지들은 숲으로부터 울리는 자연의 소리와 로봇화된 자동차들이── 우리가 안전벨트를 묶는 것을 잊어버렸을 때── 우리에게 말하는 소리 사이의 과도기적 현상일 뿐이다. 편지들이 과도기적 현상이라는 사실은 이미 이제는 오해의 여지가 없다. 예를 들면 "고통스러울 때 너희들은 나를 불러야 한다"라는 신의 계명은 전문자적인 시대에는 인간이 신을 향해 외쳐야 한다는 것을 의미했다. 역사적 시대들에서도 이러한 목적을 위해서 쓰여진 계명들이 있으며, 그리고 현재 우리는 이 경우에 비록 이에 해당되는 호출번호를 전화번호부에서 찾을 수 없다는 점을 알고 있기는 하지만 전화를 떠올린다.

이상하게도 이 전화── 모든 케이블망 중에서도 최초의 케이블망──는 우편을 추방하지 않았다. 가령 프랑스의 PTT(우편 전보전화공사)에서 우편(P)은 처음 철자 그리고 전화(T)는 마지막 철자를 이루고 있다. 이것은, 전화가 컴퓨터와 결합되는 텔레마틱 사회가 되면 곧바로 변할 것이다. 이미 우리가 인식하기 시작했듯이, 이와 같은 전화통신서비스는 오늘날 중앙통제적인 국유화로 경영되어야만 하는 것이 아니라, (미국이나 일본의 예에서 볼 수 있듯이) 탈중앙통제적인 사유화로 경영될 수 있다. 그럼에도 불구하고 여전히 진실로 남은 사실은, 우편망이 현재 전화망(그리고 80년대 중반에 처음으로 프랑스에 도입된 통신망 "미니텔"[일종의 PC 통신], 즉 텔레마틱의 최초의 징후들)만큼이나 국가에 과중한 부담이 되고 있다는 점이다. 그럼에도 불구하고 편지가 남아 있는 것을 보면, 편지쓰기── 그리고 편지읽기──에는 편지쓰기와 읽기 모두를 살아남도록 하고 있는 어떤 요소가 있음에 틀림없다.

우편철학이라는 것이 쓰여진 적이 있는지의 여부는 잘 모르겠다. 그것은 아마도 기다림에 대한 분석으로부터 시작해야만 될 것이다. 편지들은 우리가 기다리는 어떤 것이다── 또는 예기치 않게 찾아오기도 한다. 기다림은 분명히 어떤 종교적인 카테고리이다. 즉 그것은 희망하기를 의미한다. 우편은 희망의 원리에서 기인하고 있다. 우편배달부(Postbote)── 정말로 중세적인 느낌이 드는 이 직업인──들은 천사들("천사, angeloi"라는 단어는 "사자, Boten"라는 단어와 같은 의미다)이고, 그들이 나르는 것은 복음들(우편을 떠받쳐주는 희망에 걸맞게 즐거운 메시지들)이다. 그렇다고 우편이 사라진다고 해서 모든 것이 희망을 잃어버린다고는 말할 수 없다. 전화호출도 역시 경외와 전율로 기다려지고 있으며, 전화벨이 예고 없이 울릴 때마다 전화는 맑은 하늘에서 떨어지는 청천벽력과도 같다. 그러나 편지 기다리기는 그것과는 또 다른 시간이자 또 다른 리듬이다. 한주일 내내 편지를 기다릴 수도 있고, 이러한 기다림이 하루의 고정된(festgesetzt) 시간으로 형상화되기도 한다. 방금 언급된 것이 바로 고정된 시간 즉 축제(Festen)들의 리듬과 시간에 대한 묘사다. 아마도 편지는 겨우 목숨을 부지해 나가고 있는 것 같다. 왜냐하면 그것은 우리가 아직 소유하고 있는 몇 안 되는 축제적 요소들 중 하나이기 때문이다. 편지들에 대한 고찰은 이러한 관점으로부터 시작해야 한다. 즉 고정된 축제의 문자[Festschrift, 기념집]로서의 편지라는 관점에서.

모든 축제적인 것과 마찬가지로 편지도 역시 확정된(festge-legt) 의례를 따르고 있다. 예를 들면 편지는 (때로는 인쇄된) 발신자의 주소, 그것이 작성된 공간과 시간의 표시인 소위 말하는 날짜와 장소, 그 편지를 받는 사람의 주소, 수신자에 대한 형식적인 인사말을 담고 있으며, 마찬가지로 또 형식적인 끝인사말로 종결되고 그러고 나서 최종적으로 서명된다. 이 형식들 중 각각의 개별형식들은 합리화될 수 있다. 왜냐하면 그것은 편지에 의해서 추구된 의도의 내부에서는 이성적인 기능을 지니고 있기 때문이다. 똑같은 것이 모든 의례에도 적용된다. 예를 들면 유대인의 요리의례는 위생상의 조치들이라고 합리화될 수 있다. 그러나 그와 같은 설명은 의례의 본질을 간과해 버릴 수 있다. 다시 말해 의례에서는 합리화될 수 없는 부조리한 동작들이 중요하다는 점이다. 이와 같은 부조리함은 편지에서는 특히 다음과 같은 점을 생각해 본다면 드러날 것이다. 예를 들면 누군가가 편지에 쓰는 인사말을 구두적 표현으로 다른 사람에게 만나자마자 "매우 존경하는 아무개 선생님"[독일적 편지 인사말]라는 호칭으로 말을 걸든가, 또는 그 사람과 작별할 때 구두적 표현으로 "우호적인 인사들을 지니면서"[독일식 편지의 맺음말]라고 말했다고 생각해 보면 될 것이다.

역사적·지리적 혹은 사회문화적 관점── 완전히 다른 상황은 제외한다── 으로부터 편지와 관련된 의례를 연구해 본다면, 그 사회를 인식하는 데 가치 있는 공헌을 할 것이다. 가령 현재의 미사여구들을 바로크 시대의 미사여구와 비교하거나, 영어식 미사여구를 불어식 미사여구와 비교하거나 혹은 상업상의 편지를 연애편지와 비교해 본다면, 형식적인── 심하게 말하자면── 구조적인 사회기준들을 일목요연하게 파악할 수 있다. 편지에서 중요한 것은 비록 "포용적"[katholisch, 카톨릭적]인 축제이지만(거기에는 모든 사람들이 참여한다), 그 축제의 의례는 축제에 참가하는 사람의 사회적 지위에 맞춰져 있다. 동시에 이러한 의례들에는 신축성이 있다. 즉 축제 주최자는 몇 가지 약간씩은 변형된 형식들을 사용할 수 있고, 그 형식 자체를 조절할 수도 있다. 현재의 개혁된 형태의 교회의례는 편지의례가 이룩한 위와 같은 포용성과 신축성과는 거리가 멀다.

그래서 우리는 편지쓰기가 거의 문예창작과 유사하다는 사실을 인식하고 있다. 편지 쓰는 사람에게는, 문법과 정서법의 규칙들 이외에도, 추가적으로 다른 규칙들이 강요된다(문예창작에서 가령 압운과 운율의 규칙들처럼). 그리고 이와 같은 추가의 규칙들은 축제적인 성격을 지니고 있다. 즉 합리화되어질 수 있는 동시에 부조리하고, 경직되어 있으면서도 신축성이 있다. 이 경우 글쓰는 사람에게는 두 가지 전략이 열려 있다. 첫째는 "고전적" 전략인데, 이 경우 글쓰는 사람들은 규칙들을 도움으로 그리고 규칙들 덕분으로 어떤 구조화된 전체를 생산하려고 노력한다. 둘째는 "낭만적" 전략인데, 글쓰는 사람은 이 경우 규칙들의 이완과 창조적 확장을 위해 노력한다. 고전주의와 낭만주의 사이의 진자운동, 문예창작(그리고 따라서 모든 예술 일반)의 이와 같은 역학, 그리고 역사적·개인적 의미에서의 글쓰기는 편지쓰기에 있어서 의미 있는 것이다. 따라서 편지쓰기는 가장 세련된 예술들 중 하나로 간주될 수 있다.

그런데 그 예술은 몰락할 위기에 처해 있다. 편지쓰기가 전성기였던 시대들도 있었다──가령 후기낭만주의 시대, 헤브라이어의 "대화적 문학"의 시대, 18세기 등. 그리고 현재의 몰락의 시대는 그 최초의 시대가 아니다. 이 예술은 그러나 하나의 새로운 성격을 지니게 된다. 편지 예술에서 중요한 것은 편지쓰기 예술의 몰락이 아니라, 전통적 의미에서의 예술의 몰락, 즉 글쓰기 자체의 몰락──즉 축제적 분위기의 몰락──이다.

편지들은 봉인되어서 검은(때로는 노랑, 빨강 혹은 파랑색으로 디자인된) 상자 속으로 집어넣어져, 다른 어떤 곳에서 검은 상자(각 가정의 편지함)로부터 꺼내져 개봉된다. 이 과정 전체는 비밀 속에, 편지의 비밀 속에서 이루어지는데, 신의 전령 헤르메스는 사실상 신의 전갈(Post)을 지키는 날개 달린 천사였다. 편지의 이러한 마법은 모든 검은 상자[1]의 마법에 부합하고 있으며, 그것은 사이버네틱에 의해서 풀릴 수 있다. 그래서 지상의 지표는 다른 권역(가령 대기권과 생물권)과 더불어 또한 하나의 우편권역이기도 한데, 그것은 점점 더 조밀하게 되어 가는 편지채널들의 네트워크이다. 그러나 우편권역은 가령 생물권역과 같은 완결된 체계로는 간주될 수 없다. 그것은 종이로 부숴질 생물들에 의해서, 자모음으로 글을 쓰는 사람들에 의해서 엮어져 있고—우리가 아직 깃털들로 글을 썼을 때도—깃털 뽑힌 새들에 의해 엮어졌다. 그것은 완결된 체계가 아니기 때문에, 엔트로피에 의해서 위협받는 것이 아니라 자신의 근원들의 고갈에 의해 위협받고 있다. 아마존강 숲의 황폐화는 문자숫자적 코드의 몰락만큼이나 우편권역을 위협하고 있다. 그 근원의 이와 같이 가능한 붕괴를 미리 현명하게 예상함으로써 우편(P)의 권역은 PTT에서처럼 전보와 전화의 권역들과 결합되어 왔다. 그러나 전보(T)와 전화(T)는 다른 종류의 권역들이다. 그것들은 더 이상—대양을 다니는

---

1 Black Box: 시스템 이론의 용어. 그 내부구조가 너무나도 복잡해서 그 특정의 분석은 그 시스템에의 Input과 Output의 관계를 측정함으로써 가능하다.

배, 지상을 달리는 기차와 자동차, 하늘을 나는 비행기처럼—
지표에 의해 지탱되어지지 않고 있다. 이와는 반대로 그것들은
지표에 지탱되지 않고서도 전자기적 영역 속으로 질주하고 있
다. TT와의 결합은 P를 지표로부터— 그리고 동시에 자신의 비
밀로부터— 떨어뜨려 버릴 것이다.

　(프리메이슨 운동가들의 그것처럼) 세계를 포괄하는 우편의 고리
는 지상으로부터의 이와 같은 이탈에 스스로를 적응시키려고
하지만 그것은 헛된 일이다. 왜냐하면 우편은 (프리메이슨 운동처
럼) 본질적으로 고리타분하기 때문이다. 우리는 우편에서— 비
록 많이 발전되기는 했지만— 각 군대의 진지들을 신속하게 연
결하는 속달전령(Eilbote)을, 그리고 호른[2]을 불면서 중세의 도시
속으로 들어가는 우편마차의 마부를 발견할 수 있다. 그리고 좀
더 가까이서 관찰하면, 우리는 이 성에서 저 성으로 장소를 급
히 옮겨 다니는 문예창작가 즉 방랑시인을 인식할 수 있다. 그러
나 우편의 바로 이러한 고리타분한 낡은 풍, 즉 밀봉과 밀봉풀기
라는 이와 같은 낡은 풍의 몸짓이 우편에 여전히 영향을 미치는
매력을 설명해 주고 있다. 우리는 오늘날, 육체적으로 그리고 좀
더 힘 있게 정신적으로, 지구로부터 튀어 나갈 준비가 되어 있
고, 모든 지상적인 것 즉 어머니인 땅 위에서 지탱하고 있는 모
든 것을 우리 뒤에 남기고 막 떠나려는 찰나에 있다. 그래서 우
리는 다시 위대한 어머니인 지상으로, 생모인 동굴로, 일곱 개의

2　유럽에서 우체국을 상징하는 심벌은 바로 이 중세시대의 호른이다.

봉인으로 숨겨진 비밀, 고대 그리스의 엘레우시스적인 밀교의 식으로 되돌아가기를 열망하고 있는데, 그 마지막 형식이 바로 편지인 것이다.

덴마크의 철학자 키르케고르는 편지들——가슴 두근거리며 기다려지거나 예기치 않게 찾아오는 커다란 우편행랑으로부터 내뱉어지는 이 종이들——이 어떻게 수용되는지를 기술한 바 있다. 편지들은 먼저 다른 여타의 모든 텍스트들과 마찬가지로, 탈암호화된다. 그러고 나서 편지의 행간이 읽혀진다. 키르케고르가 생각하기로는 모든 편지들 중에서 최고의 편지인 성서도 이와 같이 읽혀진다고 한다. 만약 성서를 그렇게 읽지 않는다면, 그 성서는 성서가 아니다. 그러나 모든 텍스트는 편지로서 읽혀질 수 있다. 다시 말해서 비판적으로가 아니라 발신자를 인정하는 노력 속에서 읽혀질 수 있다. 분명히 이 경우 인정(Anerkennung)은, 편지가 거짓말인 것으로 드러날 경우에는, 비판으로 역전될 수 있다. 편지는 모든 텍스트 읽기 중 최고의 형식을 위한 모델이다.

우리는 우리에게 편지들의 읽기를 표상하게 만드는 그림[가령 "수태 고지"]들을 지니고 있다. 그 그림들은 성모마리아의 원죄가 없는 처녀수태를 고지하고 있다. 전령은 수호천사 가브리엘, 수신자는 처녀 마리아, 그리고 놀라서 움찔거리는 마리아의 태도를 우리 후세들은 우리에게는 보이지 않는 천사가 내보이는 남성의 성기에 대한 반응으로 해석하는데, 그 성기를 매개로 정자 형태의 로고스가 처녀에게 주입된다. 그러나 신학에 따르면 여기서 중요한 것은 생리학적 과정이 아니라 "상징적" 과정이다. 즉 천사는 남성의 성기가 아니라 편지를 전달하고 있다. 마리아는 움찔거린다. 왜냐하면 그녀는 이 편지를 읽고는 그런 다음에 각명문자로 쓰여진 단어(로고스)에 하나의 육체를 부여할 것을 요구당했기 때문이다. 이와 마찬가지로 마호메트도 똑같이 수호천사가 그에게 코란을 구술하기 시작했을 때(신은 그것을 두 번이나 시도했음에 틀림없다.—우리가 알고 있듯이—우편이 항상 정확하게 기능하지는 않기 때문이다), 놀라 움찔거렸음에 틀림없다. 도대체 마리아, 마호메트에게서 그리고 편지를 받을 때 문제되는 것은, 저기 마술적 비밀로부터 나타나는 다른 사람에게 자신을 열어 보이는 것이다.

이것은 오늘날 우리가 처한 우편 상황들 속에서는 더 이상 수행될 수 없다. 오늘날 이러한 비밀상자에서 튀어 나오는 것은 대부분 광고물(형식과 내용면에서 병든 편지들)이고 계산되어져야 될 청구서들이다. 즉 노골적으로 드러나지 않은 위협들을 담고 있는 편지들이다. 편지 속에 든 광고물에서 중요한 것은 그 편지들이 개봉되지도 않은 채 쓰레기통으로 던져진다는 점이다. 그리고 청구서들은 가능한 한 빨리 지불되어져만 하는 것이다. 이와 같이 결코 성스럽지 않은 종이의 흐름 속에서 가끔은 진정한 편지들도 존재하지만, 대부분의 편지들에서 판명되는 사실은, 만약 우리가 그 편지들에 시간을 할애한다면 그 편지들이 저절로 해명된다는 점이다. 우편이 현재 수행하고 있는 것은 더 이상 열어 보임이 아니라 다른 사람에 대한 닫힘이고, 더 이상 원죄가 없는 수태[수신]가 아니라 성병예방조치에 의해 더럽혀진 수태 즉 성병예방용구를 매개로 한 수태가 행해지고 있다. 모든 텍스트를 마치 편지들인 양 읽는 것만이 불가능하게 된 것이 아니라, 또한 편지들을 비판되어져야 되는 텍스트들과는 다르게 읽는 것도 마찬가지로 불가능하게 되었다.

편지들의 축제성, 그것들의 종교적 분위기는 편지가 간직하고 있는 비밀의 결과, 즉 이러한 미스테리한 봉인(封印)의 결과이다. 우리는 봉인된 채 편지를 검은 우체통의 구멍 속으로 집어넣는다. 이것은 종교적이다. 왜냐하면 그것은 우편에 대한 신앙이자 그것에 대한 신뢰이고, 우편은 우리로 하여금 자신에게 우리의 비밀을 털어놓도록 동기를 만들고 있기 때문이다. 우리가 점차 알게 된 사실은, 우리가 우편과 이성적인 방식으로 만날 수 있으리라는 생각이다. 항상 똑같은 봉인만큼이나 비밀을 유지할 수 있는 것은 없다. 그러나 공론영역에서는 계몽주의의 세속적 빛이 잠기고 봉인된 모든 것 속으로 침투하고 있다. 왜냐하면 비밀의 통로에 균열이 났기 때문이다. 공론영역, 공중영역, [하이데거적인 의미에서의] 일상인(das Man)은 자신의 권리들을 모든 사적인 것, 어두운 것 그리고 계몽되지 않은 것으로 분해해 버렸다. 균열로 생긴 틈들을 통해서 검열의 형태로 일상인은 편지의 비밀 속으로 침해해 들어간다. 편지는 더 이상 원래 의도되었던 타인에게로만 향하는 것이 아니라 본의 아니게 또한 얼굴 없이 일상인의 평범함이라는 안개 속에서 나타나는 침입자에게도 향하고 있다. 얼굴 없는 침입자는 편지 속에서 서로 상대방을 인정하고 싶어 하는 사람들의 얼굴들을 감춘다. 따라서 축제는 부조리하게 된 것이 아니고 그것은 자기당착에 빠지게 된다.

편지들은 공개되어지고 싶지는 않지만 그러나 본의 아니게 검열을 내개로 익명의 공중 속으로 침투할 수 있는 글들이다. 우편은 하나의 비밀스러운 어두운 상자이고, 그 상자에는 틈이 생기고 있다. 더 이상 지상 위에는 의지해서는 안 되는, 대신에 버팀목 없이 장들 속에서 흔들리는 네트워크들이 이제 상호주관적 메시지들의 전달자로 되어 가고 있다. 편지쓰기와 편지 읽기의 축제성과 비밀은 해체되고 있다. 기다림, 학수고대 그리고 기대라는 실존적 태도는 전자기적으로 중계된 메시지들의 우주적 동시성에 직면해서 쓸모없는 것으로 되어 버렸다. 희망하기는 더 이상 기대하기가 아니다. 그것은 놀람을 당하는 것으로 되어 버렸다. 편지들을 쓴다는 것은 모든 의미를 상실해 버렸다.

그러나 텔레타이프와 나중에 더 기능화된 텔레마틱 미디어들이 편지들과 우편의 자리를 점유하고 있는 사정에 비추어 볼 때, 우리는 우리가 "편지"라고 하는 종잇장으로써 잃어버리는 것—즉 그것을 통해서 우리가 다른 사람에게 인정되기를 희망할 수 있는 마지막 열어 보이기들 중 하나의 열어 보이기—을 인식하고 있다. 왜냐하면 어떤 방법에 의해서 텔레마틱 메시지들이 탈암호화되고 그것들이 대답되든 간에, 그것은 행과 행 사이에서 행별로 읽혀지지 않기 때문이다. 우리는 새로운 종류의 축제성, 새로운 종류의 비밀, 새로운 형태의 상호인정을 앞에 두고 있다. 그리고 이와 같은 것이 희망되지 않은 채 그리고 예기치 않게 찾아왔기 때문에, 우리는 너무나도 당황해서 그 속에서 편지를 재인식할 수 없을 것이다. 우리는 편지쓰기의 예술을 잊어버리고 있는 반면에, 상호주관성의 새로운 예술, 즉 컴퓨터예술을 아직 배우지는 않고 있다. 일상인은 우리로부터 편지를 빼앗고 있다(이로써 이 "일상인"은 얼굴 없는 사람이 되며, 그렇지만 그는 여러 다른 마스크들을 쓰고 있다). 그리고 우리는 서로 관계하지 않는 대중 속으로 추락한다. 아마도 우리는 매스미디어들이 상호주관적인 편지와 같은 종류의 미디어로 분화되고 있다는 점을 예감할 수 있을 것이다. 단지 이와 같은 희미한 예감——그 예감에 대해 희망이라는 단어를 쓰는 것은 다소 지나칠지도 모르겠지만——이 우리로 하여금 편지들과 우편의 몰락에 대처하는 것을 가능케 하고 있다.

이와 같은 예감은 이제 그 형태를 갖추기 시작했는데, 실제로 지폐의 형태를 띠고 있다. 수표는 어떤 은행으로 향해진 편지이고, 그 편지는 그것을 건네는 자에게 돈을 줄 것을 위임하고 있다. 그런데 이와 같은 수표 대신에 이제 인공적인 기억들을 담고 있는 플라스틱 카드들이 나타나고 있다. 아마도 이와 같은 지능을 갖춘 은행카드는 미래의 모든 편지들의 한 전조일 것이다. 그것에는 축제적 요소가 많이 있지는 않지만, 그 대신에 많은 비밀들이 담겨 있다. 아마도—— 책과는 달리—— 편지는 정보적 상황들 속으로 도약할 능력이 있으며 그리고 편지들은 문자를 넘어서도 살아남을 수 있을지 모르겠다. 하나의 미래상을 그린다면 지구표면은 지능을 갖춘 플라스틱 카드들로 덮일 것이고, 그 카드들은 마치 벌들처럼 날아다니면서 들리지 않는 소리를 내며 마치 벌통과 같이 인간 간의 관계들을 단단히 묶고 있을 것이다. 물론 우리는 종이를 파먹는 흰개미로부터 꿀을 핥아 먹는 벌이 되어 가고 있는지도 모른다. 이와 같은 진보에 대한 평가는 그 가치들을 아직 이용하고 있는— 또는 그것들을 이용하려고 마음먹는— 사람들에게 맡겨져야 한다.

14. 신문

신문들에 관해 다루고 있는 무수히 많은 문헌들 그리고 지구상에 퍼진 수많은 저널리즘 연구지들은 텔레비전, 라디오 그리고 최근까지 존재했던 극장용 뉴스영화 등에도 불구하고 날마다 우리에게 집으로 날아오는 이 접혀진 종잇장[뻬라]들이 여전히 존재하고 있다는 놀라운 사실에 대해 토론하고 있다. 혹은 이 접혀진 날짐승이 특별히 이러한 목적을 위해 만들어진 새장들 속에서 날마다 우리가 그들에게 속아 넘어가기를 기다리고 있다는 사실에 대해 토론하고 있다. 이것은 신무이 정보를 포장하는 종이의 특징을 지니고 있다는 점만으로는 충분히 설명될 수 없다―두 가지 이유에서 이러한 사실에 대한 설명이 불충분하다. 우리는 더 나은 정보 포장 재료를 이용할 수 있으며, 그리고 신문지로 둘둘 말아 싼 날고기 덩어리들도 마찻길만큼이나 오래된 것이다. 둘째로는 그와 같은 설명은 신문학이 진지하게 주목할 만큼 그렇게 고상하지 못하다는 점이다. 신문들은 마찻길만큼이나 오래된 것들이다. 비록 신문들이 점점 더 진보된 기술들을 이용하고 있고, 신문에 어울리는 글쓰기 방식이 최신의 정보 및 커뮤니케이션 이론에 따라 점점 더 섬세하게 되어 가고 있으며, 점점 세련화되는 체계들이 그 정보들의 생산과 분배를 조정하고 있기는 하지만 말이다. 신문학의 전문가들은, 광범위하게 진척되는 정보의 전자기화에도 불구하고 인쇄된 신문지 형태가 계속 고수될 것이라는 예견을 정당화하기 위하여, 이것보다 심층적이고 더 복잡한 설명을 펼치고 있다.

이와 같이 심층적이고 복잡한 설명들(그것은 여기에서는 언급될 수 없을 정도로 방대하다)조차도, 본질적으로 미래에는 신문들이 더 이상 존재할 수 없을지도 모른다는 예상을 변화시키지는 못하고 있다. 그러나 신문들이 아직 사라지지 않고 있지 않느냐는 식의 유치한 설명들도 있다. 비록 신문들이 얼핏 보아서는 아무 변화 없이 전자기적 정보의 물결을 뛰어넘어 목숨을 부지하고 있기는 하지만, 그것들은 사실상 과거의 신문이 지녔던 모습과는 정반대되는 것으로 변화되어 가고 있다. 라디오와 여타의 뉴미디어들이 나타나기 이전에 신문은, (도서 및 잡지 등) 여타의 다른 모든 미디어들과 비교해 볼 때, 금방 지워져 버리는 일시적인 그리고 곧 낡은 것이 될 기억저장소였다. 기억은 망각의 처분에 맡겨져 있었다. 어제의 신문보다 더 과거인 것이자 더 낡은 것은 없다. 신문을 뉴미디어들과 비교해 볼 때, 신문이 비록 시간적으로는 뒤처지지 않고 겨우 따라오고 있기는 하지만, 그것은 화면 위에서 보여진 것과 스피커로부터 들려진 것을 고정시키는 어떤 영구적인 기억저장소가 되어 버렸다. 비록 그 기억이 신문 말고 다른 곳에서 그리고 더 영구적으로 음반 및 영상밴드들로도 고정되고 있기는 하지만, 아직까지는 이와 같은 새로운 장치들로 저장된 기억들은 신문과 같이 대량으로 발신자로부터 수신자에 이르지는 못하고 있다. 대신에 이 화자의 기억저장 미디어들은 어떤 장소에 차곡차곡 쌓여져 있고, 적당한 분배채널을 발견할 때를 인내심 있게 기다리고 있다. 따라서 신문은 라디오와 텔레비전하고 경쟁하는 것이 아니라, 앞에서 말한 이와 같은 종류의 밴드들과 경쟁하고 있다. 놀라운 사실은 신문이 여전히 존재하고 있다는 사실이 아니라, 미디어들에서의 소통정체이다. 이와 같이 변화된 그리고 어떤 잠정적으로 비디오 및 오디오밴드로 변형된 신문이 이러한 점을 심사숙고하게 한다.

문제는 영구성이다. 영구성은 "시간"(Zeit)과 구분되는 카테고리이다. 전자기화의 경향 이래로 "신문"[Zeitung; 시간화] 대신에 "영구화"(Dauerung)에 대해 전보다 더 이야기할 수 있는 근거가 생겼다. 신문에 게재된 소식은 라디오와 텔레비전을 통해 보도된 것보다 더 오랫동안 지속될 수 있어야 하고, 그것은 더 오랫동안 수용자의 현재 속에 머무를 수 있어야 한다. 전자기화된 상황에서도 발신자는 대체적으로 신문과 거의 마찬가지인 메시지들을 발송하고 있지만, 메시지들은 보조수단이 없는 ("비물질적인") 것이기 때문에 그것들은 끊임없이, 현재 속에 잠시도 머무르지 않고, 시간을 통과해 가고 있다. 수신자는 메시지를 지나가는 시간으로부터 그의 기억 속으로 빨아들여 그것들을 거기에서 다음번에 다가올 어떤 행동을 위해 저장할 것을 요구당하고 있다. 이에 반해서 신문지는 하나의 인공적인 기억저장소이고, 그것은 손으로 쥐여지고 구겨지고 절단되는 것, 간단히 말해서 파악[Begreifen; 붙잡다]되기를 허용하고 있다. 따라서 수용자의 기억력에 또 부담을 지운다. 그래서 종이는, 대리석과 청동판에 비해서는 한때 덧없이 지워져 버리는 기억매체였으나, 전자기적 미디어와의 관계 속에서는— 밴드와 판이 이 역할을 넘겨받을 때까지는— 하나의 영구적인 기억의 버팀목이 되고 있다.

"영구성"이라는 개념은 시간을 초월해서 영원성과 유사한 "정지된 지금"(nunc stans)의 방향을 가리키고 있다. 신문이 시간화 대신에 영구화로 되고 있다는 점, 즉 영원한 것의 방향을 가리키는 메시지가 되고 있다는 점은, 신문을 위해서 글을 쓰는 사람들 중 많은 사람들에 의해 의식되고 있지만, 그것을 수용하는 사람들에게는 전혀 의식되고 있지 않다. 왜냐하면 수용자에게 있어서 신문은 삐라(날아다니는 종잇장)라는 신문 자체의 고유한 성격을 유지하고 있기 때문이다. 수용자는 신문보다 멀리 날아간다. 이렇게 해서 생긴 신문에 대한 태도라는 측면에서 볼 때, 글쓰는 사람과 대부분의 독자 사이에서의 거리감은 신문에 대한 전자기적 발신자 측으로부터의 경쟁압력보다도 더 신문산업의 미래적 상태를 회의적으로 만들고 있다. 이러한 거리감을 임시방편으로 메우기 위해, 신문의 레이아웃은 신문에서 영구화하고자 하는 기사들을 나머지 기사들로부터 분리시키려고 시도하고 있다. 즉 극소수의 독자들이 이와 같은 방식으로 영구적으로 작성된 텍스트들을 나머지 텍스트들과는 다르게 취급(예를 들면 별도로 스크랩하는 것)할 것이라는 막연한 희망을 지닌 채. 따라서 신문의 내용 속에서 하나의 내적 모순이 생성된다. 즉 신문의 내용 중 한 부분은 도서관으로 향하고 나머지의 대부분들은 쓰레기통으로 던져진다. 따라서 완전히 다른 유형의, 신문에 글쓰는 사람들 중 한 부류는 도서관들을 위해 쓰고, 다른 부류는 쓰레기통을 위해 쓰고 있다. 그리고 이와 같은 기준에 따라 신문은 두 부류로 나눠질 수 있다. 즉 대체적으로 도서관에 적합한 신문과 그 대부분이 휴지통에 적합한 신문.

다소 경박하게 표현하자면, 휴지통을 위해 글을 쓰는 사람들은 저널리스트들이고, 다른 부류의 사람들은 신문기고가라고 할 수도 있다. 첫 부류의 사람들은 신문사의 직원으로서 "자유로우면서도 구속받는" 저널리스트들로 분류되고, 두번째 부류의 사람들은 상시적이면서도 임시적인 "자유인"들로 분류된다. 이와 같은 분류시도를 어떤 가치평가적인 시도로 간주하는 것, 가령 기고가를 저널리스트들보다 더 높이 평가하거나 (이 같은 사례는 소아적 엘리트주의에 의해 종종 저질러지고 있다), 저널리스트들을 기고가들보다 높이 평가하는 것(이것은 대부분의 신문 독자들의 부주의한 시각 속에서 행해진다)은 오류이다. 신문 글쓰기에 관해 위에서 제안된 구별은 가치로부터 자유로우며, 다시 말해서 그 구별은 이러한 글쓰기에 무관심하게 [이해관계 없이] 마주하고 있다.

이러한 무관심성(과학성)은 기고가뿐만 아니라 저널리스트들의 뜨거운 앙가주망과는 현격한 대립을 이루고 있다. 기고가들 즉 영구화의 자세를 취하는 이러한 글쓰는 사람들의 앙가주망은 글쓰기에 대한 그들의 시각으로부터 쉽게 통찰될 수 있다. 이 사람들은 어떤 역사의식을 지니고 있으며, 그들은 시간 속에서의 실천을 통해 영원성과 관계하고자 한다── 거기에서 자신의 사고들을 보존하려고 하든지, 아니면 거기에서 신문에 인쇄된 그들의 이름을 보존하려고 하든지 간에. 신문은 그들에게서는 시간으로부터 영원을 향해 타고 갈 그리고 동시에 수많은 독자들을 함께 데리고 갈 교통수단이다.

그러나 저널리스트들 즉 쓰레기통과 관계하면서 글을 쓰는 이러한 사람들의 앙가주망은 글쓰기라는 시각으로부터는 더 이상 파악될 수 없다. 그들은 극단적인 경우에는 자신의 목숨을 걸 준비가 되어 있는 사람들이지만, 때로는 전쟁 같은 대사건들도 신문이라는 우회로를 통해 결국 쓰레기통으로 들어가 버리도록 하는 경우도 있다. 그들 자신에게 고유한 어떤 것(사상·감정·가치라든지 아니면 단지 그들의 필명이든지 간에)을 위해서가 아니라 어떤 정보를 위해서, 그들은 자신의 생명을 바칠 준비가 되어 있다. 이러한 저널리스트들은 다가오는 정보사회의 영웅들인데, 왜냐하면 그 사회는 영구성을 포기했으며, 그 사회에서는 시간이 더 이상 역사적으로 구조화되어 있지 않기 때문이다. 저널리스트들의 영웅적 자세를 기리는 미래에 나타날 완전한 신화론이 집중될 것이며, 우리는 이미 이러한 신화론이 어떻게 프로그래밍되어지고 있는지를 관찰할 수 있다.

자신의 역사의식을 지니고 있는 신문기고가들은 책이나 편지를 쓰는 사람과는 단지 "신문"이라는 매체에 의해서만 구별되어질 수 있다. 그들은 다른 사람과 함께 세계를 변화시키고 세계를 넘어서기 위해서 그 사람에게로 손을 뻗으려고 애쓰는 바로 그런 글쓰는 사람들이다. 그러나 저널리스트들은 다른 수단을 가지고 있다. 19세기에, 최초의 전자기적 미디어들이 아직 나타나지 않았을 때, 그들은 사진사들과 공동으로 최초의 "정보화된" 인간들, 즉 새로운 의식의 발전에 협력하는 사람들이었다. 저널리스트와 사진사 사이의 이와 같은 정신적 공동체, 긴밀한 친족관계는 오늘날까지 신문 속에서 보존되어 오고 있다. 그것은 저널리즘적 신문기사들 속에서 사진과 텍스트의 결합을 낳고 있는 내적 이유이다. 그러나 전자기화의 경향에 직면하여, 저널리스트들의 독특한 실존에 적합한 미디어는 라디오이거나 나아가 텔레비전이다. 신문이 영구화되기 시작한 이래로 저널리스트들은 점점 더 분명히 신문으로부터 나와 뉴미디어들(거기에 이제 미래의 주인공들이 있다)로 이행하고 있다. 신문은 점점 더 분명히 기고가들의 유희공간이 되며, 영구적으로 구제될 수 없는 바로 그러한 글자조각이 되어 버린다. 여기서 "영구성"은 이제 정보적 상황에 맞지 않게 된다.

신문들 즉 "언론"(Presse)에 대해 소위 말하는 제4의 권력이라는 표현은 하나의 시대착오이다. 19세기에는 물론——그리고 20세기 전반기에도 여전히——그와 같은 주장은 정당한 것일 뿐만 아니라, 예언적이기조차 했다. 언론인은——과거의 시점으로부터 관찰해 본다면——"제4의" 권력이다. 즉 그 권력은 기존의 세 가지 정치권력(여전히 그렇게 불리고 있다)들에 최신의 권력으로 추가되어졌다. 미래의 관점으로부터 본다면 그것은 "제1의" 권력이다. 그 제1의 권력 속에서는 사상 처음으로 권력이 바로 정보가 생산되고 분배되는 곳에 존재하고 있다는 사실이 나타나고 있다. 이것은 미디어 복합체인 거대신문과 신문기업군들의 생성현상을 설명하는 것이다. 서서히 부패해 가는 거대신문과 신문기업군들의 시체들이 대기권을 병균으로 가득 채우고 있다. 권력은 바로 그 곳, 우리가 이미 알고 있듯이, 정보들이 어떤 전지구적으로 분산된 조합게임 속에서 생성되고 있는 바로 그 곳에 있다. 언론의 위력에 대해서라면 오늘날에는 단지 노스텔지어의 심정으로 얘기될 수밖에 없다. 언론은 현재의 의사결정 핵심부들보다 앞선 선구적 한 형태에 다름 아니다.

이것은 특히 다음과 같은 사실에서 인식될 수 있다. 즉 언론은 재래의 정치적 카테고리들을 수공업적으로 취급하고 있지만, 현재의 의사결정핵심부들은 이것들을 사이버네틱적으로 파악할 수 있다. 어떤 정당을 위해 발언하는 신문들이 있고, 그리고 초당파적 혹은 비당파적이라고— 이 경우에 그들 자신이 누구의 말을 하고 있는지 언급하지 않는다— 강조하는 신문들도 있다. 신문을 통해서 어떤 정치적인 의견을 읽으려고 그리고 그 배후에서 또 다시 표명되지 않은 이해관계를 읽어내려고 시도하는 비평가들도 여전히 존재하고 있다. 전체는 새로운 권력상황에 직면하여 하나의 유령적 성격을 지니고 있다. 의사결정의 수뇌부들은 자동화되어 가고 있고, 그들은 복잡하게 서로를 간섭하고 있으며, 내려진 결정들은 더 이상 정치적으로 파악될 수 없다. 즉 그것들은 더 이상 이해관계의 기능들이 아니며, 다른 기계장치 기능들의 한 기능들이다. 언론은 이것을 은폐시키고 있는데, 왜냐하면 그것은—— 살아남기 위해—— 몰락하고 있는 것으로 파악되는 정치적 권력에 매달리고 있기 때문이다. 만약 신문이 더 이상 존재하지 않고 라디오와 텔레비전만이 존재할 것이라면, 현재와 같은 권력의 탈정치화와 사이버네틱화는 점점 더 분명히 나타나게 될 것이다.

언론은 더 이상 권력으로 간주되어질 수 없으며, 그것은 다만 하야한 권력들이 목숨을 부지하려는 마지막 시도로서 간주될 수 있다. 하야한 권력들이 신문을 통해서 여전히 자신을 표현할 수 있는 것처럼 보이지만, 실제로 그것은 아무것도 더 이상 이야기해서는 안 된다. 텔레비전에서의 정치적 방송들이 이것을 증명하고 있다. 텔레비전에서는 정치적 발언이 새로운 정보적 의식방식으로부터 양분을 얻고 있다. 즉 정치는 "이미지"의 문제라고 단지 이렇게 부정확하게만 이야기되고 있다. 왜냐하면 "비디오 캐스팅"이 대통령 후보자를 결정하고 있기 때문이다. 신문은 정치적·역사적 의식의 최종적 도피처이다. 그리고 이러한 의미에서 신문은, 비록 그것이 스스로를 진보적이라고 칭할 때조차도 그리고 그럴 때는 특히, 퇴행적이다. 신문은 진보적인 생산방식으로써도 그리고 진보적인 레이아웃으로써도, 진보적인 배포방식으로써도 그리고 그 신문에 참여하는 진보적인 기고가의 진보적인 기고문으로써도, 이와 같은 퇴행적인 경향을 만회할 수 없다. 신문은 퇴행적이다. 왜냐하면 그것은 하나의 문자로 된 조각, 즉 역사적 의식의 한 산물이기 때문이다. 따라서 그것은 막 출현하는 탈-역사적 상황에 직면해서는 권력을 잃게 되는 것이다.

　신문은, 전자기적 송신자들의 비디오 및 오디오밴드들의 공세와 더불어 밴드들이 대규모로 값싸게 (아마도 "공짜로") 모든 가정에 침투하여 그 곳에서 비디오 및 오디오데크 속으로 저장되자마자, 사라질 것이다. 많은 신문들은 스스로를 비디오 밴드들 속으로 입력시킴으로써 살아남으려고 시도하고 있다. 아마도 특히—신문의 목숨을 연명해 주고 있고 또 신문의 존재목적이기도 한—여전히 신문들에게 남겨져 있는 쪽지광고를 얻어내기 위해서일 것이다. 그러나 이것은 단지 하나의 핑계거리이다. 광고는 힘들이지 않고 전자기적 발신자에 의해서 흡수당할 수 있다. 사실 이와 같은 절망적인 살아남기 시도에서 중요한 것은 정치적 의식을 또한 문자의 몰락 이후에도 계속 유지하는 것이다. 왜냐하면 비디오 신문들은 탈-정치화하는 것이 아니라 오히려 더 정치화하기 때문이다. 이것은 모순되는 시도이다. 정치적 의식은 알파벳적 코드 속에서 표현되고 있다. 그것은 그 구조상 영상들과 음향들로 코드변환될 수 있는 것이 아니다. 왜냐하면 그럴 경우에는 정치의식의 본질적인 측면인 선형성과 과거로부터 미래로의 계속적인 글쓰기를 상실해 버리기 때문이다.

　신문과 더불어 역사의식의 마지막 잔재는 사라질 것이다—그리고 역사의식과 더불어 역사적 자유도 사라질 것이다. 단지 외계로부터 온 관찰자들에게만이 19세기와 20세기 전반기에 자유를 위한 투쟁이 얼마나 언론의 자유를 중심으로 집중되었는가 하는 점이 의외로 받아들여질 것이다. 도대체 왜 신문에 글쓰는 사람의 자유가 모든 종류의 제한들로부터의 인간의 실존적 자유에 그리고 모든 종류의 행동에 그렇게 중요했을까? 그 이유는 언론의 자유 속에서는 정치적 자유가 표현되고 있기 때문이다. 언론의 자유는 실존적 자유의 기초로 간주된다. 이것은 단지 외계로부터 온 관찰자에게만 진실이 아닌 것으로 들릴 것이다. 왜냐하면 (그것이 무엇을 의미한다고 할지라도) 정치적 자유가 실존적 자유를 위장하고 있고, 그래서 사람들에게 정치적 자유가 주어져("주어져 있다"는 것은 특히 신문읽기를 통해서이다) 있으면서도 정치적 자유가 실존적으로 완전히 조건지어져 있고 완전히 목적 없이 소모되고 있다는 데 대해서는 그 외계인이 의문을 품을지도 모르기 때문이다. 이러한 문외한의 질문에 대한 대답은 우리가 신문의 사라짐에 대해 문제를 제기하는 방식과 마찬가지로 내려져야 될 것이다.

우리가 정치적 자유 속에서 자유 일반을 위한 기초를 인식하고 있다면, 사이버네틱에 의해 조정되는 정보생산 및 분배를 통해 신문이 추월당하는 것에 대해 우리는 경악할 것이다. 우리가 정치적인 자유 속에서 실존적 자유의 어떤 이데올로기적인 연막을 발견하고 있다면, 우리는 신문을 추월하기 직전에 하나의 대안을 앞두게 된다. 신문 즉 비판의 마지막 잔재가 사라지자마자, 중앙에서 조정되는 발신자들이 모든 인식·가치평가 그리고 체험을 프로그래밍해서, 결국 자유에 관해서는——그 단어 자체가 더 이상 의미를 지니지 않기 때문에——논의 자체가 될 수 없게 되든가, 아니면——신문 즉 중앙에서 뿌려지는 이 삐라가 사라지자마자——새로운 네트워크화된 정보생산들이 가시화되느냐이다. 따라서 그런 연후에야 비로소 실존적인 자유에 관해 이야기하는 것이 의미를 지니게 된다.

신문들은 중앙에서 뿌려지는 전단들이다. 그것들은 구조적으로 파시즘적이다. 단지 이와 같은 파시즘적인 구조 속에서만 이 언론의 자유(그리고 정치적 자유)가 논의될 수 있었다. 신문의 사라짐은 논의 밖에 있다. 신문의 파시즘적 구조가 그대로 현재 나타나는 뉴미디어들에서도 (현재 그러하듯이) 아마 보다 강화된 채로 전이될지의 여부, 반대로 신문의 사라짐에 의해서 또 다른 네트워크적 성격의 탈중앙적인 미디어 회로도가 시야로 들어올지의 여부가 중요한 문제이다. 즉 문제되고 있는 것은 바로 자유이다.

15. 종이거래

여기서 의미하는 종이거래(Papierhandlung)란, 종이가 우리에게 요구하는 그리고 우리를 유혹하는 그러한 행위(Handlung) 내지는 학대(Mißhandlung)가 아니라, 글쓰기용품(Schreibware)들이 공급되는 상점들이다. 아마도 여기에서 의미된 장소들에서는 종이거래들이 최우선으로 행해지고 있다. 글쓰기용품 상점들이 바로 여기에서 의미되는 종이거래이다. 왜냐하면 문자의 몰락 이후에는 글쓰기용품 가게들도 우리의 세계로부터 사라질 것이기 때문이다. 정보들이 개인적 공간 속에서 화면상으로 호출될 때가 되면, 모든 사람들이 여전히 관심을 가지고 있는 물건들을 중앙분배소의 케이블을 통해 호출할 수 있게 될 것이고, 따라서 모든 상점들(그리고 도시)은 쓸모없게 될 것이다. 그러나 글쓰기용품 상점들의 사정은 다를 것 이다. 그것들은 상점으로서는 쓸모없게 되고, 마찬가지로 그 상점에 의해서 제공되는 물건도 쓸모없게 된다. 정보적 혁명은 하나의 정치적 혁명이다. 즉 도시(폴리스)는 몰락하고 있다. 그리고 도시는 하나의 문화적 혁명이다. 글쓰기 문화는 몰락하고 있다.

문자문화가 어떻게 몰락하고 있느냐 하는 것은 종이거래에서 관찰될 수 있다. 종이의 소비량은 타자기와 그것보다 더 오래된 필기도구에 의해서라기보다는 점점 더 워드프로세서에 의해서 증가되는 추세인데, 워드프로세서에서 관찰될 수 있는 것은 글쓰기가 더 기능적이 되었고 더 이상 종이를 집어 삼켜먹지 않는 인공지능들에 굴복하고 있다는 점이다. 종이거래의 매출양은 종이를 매장시키려고 하지 그것을 찬양하려고 하지 않는다. 이와 같은 매장에 대한 대부분의 멜랑콜리적인 관점은 아마도 타자기들일 것이다. 우리가 타자기들에 대해서 탄식하고 있는 것은 가령 낡은 기술적 자판과 악의적으로 항상 또 다시 뒤죽박죽 얽히는 타자기 잉크리본이 아니라, 어떤 문자숫자적 기억이다. 새로운 자판들과 손을 더럽히는 타자기 잉크리본의 소멸은 비록 환영할 만한 일이지만, 자모음·아라비아 숫자 그리고 §·& 또는 $과 같은 모험적인 표의적 기호들이 우리에게서 더 이상 신뢰되어지지 않을 것이다.── 마치 그것들이 우리와 함께 비밀스러운 주문 속에서, 다시 말해서 문자숫자적 코드의 주문 속에 존재하는 것인 양. 이것이 탄식되어져야 할 것이다.

두뇌의 기억 속에 자모음들이 어떻게 저장되어 있는가, 그리고 자모음들이 저장되어지는 어떤 특정의 두뇌장소가 존재하느냐 하는 것은 잠정적으로는 아직 정확히 결론이 내려지지 않고 있다. 그 문제 자체는 유쾌하지 못하다. 가령 호모 사피엔스 사피엔스의 출현과 더불어 두뇌 속에, 따라서 지상에서 생명의 출현 이래로는 발생적 정보 속에 어떤 자모음이 저장되었을까? 아니면 이러한 두뇌기능이 비로소 3천 년 전에 생성되었는가? 이 문제에 해답을 내리면(그것을 바로 눈앞에 두고 있다), 아마도 다위니즘과 또한 라마르크주의가 극복될 것이다. 그러나 타자기에서는 그 문제가 다르게 제기된다. 거기에서는 자모음들이 특정한 문자언어와 관련된 그것의 사용빈도라는 기능에 따라 저장되며, 따라서 가장 자주 사용되는 자모음들은 타자하는 손가락에 의해 편안하게 호출될 수 있게 되어 있다. 이것은 응용정보이론에 의거한 배려이지만, 이 이론이 형성되기 오래전부터 그랬다. 타자기는 이론과 실천 사이의 변증법에 관한 인식론적 문제에 기여하고 있다.

여기에서 또 다른 변증법이 언급될 수 있다. 다시 말해서 우리가 타자하는 정도에 비례해서 자모음들이 우리의 두뇌 속에 저장된다. 자모음순서 ABCDE는—만약 우리가 영어나 독일어 타자기를 가지고 있다면—QWERT로 자판에 배열되어 있다. 타자기가 존재한 이래로, 자모음이 추는 춤이 우리의 두뇌 속에서 행해졌음에 틀림없으며, 그 춤의 안무법은 우리 사고의 어떤 중요한 측면을 통찰하고 있음에 틀림없다. 두뇌와 타자기의 (눈과 손가락을 매개로 하는) 변증법은 타자기의 한 부분이 우리의 두뇌 속으로 그리고 우리 두뇌의 한 부분이 타자기 속으로 걸어 들어가도록 영향을 미친다. 타자기가 두뇌의 한 부분을 차지함으로써, 그전에 존재했었던 우리 두뇌의 한 부분을 잃어버렸거나—좀 더 낙관적으로 말하자면—하나의 두뇌기능이, 다른 기능을 수행하기 위해, 자유로운 상태로 남는다.

그래서 대상적 세계에 대한 주체의 경계구획에 관한 문제(즉 자아와 비자아의 구별에 관한 문제)가 첨예하게 제기된다. 소위 말하는 자아-핵심과 소위 말하는 비-자아 사이에 놓여 있는 다층적인 회색지대가 나타난다. 만약 내가 나의 손톱을 자르거나 나의 맹장을 수술한다면, 팔 하나를 마취하거나 모든 조직들을 인공 조직들로 대체한다면, 이로써 나와 세계 사이의 경계는 어떤 식으로든 변화되지 않을까? 만약 내가 피우던 파이프를, 나의 낡은 옷을 혹은 심지어 나의 집을 나에게서부터 박탈해 버린다면, 이러한 관계에서 발생하는 것은 무엇일까? 회색지대에서는 존재론적으로 "나의" 육체와 "나의" 연장(도구)이 좀처럼 구별되지 않는다. 손톱들은 파이프보다는 자아-핵심으로부터 더 멀리 떨어져 있다. 이와 똑같은 것은 약간 변형시키면 "나"의 기억에도 적용된다. 손톱들은 나의 기억 속에서 저장된 셰익스피어보다──비록 손톱들이 안으로부터 밖을 향해 자라고 셰익스피어는 밖으로부터 안을 향해 회색지대를 통과해서 들어오는 것처럼 보이지만──자아-핵심으로부터 훨씬 멀리 떨어져 있다. 타자기가 사라진다면, 어떤 것이 회색지대로부터 떨어져 나간다. 이러한 어떤 것은 나의 자아-핵심에 가까이 있는 것이다. 만약 이 자아-핵심이 하나의 신화라고 판명될 경우에, 다시 말해서 내부로 향해 농축되는 회색지대로 판명된다면, 타자기의 소멸은 자아 자체의 빈곤화로 간주될 수 있다. 이것은 우리가 글쓰기의 몰락에 관해 회의적으로 생각할 때마다 우리를 엄습하는 그러한 경악의 한 측면이다.

　　모든 글쓰는 사람들이 전부 타자를 치지는 않으며, 타자를 치는 많은 사람들은 그와 더불어 또한 핸드라이팅도 하고 있다. 그들은 타자기와 위에서 묘사된 것과 같은 밀접한 관계를 가지고 있지 않다. 많은 사람들은 (마치 수영을 배우듯) 타자치는 법을 배워야 한다고 생각하고 있고, 이러한 견해를 뒷받침하는 타자학원 및 수영학원이 존재하고 있다. 심지어는 숙련된 타자수라는 직업도 있다. 정보화는 이러한 기이한 행태에 종지부를 찍으려고 준비하고 있으며, 타자에 있어서 중요한 것은 어떤 자동화 (즉 내면화, 자아화)이고, 그러한 자동화에도 불구하고 글쓰기는 걷는 것이나 말하는 것과 마찬가지로 하나의 동작이다. 그렇지만 그것이 동작임에도 불구하고 우리는 우리 자신이 그것을 언젠가 배운 적이 있었는지조차도 망각하고 있다.

모든 글쓰는 사람들이 모두 타자를 치는 것이 아니라는 사실은 종이거래에서 알 수 있다. 종이거래상들은 타자기뿐만 아니라 또한 다양한 종류의 필기용 도구들을, 타자기용 및 프린트용 종이뿐만 아니라 다른 필기용 종이들을 판매하고 있다. 필기도구들 중 몇 개는 앞으로는 공짜로 제공될 것인데, 만약 그렇게 된다면 종이거래라는 콘텍스트에서는 필기도구가 여러 색깔을 갖는 것이 재고되어야만 할 것이다. 왜냐하면 다양한 색깔을 내는 필기도구는 글쓰기의 본질에 모순되며── 글쓰기보다는── 도안적인 것을 연상시키기 때문이다. 사실 글쓰기는 도안적인 것으로부터 수백 년이 걸린 발전과정을 거쳐 해방되었다. 펜들은 고풍적이다. 왜냐하면 그것은 철필(불어 "stylo"[양식·스타일])과 도안 그리기를 연상시키기 때문이다. 글쓰기 의식에 본질적으로 부합되는 것은 비로소 타자기라는 사실이— 다른 차원에서는 도서인쇄가 그에 해당된다— 드러나고 있다. 손으로 글을 쓰는 사람은 문자문화의 바깥에 있는 사람이다. 다시 말해서 아직 필상학과 필적학이 여전히 지배하던 이와 같은 중세적 분위기가 감도는 읽기 방법이 지배하는 시대에 살고 있다. 핸드라이팅은 컴퓨터 프로그램들보다는 고대의 원고단편들에 더 가깝다. 그러나 도서인쇄와 타자기에도 불구하고 여전히 핸드라이팅들이 존재하고 있다는 사실은 습관적인 동작들의 끈질긴 타성으로 해명될 수 있다. 추측컨대, 글쓰기라는 동작은 타성 때문에 아직도 오랫동안 정보적 상황과— 마치 아무 기능도 안 하는 맹장처럼— 계속 관계할 것이다. 그것이 글쓰기에 작은 위안이 될 수 있을까?

연필·볼펜 그리고 만년필보다 더 흥미 있는 것은 종이거래상에서 제공되는 필기용 종이들이다. 그것들은 묶여지지 않은 채, "끊임없이" 혹은 "묶여진 채" 놓여 있다. 묶여서 철해진 종이들 중에서 특히 주목할 만한 것은 메모용(Notieren) 종이들이다. "Note"[기호·문서], "Notiz"[통지·메모] 그리고 "notorisch"[악명의·공개된]이라는 단어들은 라틴어 "gnoscere"(알다)에서 유래되었다. 노트북(Notizheft)은 과학에 이용되고, 노트북 속에 필기하는 사람들은 공증인(Notare)이다. 다가오는 새로운 한 해가 주별·일별·시간별로 인쇄된 노트북들도 있다. 이것을 지칭하는 "캘린더"(Kalender)라는 단어는 혼동을 일으킨다. 우리는 다시 말해서 노트북과 더불어 역사의식의 한가운데에 위치하고 있다. 게다

가 (월별로 된 다채로운 그림의) 캘린더도 있는데, 그것들은 역사의
식으로부터 신화적 전역사를 가리키고 있다. 그와 같은 그림 캘
린더들과는 달리, 노트북 캘린더[다이어리]는 관찰과 여유에 이
용되는 것이 아니라 역사적 실천에 이용된다. 따라서 노트북 캘
린더를 "비망록"(Agenden)이라고 부르는 것이 더 정확하다. 노
트북 캘린더는 모든 글쓰기에 부합되는 역사의식과 역사지식을
위한 모델로 간주될 수 있다.

노트북 캘린더는 세 가지 지점으로부터 파악될 수 있다. 즉
연초·연중·연말이라는 세 가지 지점으로부터. 연초로부터 보
면 모든 역사적 행위에 맡겨져 있는 그 해의 구조, 즉 자유의 시
공간과 그 관계들이 간파될 수 있다. 두번째 지점[연중]으로부터
보면 기획들이 미래로 기투될 수 있고 자유로운 공간들이 선취
될 수도 있다. 세번째 지점[연말]에서 보면 두 가지 사실들 즉 좌
절된 프로젝트들과 그 해의 역사가 드러난다. 이 세 가지 지점을
모두 합치면, 역사적 자유개념의 내적 모순과 따라서 역사적 인
식의 내적 공간들이 간파된다. 미래로 지향된 시각은 자유로운
공간들을 주시하고, 과거로 향해진 시각은 제약들을 주시하며,
그리고 선형적인 시간에 얽매인 시각은 가능성들과 개연성들을
주시하고 있다. 따라서 회고하는 지식은 역사를 인과론적으로
설명하고, 예언하는 지식은 역사를 목적론적(finalistisch)으로 설
명한다. 많은 사람들이 원하는 대로 사태가 실현될 것이지만, 사
태는 지금껏 그것의 필연성에 의거해서 실현되었다. 노트북 캘
린더는 모순의 핵심을 보여 주고 있다. 즉 그것은 역사 밖에서는

그 어떠한 현재적 지점도 허용하고 있지 않다.

연말에 노트북 캘린더를 앞에서부터 뒤로 읽으면, 어떤 사람의 전기(Biografie)가 눈앞에 떠오른다. 그것을 뒤에서부터 앞으로 읽으면(이것은 모험적인 위험한 시도이다), 기획들에 대한 제한들과 우연들로 짜여진 세계의 저항이 눈앞에 떠오른다. 이 두 가지 모두 캘린더 메모란에 이미 인쇄된 스크린을 배경으로 나타난다. 노트북 캘린더가 더 지능적인 기억장치들과 더 분화된 미래형의 장치들에 의해 대체된다면, 달력 표면에 기입되는 메모를 대신해서 계산된 데이터들이 호출될 것이라면, 달력 종이 위에 미리 인쇄된 스크린은 시야에서 사라지고 보이지 않는 프로그램들에 자리를 내주게 될 것이다. 하나의 새로운 자유 개념이 역사적 개념을 대체할 것이고 (혹은 그것은 더 이상 존재하지 않을 것이고), 인과적·목적론적 설명들을 대신해서 (단지 어떤 것을 설명하는 것이 아직도 필요할 경우에만) 기능적인 설명들이 나타날 것이다. 역사적 의식의 드라마틱(역사의식의 비극과 코믹)은, 그것이 노트북 캘린더에 나타나는 바와 같이, 하나의 또 다른 삶의 분위기에 굴복당할 것이다.

노트북 캘린더에 적용되는 것은 모든 노트북에도 적용된다. 그 모든 것들은 잠정적으로 자유의 텅 빈 놀이터들이고, 그 놀이터는 선형적인 시간의 진행 속에서 불변의 제한들과 우연들로써 채워질 것이다. 노트북이 쓸모없게 되어 종이거래들도 쓸모없게 된다면, 이러한 희비극적 모순에 대해 머리를 싸매고 골몰하는 것은 부질없는 일이 된다.

종이거래상들은——타자기 및 펜, 타자기용 종이 및 다른 필기용 종이들과 더불어——또 다른 글쓰기 보조용품——가령 집게·바인더·접착용품——도 취급한다. 이 모든 것들이 문자기록물이라는 우주에 대한 통찰을 가능케 하고 있다. 특히 고무지우개는 정보들을 지워 버리는 것이 문제될 경우 전문자적인 기억 저장들, 텍스트들 그리고 컴퓨터들 사이의 차이점을 분명히 하고 있다. 우리의 사고를 약간 더 진척시키면, 프로이트의 억압이론을 전-알파벳적인 것이라고 증명할 수 있을 것이다. 즉 조작 실수에 의해 야기된 오타가 그 위에 다시 덧칠해서 타자될 수(억압될 수) 있다고 하더라도, 그것은 또한 지워질 수 있다. 이 에세이에 부과된 한계 때문에 필기도구에 대한 그와 같은 종류의 장광설은 자제하는 것이 유익할 것 같다.

필기도구는 종이거래상으로부터 기어나와, 나의 글쓰는 탁자[책상: Schreibtisch]로, 그리고 거기로부터 다시 휴지통으로 옮겨진다. 휴지통의 내용물은 쓰레기통으로, 다시 거기서부터 자연으로 옮겨지고, 경우에 따라서는 거기서부터 다시 새로운 필기도구로 재생되어 종이거래상으로 옮겨 간다. 그러나 휴지통으로부터 종이거래상으로의 귀환은 땅 밑에서 이루어지지 결코 글쓰기 의식 속으로 침투하지 않는다. 휴지통으로 넘어간 단계 이후에도 여전히 필기도구에 관해 이야기하는 것은 아마도 정당한 것은 아닐 것이다. 휴지통 속에 있을 때조차도 이와 같은 필기도구라는 명예칭호는 더 이상 사용되지 말아야 한다. 원래의 도구는 그의 생명을 종이거래상에게서 시작한다. 그 생명은 글쓰는 탁자로부터 휴지통으로 이르는 과도기에서 끝난다.

필기도구──즉 부조리한 순환상태 때문에 자연으로부터 문화의 쓰레기를 거쳐 다시 자연 속으로 귀환하는 이러한 도구──의 전기를 쓴다면, 글쓰기에 대한 하나의 저작을 쓰는 것이 된다. 왜냐하면 "필기도구"라는 개념은 매우 광범위하게 파악될 수 있기 때문이다. 그것은 전체 글쓰기 문화를 포함할 수 있다. 글쓰기 문화(예를 들면 서양역사)에 대한 전기는 따라서 어떤 종이거래상으로부터 발사되어 현재 휴지통으로 옮겨 가고 있는 하나의 화살로 나타나고 있다. 그리고 땅 밑 지하의 영역 즉 부조리한 순환 속에서 침묵하는 비밀의 부분은 비로소 휴지통 뒤에서, 비로소 정보적 상황 속에서 다시 나타날 것이다.

우리는 아마도 서양의 역사를 휴지통으로부터 쓸 수 있는 상황에 처해 있는 최초의 세대이다. 따라서 우리는, 만약 우리가 미래를 조망하고 있다면, 단지 우리의 휴지통 뒤에서 쓰레기만을 볼 것이다. 다가오는 세대들은 이러한 휴지통으로부터 힘들지만 기어나와야만 할 것이며, 원컨대 그들이 전체의 곡예과정을 주시할 수 있기를 바란다.

지금까지 종이거래상과 예상되는 그의 소명을 현상학적인 시각 속에서 파악하려는 시도는 단편적으로 이루어져 왔다. 종이거래의 본질적 측면, 그것이 지향하는 글쓰는 탁자는 이제 더이상 등한시되어서는 안 될 것이다.

16. 글쓰는 탁자

글쓰는 탁자[1]들이 미래의 장치들과 그리고 그것을 대체하는 장치들과 비교되기 전에, 백지상태(tabula rasa)에서 출발하는 것이 유익하다. 빈 탁자는 대체로 나무로 된 그리고 네 개의 다리에 의해서 지탱되는 평평한 판재 또는 일종의 단순화된 인공적인 짐 나르는 동물이다. 게다가 그것은 결코 도달될 수 없는 이상이다. 즉 우리는 매번 그 동물로부터 짐을 덜어주고 결국에는 한번쯤 순수한 탁자로 만들려고 계획해 왔다. 그리고 우리는 텔레비전에서 커다란 텅 빈 글쓰는 탁자들을 선망의 눈으로 관찰하는데, 그 탁자들 뒤에는 소위 힘 있는 사람들이 앉아 있다. 만약 우리 자신이 그 사람 대신에 앉는다면, 우리는 권력과 글쓰는 탁자에 대한 새로운 시각을 획득할 것이다. "권력"(Macht)이라는 단어는 동사 "원하다"(mögen)의 명사형이다. 로만계 언어에서 그 단어와의 유사어는 동사 "~할 수 있다(können)"의 명사형이다. 힘 있는 사람들이 앉아 있는 저기 저 탁자는 텅 비어 있는데도 불구하고, 그들이 원하거나 할 수 있는 것은 무엇일까? 도대

---

1 Schreibtisch; 소위 책을 올려놓고 읽기를 행한다는 의미에서의 "책상"이라는 한자문화권적 표현과 이 "글쓰는 탁자"라는 독일어 표현은 기본적으로 글쓰기에 대한 동·서양의 문화적 차이를 표현하고 있다고 할 수 있다.

체 가능성들과 잠재성들이 그들로부터 튀어나와 무로 돌진하지 않을까? 그리고 그것들은 바로 그러한 탁자 위에서 해결될 조직된 카오스 속에서 스스로를 실현하지 않을까? 권력에 대한 현상학은 수백 년 동안의 반현상학적 논의 이후에 다음과 같은 점을 전제하고 있는 것 같다. 즉 이 경우 중요한 것은 대상들 속에서 현실적인 것이 되는 가능성들의 돌출이며, 다시 말해서 권력은——우리가 그것을 행사할 수 있거나 또는 그에 대항해서 가령 투쟁할 수 있는——어떤 현실적인 것이 아니라, 비로소 현실화되기 위하여 저항을 찾고 있다는 것이다. (예를 들면 빈 탁자의 경우에) 저항의 거부는 곧 권력의 부정이다. 그리고 이것을 통찰하기 위해서라면 우리가 군이 간디가 될 필요는 없다. 하나의 빈 탁자를 상상해 보는 것만으로도 충분하다.

우리를 이 종이가게로 가도록 하고, 거기에서 이 모든 필기 도구들을 사 모으게 하며, 매번 그것을 새로 갈아끼우고 우리의 글쓰는 탁자를 채우도록 우리를 유혹하는 것은 바로 권력에의 의지이다. 그러나 여기서 의미하는 것은 권력 일반에 대한 어떤 의지가 아니라, 아주 특정한 권력, 다시 말해서 소위 말하는 펜의 권력에 대한 의지이다. 비록 여러 유형의 권력들이 존재하고 있지만, 이러한 종류의 권력은 대체로 창칼의 권력에 대립되고 있다. 펜에 의해서 방출되는 권력, 그것으로부터 출발하는 가능성들과 잠재성들(펜들의 장)은 하나의 특수한 구조를 지니고 있는데, 아마도 펜의 장이론(Feldtheorie)이라는 것이 여전히 여기에서 설명될 수 있을 것이다. 만약 어떤 자력의 장 속으로 쇳조각들이 빨려들어 간다면, 우리는 어떻게 이 힘이 현실화되는지를 알 수 있다. 비록 우리가 장의 영역 속으로 적어도 전자기적 장의 영역 속으로 들어가는 것과 똑같이 깊이 빠져 있지만, 그럼에도 불구하고 우리에게는 이와 관련해서 이론을 정립하는 아인슈타인과 같은 천재가 없다. 아마도——"자연의" 장들과는 달리——이데올로기적 장들은 그것들이 개별적으로 통찰되기 전에, 이미 항상 이데올로기적으로 획일화되어 있기 때문이다. 펜의 장을 포함한 모든 권력의 장들을 변증법적으로 하나의 기본적인 장(경제적 "하부구조"의 기본장)으로 소급하려고 하는 마르크스주의적 시도는 그것의 한 사례다. 모든 장들의 그와 같은 환원을 아인슈타인도 알다시피 성취하지 못했다. 왜냐하면 이미 잘 알려진 다양한 장들의 개별사실들이 그에 저항했기 때문이다.

글쓰는 사람들을 종이가게로 유혹해서 펜의 힘을 장악하도록 하는 것은, 비록 장이론이 전혀 언급되지 않고 있지만, 이 에세이에서 부분적으로 언급되었다.

원형적 순환을 행들로 똑바로 펴고 이러한 행들의 도움으로 타인들에게 도달하려는 의지는 펜의 힘을 장악하도록 글쓰는 사람을 종이가게의 입구로 유혹한다. 특정한 권력[힘]에 대한 이러한 의지가 서양문화라는 형태로 현실화되고 있다는 사실, 그리고 이러한 의미에서 펜들의 권력의 장이 우리 사회의 "하부구조"로 지칭될 수 있다는 사실은 이 에세이가 암시하고자 하는 바이다——다른 시각장들로부터 또 다른 권력의 장들이 "하부구조"를 이룰 수 있다는 점이 여기서 배제되고 있는 것은 아니다.

이러한 특정한 권력에의 의지는 글쓰는 탁자를 출발점으로 취하고 있다.

평균적인 글쓰는 탁자 위에서는 카오스가 지배한다. 종이들, 집게들, 바인더들, 재떨이들, 타자기들, 전화 그리고 다른 도구가 그 위에 놓여 있고 탁상용 램프에 의해 밝게 조명되고 있다.

평균적인 글쓰는 탁자는 없다. 그리고 "카오스"라는 사태 속에서 어떤 통일이 비로소 생성 중에 있다. 평균적인 글쓰는 탁자는 이론적으로 모든 글쓰는 탁자들로부터의 하나의 추상이며, 글쓰는 탁자의 모든 현상학은—여기 그리고 지금 이 글쓰는 탁자를 평균적인 글쓰는 탁자와 동일시하려는 주제넘은 의식을 지닌 채—여기 그리고 지금이라는 구체적인 글쓰는 탁자로부터 출발해야만 한다.

"카오스"란 여기서 (잠정적으로) 그 구조가 아직 통찰되지 않은 상황 내지는 어떤 구조가 통찰된 연후에도 생성 중인 상황으로 이해되어진다. 다시 말해 "카오스"란 질서들이 아직 고정되지 않은 그리고 질서가 완전히 파악되지 않은 바로 그것이다.

나의 글쓰는 탁자 위에서의 카오스는 자연과학들의 우주 속에서의 카오스에 일치하고 있다. 그 카오스를 잘 알지 못하면서 접근하는 사람은 하나의 혼돈스러운 뒤죽박죽 상태를 발견할 것이다. 그런 다음에 그는 그 속에서 연관관계를, 그의 잘못된 착각 속에서 하나의 방법을 확신하기 시작한다. 글쓰는 탁자 앞에 앉아서 글을 쓸 때마다 나는 하나의 놀라운 코스모스(Kosmos)에 자리잡고 있다. 즉 모든 것이 자기 자리에 그리고 자기 역할에 자리잡고 있다. 나는 이 경우 나의 글쓰는 탁자의 아리스토텔레스 같은 철학자이고 뉴턴 같은 과학자이다. 즉 모든 필기도구는 자기 자리에 위치하고 있고, 만약 그 자리를 떠나야 할 경우라도 다시 그 자리로 되돌아와야만 한다. 모든 필기도구는 만약 우리가 탁자의 질서를 안다면, 현재·과거 그리고 미래 속에서 정확하게 그 위치가 잡힐 수 있다. 그러나 내가 나 자신과 나의 탁자 앞에서 물러나 탁자와 나 사이의 복잡한 관계를 주시한다면, 나는 점점 더 하이젠베르크적으로 된다. 즉 내가 내탁자 위의 질서라고 간주했던 것이 실은 내 자신이 글쓰는 탁자위로 투영시켰던 하나의 조잡한 단순화임이 폭로될 것이다. 내가 가령 탁자 위에서 바늘을 찾을 때마다 이것이 증명된다. 그런점에서 나의 글쓰는 탁자 위에서는 카오스가 지배하고 있는 셈이다.

이제 나는 권력에, 다시 말해서 두 장의 하얀 종이와 먹지를 타자기 속으로 끼워 넣기 위해 카오스에 개입하고 있다. 나의 시선은 종이들을 향하지도 타자기를 향하지도 않고 있다. 그것은 이것들을 넘어서서 쓰여져야 될 텍스트에 맞춰져 있다. 전체의 글쓰는 탁자는 단지 하나의 경시당해 왔던 수단이다. 그 수단은 잠정적으로는 여전히 몽롱한 목적으로부터 해방되어 있다. 그 어떠한 권력장악도 이와 같은 수단의 해방을 지향할 수 없었다.

그러나 우리는 이 수단을 경시하지 않고 그것을 진지하게 관찰하려고 노력할 수 있다. 이 경우 생성되는 것은 물론 기이한 혼돈이다. 즉, 내가 종이와 타자기를 주목하면 할수록, 내가 의도했던 문서는 점점 더 모호해진다. 여기에서 감행된 글쓰는 탁자에로의 시각은 텍스트를 시각의 장으로부터 추방시킨다. 따라서 권력이 없는 사람들의 측에서 권력 있는 자들에게로 제기된 요구——권력자들이 수단을 사용하기 전에 그 수단을 한번쯤 고려해 보기 바란다는 요구——는 이미 거부되고 있다. 왜냐하면 힘 있는 사람들에게 요구되고 있는 것은 그들이 바로 무기력하게 되라는 것이기 때문이다. 그리고 사실상 탁자 위로 향해진 시각은 글쓰기의 무기력을 가리키고 있지 결코 글쓰기의 권력을 가리키고 있지는 않다. 고대인들의 격언 "끝맺음을 잘하라 (respice finem)"는 아마도 항상 죽음을 생각하라는 것을 의미하고 있는 것 같다. 그러나 그 격언은 또한 탁자 위로 응시하라, 즉 스스로를 수단들에 의해 절름발이로 만들지 말라는 충고로 해석될 수도 있다.

내가 (글을 쓰지 않고) 탁자를 응시하기 위해 탁자에 앉는다면, 탁자는 나를 싸늘하게 대한다. 특히 두 가지 이유에서인데 필기도구에 적대하는 두 가지 도구——다시 말해 전화와 라디오, 즉 글쓰기라는 우주에의 두 가지 외계적 침입자들——가 그 위에 놓여 있기 때문이고, 펜들의 권력——그것은 억압되지 않는 "정신"의 한 권력형식이고자 한다——은 필기도구의 간계에 결합되어 있음을 나타내기 때문이다.

먼저 책상 위에 있는 이 두 외계인(ET)을 고찰해 보면, 마치 두 외계인에게서 중요한 것은 글쓰기 속으로 서로 상반되는 두 가지 정보화 형태의 출현인 것처럼 보인다. 라디오는 배경음악을 전달해야만 하고 글쓰기에 도움이 된다. 만약 전화가 거의 백치와도 같이 완고한 방식으로 울려댄다면, 그것은 글쓰기를 중단시키게 된다. 따라서 추론될 수 있는 것은, 다가오는 정보화가 비록 우둔하게도 글쓰기를 방해하고 있기는 하지만, 펜의 힘은 정보화를 자신을 위해 이용하는 데 성공할 수 있다는 사실이다. 그러나 이것은 잘못된 결론이다. 라디오에 의해서 전달되는 배경음악은, 글쓰기 중에 생산되는 정보들과 구분·대조를 이루는 그러한 백색소음이 아니라(커뮤니케이션 이론은 이에 관해 설명하고 있다), 그것은 한마디로 글쓰기에 대한 깔보기이다. 그것은 글쓰는 사람에게 다음과 같이 귓속말로 속삭인다. "너에 의해 생산되는 정보는 궁극적으로 독자가 아니라, 나의 검은 상자 속으로 향해진 것이며, 결국은 배경음악으로 굳어져 버릴 것"이라고. 그리고 끈질기게 울리는 전화벨 소리는 글쓰기를 중단시키는 것이 아니라, 그것을 분해해 버린다. 그러고는 "나의 내부에서는 새로운 권력이 표현되고 있으며, 붓으로 그것에 저장해도 쓸모없다"고 말할 것이다.

텔레비전에 비친 힘 있는 사람들의 텅 빈 글쓰는 탁자들은, 눈에 띄든지 혹은 그렇지 않든지 간에, 쭉 늘어선 전화기부대를 이끌고 있다. 좀 더 큰 힘을 가진 사람의 경우에는 그 중에 빨간(비상) 전화가 있다. 권력자들은——결코 글을 쓰기 위해서가 아니라——전화기를 사용하기 위해 글쓰는 책상 위에 앉아 있다. 이러한 기능은 권력으로 간주된다. 비트겐슈타인적인 문제가 여기서 제기된다. 즉 "이것은 글쓰는 탁자이다. 그러나 이것은 글쓰기에 사용되지 않는다"라는 문장은 무슨 의미를 지니고 있는가? 글쓰는 탁자 위에 있는 두 개의 외계인들은 질름발이들이다. 왜냐하면 그들은 펜의 권력과 "권력"의 개념을 부정하고 있기 때문이다.

탁자 위에 있는 나머지 도구에 주목한다면, 상징조작으로서의 글쓰기라는 정의는 문제의 소지가 있다. 사실 내가 글쓰기에 있어서 자모음과 같은 연약한 도구(소프트웨어) 그리고 그것들에 의해 의미된 언어에 대항해서 투쟁하고 있는가, 아니면 내가 특히 얽힌 타자기 리본의 완강한 고집, 철해진 노트 그리고 희망 없이 내버려진 종이들과 관계하고 있지 않는가? 눈물(가령 더 이상 공손하지 않은 타자기에 대한 분노의 눈물) 젖은 빵을 먹어 보지 않은 사람은 펜의 위대한 위력을 알지 못한다. 문학비평은 단지 글쓰기에서 위대한 것만을 보려고 하지——가령 굴라크[솔제니친의 수용소 군도]에서 쓰여진 텍스트의 경우와 같은 극단적인 경우는 제외하고——비참한 것은 보려고 하지 않는다.

글쓰기가 아직도 노동인가, 즉 사실상 하나의 "정신노동"(이 것은 "노동"이라는 개념을 의문의 소지가 있게 사용한 개념이다)이라기보다는 하나의 육체노동이 아닐까? 글쓰기는 고상한 손끝뿐만 아니라, 정상적인 손들·이빨들 그리고 핥는 혀를 움직여야 되지 않을까?

정보혁명이 갑자기 마치 구세주인 양 나타나고 있다. 다시 말해서 탁자들이 소위 말하는 사무실 디자인을 위한 광고에서 어떻게 나타나는지를 관찰해 본다면—그 광고에서 디자인된 사무실은 종이 없는 기계장치들을 사용하는 하얗고 순수한 실험실용 탁자들로 배치되어 있으며, 그 기계장치들 앞에는 미소를 띤 우아한 오피스레이디들이 앉아 있다—그리고 그 모던한 탁자들을 우리의 글쓰는 탁자에 대한 자신의 경험과 비교해 본다면, 우리는 우리 자신을 트라이아스기의 진흙탕 속에서 뒹구는 중생대 파충류쯤으로 간주하게 될 것이다. 우리 자신이 아니라, 광고지에서 미소짓는 오피스레이디들이 "정신"에 종사하는 사람일 것이다. 글쓰는 탁자에 앉아서 글을 쓰는 사람이야말로 이 오피스레이디들이 저항하는 바로 그러한 물질적 저항물이다. 이 오피스레이디들이야말로 실제로 소프트웨어들을 조작하고 우리 글쓰는 사람들보다 더 정신적인 존재이다.

물론, 우리가 시각을 또다시 수단들로부터 돌려 텍스트로 향하자마자, 우리가 "무지하다"고 부르는 이 도구를 경시하자마자, 또 다시 우리를 엄습하는 흥분은 "펜의 위력에 대한 의지"라는 개념으로써 의미되고 있다. 다만 확실히 하나의 쓰디쓴 뒷맛이 그 흥분 속으로 은밀히 스며들고 있다. 우리가 지금 경시하는 이 도구는 사실상 무지하다. 그러나 광고지 위에서 우리는 지능기능을 갖춘 글쓰는 탁자들을 보았다. 아마 우리는 우리의 글쓰는 탁자들이 무지하기 때문에 글쓰기로부터 감격당하는 것은 아닐까? 그리고 글쓰는 책상들이 똑똑하게 되는 정도에 비례해서 우리 글쓰는 사람들은 더 무지해지지는 않을까? 종이상점에서 나와 스스로를 글쓰는 탁자로 집중시키는 이와 같은 실존적인 질문이 지금부터는 우리의 모든 글쓰기에 동행하고 있다. 그 질문은 우리의 텍스트들에 표시되어 있어야 하며, 그 질문은 결코 더 이상 중단될 수 없다. 과도기—프랑스의 수학자 세르(Serre)가 말하는 소위 "노스-웨스턴 파사주(North-Western Passage)"—에 서있는 글쓰기는, 자신의 회의적 지위가 가시화되기만 하면, 결코 자신을 주체할 수 없을 것이다. 글쓰기를 지탱하는 탁자의 네 다리들은 이러한 지진 속에서 흔들거리고 있다. 그 불쌍한 당나귀는 결코 구제될 수 없다.

종이거래상들과 글쓰는 탁자들을 종합해 보면, 문자의 몰락을 정치의 몰락으로 파악할 수도 있다. 종이거래상들—모든 진열장과 상점들과 마찬가지로—의 운명이 가리키는 것은, 도시와 그리고 동시에 공개적인 공간(공론의 공간)이 사라질 운명에 처해 있다는 것이다. 글쓰는 책상들은, 펜들의 힘이 어떻게 허공 속으로 돌진하고 있고 더 이상은 실현될 수 없다는 것—즉 권력개념 자체가 어떻게 자동적으로 조정되는 기능이라는 새로운 개념에 의해 억압되고, 따라서 모든 정치적 사고(그것은 권력 카테고리 속에 갇힌 사고이다)가 탈문자적 상황을 거쳐 가고 있다는 것—을 보여 주고 있다. 종이거래상들과 글쓰는 탁자를 종합해 볼 때, 결국 글쓰는 사람의 모든 정치적인 앙가주망이 우스꽝스러운 오류라는 것이 인식될 수 있다. 따라서 현재 글을 쓰는 대부분의 사람들에게 이러한 종합하는 시각을 가져 보라고 권유될 수는 없다. 이러한 시각은 목적과 수단 사이의 잘 알려진 불균형을 새로운 관점으로부터 드러낸 시각이다. 전체의 글쓰기 문화가 진행되는 중에 수단들은 왜소해지고 업신여김을 당했으며, 목적들은 위대한 것이었고 고상한 것이었다. 그러나 우스꽝스러운 것은 『신곡』이 이룩한 목표를 평가할 때에는 단테의 거위깃털 펜을 연상하고 있다는 점이다. 의심의 여지없이 이 경우에 수단은 목적에 의해 신성화된다. 그러나 이제 상황은 바뀌었다. 지능기능을 갖춘 글쓰는 탁자 위에 모아놓은 극히 복잡한 수단들을 관찰해 본다면, 그리고 그것들을 그 수단들이 자칭 봉사한다고 하는 목적들과 비교해 본다면, 정반대로 수단들을 통한 목적의 구제에 관해 이야기할 수 있을 것이다. 확실히 종이거래상점을 방문했을 때 드러나는 사실은, 종이거래상에서 판매되는 도구는 그것으로써 문자화되는 메모들보다 더 위대하다는 점이다.

그 도구에 의해 졸렬하게 쓰여진 것에서보다는 차라리 그 도구 자체에 얼마나 많은 지혜가 배어 있는가? 수단들은 너무나도 영리하게 되었기 때문에, 그 수단들에서는 모든 목적들이 쓸모없는 것이 된다. 수단들이 그 자체 목적들이 된다. 모든 수단의 자체 목적화와 모든 목적들의 무용지물화는 "미디어 문화"(Medienkultur)를 의미한다. 이것은 특히 핵무장에서 분명히 가시화되고 있다. 즉 수단들은 너무나도 폭력적이어서 그 수단들의 목적에 대해 질문하고자 한다는 것은 정말로 어리석은 일이 되었기 때문이다.

결국 위에서 말한 시각은 글쓰기 수단에 맞춰져 있고, "시대의 정신"에 걸맞게, 글쓰기의 목적은 등한시되고 있다. 만약 문자로 장치된 행들이 점들로 조합된 퍼즐에 굴복한다면, "무엇을 위해 글을 쓰느냐"라는 질문이 과연 의미를 지니게 될까?

17. 스크립트

물론 출판인이나 그들을 통해서 독자에게 향하지 않고, 영화·텔레비전 및 방송국 프로듀서들과 그들을 통해서 관객이나 시청취자들에게로 향하는 텍스트들도 존재하고 있다. 그와 같은 텍스트를 쓰는 사람들을 스크립트 작가(script writer)라고 부르는데, 그 단어는 비록 어원론적으로는 가령 "글을 새기는 사람"(Schreibritzer)을 의미하지만 사실 이런 의미를 지닌 독일어 단어는 잘 떠오르지 않는다. 이 장에서는 이런 사람들의 삶 속으로 들어가보려고 한다. 그것은 결코 쉬운 모험이 아니다. 왜냐하면 이러한 사람들이 서있는 지반은 미끄러지기 쉽기 때문이다. 그 지반은 문자문화라는 고지로부터 기술적 영상의 문화라는 심연으로 이르는 길 위에 놓여 있는 다리와 같이 가파른 비탈 위에 놓여 있다. 따라서 스크립트 작가들은 항상 탈선하며 거꾸로 뒤집혀 심연 속으로 굴러 떨어지기가 쉽다. 줄을 타고 곡예하는 사람들과 비슷하게 그들은 텍스트와 영상 (텍스트와 소리) 사이에서 문자의 곡예술을 매개로 균형감각을 유지하려고 노력하고 있다. 그러나 그들은 그것을 할 수 없는데, 왜냐하면 영상들의 중력장이 그들을 잡아당기기 때문이다. 물론 그들의 서커스 연출은 결코 공개된 구경거리가 아니다. 왜냐하면 그들은 미디어들의 내부에서만 공연하고 비로소 미디어의 아웃풋(Output) 즉 미디어의 "프로그램들"에서 추론(판독)되어야만 하기 때문이다. 만약 그들의 단골메뉴가 하나의 공개된 서커스 공연이라면(스크립트 작가들이 미디어의 콜로세움에서 관객들과 마주하여 등장한다면), 우리는 그가 외치는 구호를 도처에서 들을 수 있을 것이다. 그는 퇴장하는 문자문화의 공간을 "구원을 위한 희생양"이라는 말로 위로하면서 채워야 할 것이다.

스크립트는 하나의 잡종이다. 즉 그것의 절반은 상연될 드라마의 텍스트이자 소포클레스와 같은 작가의 후손들 그 자체이고, 나머지 절반은 이미 기계장치 프로그래밍이자 동시에 인공지능에 의해 자동적으로 계산된 프로그램들을 시범적으로 보여주는 선구적 형태 그 자체이다. 스크립트 작가는 과거라는 시각으로부터 보면 희곡전문가이고, 미래라는 관점에서 보면 아직 자동화되지 않은 워드프로세서이다. 그러나 모든 키메라와 마찬가지로, 스크립트 작가 역시—비록 잠정적이고 유령적이기는 하지만— 독자적인 삶을 영위하고 있다. 만약 우리가 그를 정보화되어 가고 있는 소포클레스로 간주하고 더욱이 미끄러운 레일 위에서 춤추는 사람으로 간주한다면, 그것은 그를 정당하게 평가하는 것이 아니다. 스크립트 작가의 본질 속으로 파고들기 위해서는 그가 처한 상황 속으로 옮겨가 보도록 해야만 한다.

먼저 라디오 스크립트들은 다른 모든 스크립트들로부터 구별되어져야만 한다. 왜냐하면 다른 여타의 스크립트들이 말하는 영상에 맞춰진 데 반해, 라디오 스크립트는 영상 없는 성우 (아나운서)들에게로 맞춰져 있기 때문이다. 이 에세이는 이미 앞에서 하나의 가설을 피력한 바 있는데, 이에 따르면 미래에는 그것이 어떤 종류의 소리든지 간에 모든 음성들이 영상화의 길로 치달을 것이라는 것이다. 이러한 가설에 따르면, 라디오·레코드판 그리고 카세트테이프는 위축되어 그 발전이 저지되어 영상들에 의해 마비될 커뮤니케이션 수단으로 간주될 수 있으며, 따라서 그것들은 단지 그것들에 비견되는 시청각적 수단들보다 잠정적으로 값이 싸기 때문에 유지되고 증가될 수 있다는 것이다. 이러한 가설은 논박될 수 있다. 왜냐하면 라디오는 텔레비전의 폭발적 증가에도 불구하고 자기주장을 하고 있으며 정보화의 조직 속에서 하나의 고유한 지반을 형성하고 있기 때문이다. 그러나 현재 휴대용 라디오, 하이파이 기구 그리고 워크맨의 인플레이션은 추측컨대 단지 과도기적 변칙 그 이상은 아니다. 영상매체들이 손목에 찰 수 있을 정도로 충분히 작아지는 때가 오기만 하면, 영상매체들에 의해서 발산되는 음성들이 다른 여타의 귀를 자극하는 진동들을 능가할 정도로 유연성을 갖추게 되기만 하면, 영상 없는 메시지들은 결국 그 빈곤성을 심화시키는 불필요한 수단임이 증명될 것이다. 그 점에서 라디오 방송들의 스크립트 작가에게는 화려한 미래가 보장될 수 없다.

그런데 그가 모든 스크립트 작가 중에서도 드라마 전문가에 가장 가깝다는 점에서 이것은 유감스러운 일이다. 셰익스피어의 말들과 마찬가지로 라디오 스크립트 작가 자신의 말들도 공간 속으로 송출되며, 그리고 셰익스피어의 독자들과 마찬가지로 라디오 청취자들도— 만약 방송에 의해 감동을 받을 경우에는— 스크립트 텍스트를 읽고 싶어 할 것이다. 물론 이와 같은 유사성에도 한계가 설정되어진다. 우리는 셰익스피어의 『맥베스』의 텍스트를 극장상연 전후 혹은 그와 무관하게 읽을 수 있으며, 그럴 때마다 매번 또 다른 메시지를 감흥할 것이다. 우리가 그것을 미리 읽는다면 그것은 드라마를 표상해 보기 위해서이고, 우리가 그것을 나중에 읽는다면 드라마가 텍스트로부터 얼마나 많이 이탈되어 있고 얼마나 텍스트에 충실하고 있는지를 확인하기 위해서이다. 만약 이것을 드라마와 무관하게 읽는다면, 텍스트를 탈-드라마하기 위해서이다. 우리가 라디오 스크립트를 읽는 아주 드문 경우에, 우리는 텍스트를 그것의 콘텍스트로부터— 즉 방송이라는 콘텍스트와 그리고 전체 라디오 프로그램이라는 콘텍스트로부터— 찢어냈다는 점을 항상 고통스럽게 의식하고 있다. 텍스트는 자신의 발로 서있지 않다. 텍스트가 자체적으로 완결되어 있다면, 문제는 그것이 "나쁜 스크립트"라는 점이며, 이것은 프로그램에 의해서 그 스크립트에 부과되는 기능을 충족시키지 않고 있다는 것이다. 스크립트를 드라마적인 텍스트와 비교해 본다면, 우리의 정서에서 하나의 심층적인 변혁이 지적될 수 있다. 즉, 우리는 더 이상 드라마적으로 생활하고 있지 않고 오히려 프로그램적으로 생활하고 있다는 것이다.

드라마들은 행위들이고, 프로그램들은 태도규정들이다. 격정적인 드라마들(예를 들면 종교적인 수난곡)조차도 우리 내부에서 동정심과 공포감 즉 행위의 모티프들을 일깨우고자 한다. 다양한 행위들에 의해서 삽입된 프로그램들은 우리 내부에서 센세이션·감정·정열들을 불러일으켜서 우리 스스로가 그것들로부터 자극되어지고 있다. 드라마적인 생활정서는 모든 행위의 일회성·철회불가능성에 대한 신앙에, 즉 한번 기회를 놓친 행위는 모두 최종적으로 그 기회를 놓친 행위라는 믿음에 근거하고 있다. 프로그램적인 생활정서는 통일자의 영원회귀에, 즉 모든 행위의 무차별성에 대한 믿음에 근거를 두고 있다. 이러한 믿음은 프로그램들에 의해서 또한 사실상 항상 매번 검증되고 있다. 이것은 탈역사적 의식의 정서이기도 하다.

라디오 프로그램의 스크립트 작가는 비록 그가 드라마 전문가도 모방하려고 하지만, 프로그램적인 정서로 글을 쓰고 있다. (라디오의 미래적 위기 때문이 아니라) 이러한 이유 때문에 그의 미래는 그리 밝지 않다. 즉 그는 비드라마적인 정서 속에서 글을 쓰고 있다. 그러나 글쓰기는 하나의 드라마적인 몸짓이다. 그는 자신의 스크립트를 씀으로 해서, 그 자신과 모순을 일으키고 있다. 그는 어떤 특별히 파멸적인 부정적 변증법의 한 희생물이다.

라디오 스크립트의 이러한 키메라적 성격은 다른 모든 스크립트들의 경우 훨씬 더 분명해진다. 그것들은 더 이상 텍스트들이 아니라, "Prätexte[핑계 또는 전-텍스트]"들이다. 여기에서 이 개념의 완전한 의미해명이 이루어져야 할 것 같다. "핑계/거짓말,

Vorwand/Betrug("prae-tendere"=vortäuschen; 속이다)라는 의미뿐만 아니라 "Vortext"(전-텍스트)라는 의미도 해명되어야 한다. 이러한 스크립트들에서 중요한 것은 영상들로 코드변환되어야만 하는 자모음 기호들이다. 알파벳은 스크립트들에서 하나의 보조코드가 되어 버린다. 그것의 의도는 영상들을 만드는 것이다. 문자문화의 종말에서 알파벳은 그 자신의 대립물로 향하고 있다. 알파벳은 영상들을 추월하기 위해서 영상들에 의해 발사되고 있으며, 다시 알파벳은 영상들을 산출하기 위하여 지금 영상들로 복귀하고 있다. 만약 문자문화를 그 전체성 속에서 삼천 년이나 지속되어 온 하나의 독특한 행으로 파악한다면, 우리는 문자문화를 그림들로부터 출발하여 다시 그 그림[영상]들로 복귀하는 하나의 나선형으로 인식하고 있는 것이다.

영상들을 위한 핑곗거리[전-텍스트]로 격하된 자모음 텍스트는 과도기적 현상에 다름 아닐 수 있다. 우리는 스크립트들을 쓰고 있다. 왜냐하면 잠정적으로는 여전히 예를 들자면 타자기·워드프로세서 그리고 알파벳을 저장하는 기억장치들과 같은 알파벳적으로 눈금이 매겨진 기계장치들이 주변에 놓여 있기 때문이다. 이러한 기계장치들을 사용하지 않고 내버려 두는 것은 낭비이다. 가령 세기전환기에 마차가 점점 드물어지고 자동차들이 점점 더 흔해졌던 것과 마찬가지로, 가까운 미래에는 그와 같은 기계장치들이 점점 드물어지고 새로운 코드들로 눈금이 매겨진 기계장치들이 흔해질 것이다. 우리는 곧 더 이상 바퀴달린 마차들을 타고서는 영상들의 시대에 대처할 수 없을 것이며, 스크립트들은 더 기능적으로 코드화된 영상규정들에 굴복당할 것이다. 따라서 스크립트들은 이중의 핑곗거리이다. 즉 그것들은 자신을 텍스트라고 내세우고 있지만 실제로는 영상을 위한 프로그램들이다. 그것들은 알파벳이 영상문화 속에서도 여전히 한 기능을 담당하고 있다고 내세우고 있지만, 실제로는 그것들에서는 단지 알파벳의 원초적 상태만이 — 전체가 시각장에서 사라지기 전에 — 최종적인 순간에 이용되고 있을 뿐이다. 스크립트들은 텍스트들이 빈사되기 직전에 부르는 마지막 조곡이다. 그것은 문자기록물과의 멜랑콜리한 이별인 동시에 단어의 정확한 의미에서 역사로부터의 이별이다. 텍스트들에서 본질적인 것은 그것들이 독자들을 향해 있다는 점이다. 스크립트들은 더 이상 이것을 행하지 않는다. 텍스트들에 본질적인 것 즉 그것의 견고한 핵은 스크립트들로부터는 달아나 버렸다. 스크립트들은 단지 여전히 안개에 가린 텍스트 유령이며, 문자 문화의 심야에 다가오는 정보화 문화의 아침 바람이 그들의 숨통을 막기 전에 문학의 무덤주변을 배회하고 있는 유령과 같은 존재이다.

그 최초의 단계에서는 역사라는 방향으로 전진했던 자모음의 행들이 그것들의 마지막 단계에서는 바로 이와 같은 모습으로 나타나고 있는데, 그 자모음들의 벌어진 틈 사이에서는 찢어진 행들이 너덜거리고 있다. 담론적·비판적 사고는 스크립트들 속에서도 항상 반복해서 설정되지만, 매번 반복해서 떠오르는 영상들에 의해 잔인하게 중단되어진다. 최초의 텍스트에 설정되어 있던 담론의 긴 호흡은 여기에서는 숨이 막히고 있다. 우리는 여기에서 전보문의 문체를 연상할 수 있는데, 전보문에서는 어떤 독특한 아름다움, 다시 말해서 삭제의 아름다움을 발견할 수 있다. 그러나 이러한 글쓰기 방식의 딱딱 끊어지는 스타카토-구조는 비록 매력적일지는 모르지만, 그것은 단순히 하나의 핑곗거리이다. 글쓰기 동작의 이상형은 레가토[Legato; 리듬적·음악적 흐름], 즉 독특한 요소들을 행들과 결합시키는 것이다. 스크립트들에 의해서는 이와 같은 이상이 도달불가능한 것으로서 포기되었다. 만약 글쓰기의 이상을 포기해야 한다면—왜냐하면 그것은 도달불가능한 것으로 인식되었기 때문에—우리는 글쓰기를 완전히 포기해 버린다. 우리는 바로 또한 정반대의 방향으로, 즉 스타카토의 방향으로 글을 쓸 수도 있다. 즉 계산과 컴퓨팅의 방향으로 글을 쓸 수 있다는 핑계하에 스크립트들이 그럼에도 불구하고 쓰이고 있다. 그것은 기분 나쁜 것이다. 왜냐하면 단지 척추뼈 없는 유령들만이 그와 같은 뼈의—즉 담론적·비판적 사고를 무비판적인 관조 속으로 후퇴시켜야만 하는—탈구를 수행할 수 있다.

물론, 글쓰기가 확립시켜 놓은 이상은 도달불가능하다. 레가토라는 것은 존재하지 않는다. 우리는 물 흐르듯이 글을 쓸 수는 없다. 이것은 우리가 모든 물결들이 물방울들로 구성되어 있다는 사실[물리학의 입자설]을 안 이래로는 더 이상 타당하지 않다. 우리는 이 단어가 고안되기 훨씬 이전에 "양자화"해야만 했다. 과학적인 텍스트들은 따라서 오래전부터 더 이상 알파벳적이지 않다. 그것은 문자숫자적이다. 그리고 점점 더 숫자화되고 점점 덜 문자화되고 있다.

비유적인 글쓰기는 스크립트들의 글쓰기와는 완전히 다르다. 내가 알고리듬을 쓴다면, 나는 알파벳의 한계에 근접해 있고, 이 한계를 넘어서서 비판적 사고의 방향으로 도달하려고 시도하는 것이다. 내가 스크립트들을 쓰고 있다면, 나는 비판적인 사고를 무비판적으로 관조하는 영상들의 노예를 만드는 것이다. 이 경우에 중요한 것은 담론적 사고의 거짓말, 즉 글쓰기 정신에 대한 배반이다. 바로 수학적 코드들과 새로운 코드들 사이에서의 피상적인 유사성이 더 이상 부정될 수 없기 때문에, 의도들의 이와 같은 근본적인 차이가 지적되어야만 한다. 숫자적 코드의 의도는 알파벳이 자기 자신을 넘어서도록 자극하는 것이고, 디지털코드의 의도는 알파벳을 바닷속으로 수장시켜 포기하는 것이다. 스크립트들은 디지털코드의 방향으로 글을 쓰고 있다.

스크립트는 글쓰는 사람들이 침몰하는 배를 포기하고 떠나는 방식이다. 그것은 형식적·실존적으로 이해될 수 있다. 스크립트를 쓰는 사람은 영상문화에 자신의 모든 것을 맡기는 사람이다. 그리고 영상문화는 문자문화의 관점에서 보면 악마 그 자체이다. 스크립트 작가들은 이 악마를 자모음적으로 섬기고 있고, 그에게 자모음을 사용토록 하고 있다. 그들은 자모음들을 문자기록물이라는 침몰하는 배들로부터 끌어내, 그것들을 영상의 악마에게 희생물로 바치려 하고 있다. 그들은 자신을 그러한 악마에게—단어의 원래 의미에서는 "결탁하다"와 "잘못 쓰다"라는 의미를 지니는 단어인—"verschreiben"하고 있다. 철학자 쥘리앵 방다가 "소명의 배반"(La trahison des clercs)이라는 말로 이 단어를 의미했는지의 여부는 비록 의문이 들지만, 만약 그가 현재의 영화 및 텔레비전 프로그램들의 목격자였더라면, 그 역시 이와 같이 의미할 수도 있었을 것이다. 글쓰는 사람 즉 지식인의 역사의 정신에 대한 그 어떠한 배반도 스크립트 작가들이 저지르는 배반만큼 분명하지는 않다. 그러한 배반의 결과들은 도처에서 가시화되고 있다.

선형적 역사는, 스크립트들을 매개로 영상들 속으로 채널화된 채, 스스로를 영상들의 형태로 동일자의 영원회귀 속에서 프로그램에 맞게 회전[drehen, "촬영"이라는 의미도 있음]하고 있다. 이것은 몇 개의 스크립트들이 "대본"(Drehbücher)이라는 이름으로 불리는 진정한 이유이다. 이것은 문자의 행들이 순환을 위해 회전[대본화]되어져야만 하는 그런 책들이다. 이러한 회전은 책들을 영상들로 코드변환시키는 데 성공하고 있다. 왜냐하면 책들 뒤에는 행들을 짜 맞추는 기계장치들이 있기 때문이다. 그래서 삼천 년 전에 그림들로부터 발원되어 온 역사는 스크립트라는 모세혈관을 통해 다시 그림[영상]들 속으로 되돌아가고 있다. 여기에서 유령적인 것은 이 경우에 역사의 진행이 가속화된다는 점이다. 기계장치들은 점점 더 게걸스럽게 역사를 스크립트들의 형태로 빨아먹는다. 영상을 만들어 내는 기계장치들의 발명 전에는 역사의 진보가 그렇게 숨 막힌 적이 없었다. 왜냐하면 결국에는 역사는 구체적인 목적을 지니고 있으며, 역사는 그 목표를 향해, 다시 말해서 영상의 형태로 설정된 채 진행하고 있기 때문이다. 모든 사건의 일어남은 점점 더 분명히 결국 "촬영"될 목적을 지니면서 일어난다.

그래서 스크립트 작가들은 역사의 종말과 기계장치의 시초에 서있다. 그들은 기계장치들에 대해 그것들이 필요로 하는 인풋(Input)을 전달하기 위해 역사의 아웃풋(Output)을 가속화시키고 있다. 그들은 역사를 기계장치들에게 맡기고 동시에 그 기계장치들에게 모든 일어남의 의미를 넘겨주고 있다. 그런데 이러한 의미를 영상들로부터 빌려와야만 한다. 그런데 그들은 이것은 스크립트 작가들이 범하는 역사에 대한 무시무시한 배반이다. 우리가 그 전율을 날마다, 그리고 밤마다 느끼는 것은 아닌데, 왜냐하면 우리는 텔레비전 앞에서 그리고 영화관에서 역사의식을 이미 상실해 버렸기 때문이다. 미디어의 서커스 안에서 문자를 우리 안으로 가두어놓고 그것을 교살하려고 하는 그리고 동시에 자신도 교살시키려는 스크립트 작가들, 즉 고대의 검투사들과 같은 이 사람들은 우리 내부에서 그 어떠한 분노도 일으키지 않는데, 왜냐하면 우리는 의식이 없고 힘없는 존재로서 문자를 영상들 뒤에서 좀처럼 인식할 수 없기 때문이다. 우리는 알파벳이 영상들에 대해 여전히 수행하는 기여를 인지하지 못하고 있다. 이러한 매우 결정적인 의미에서 우리는 이미 반알파벳인[문맹인]들이 되어 가고 있다.

우리가 알파벳이라는 지는 태양에 의해 아직도 여전히 약간

비춰지는 영상들을 응시하고 있는 동안에, 우리의 등 뒤에서는 어떤 새로운 것이 떠오르고 있는데, 그 최초의 광선은 이미 우리의 시나리오와 만나고 있다. 플라톤의 동굴우화에 등장하는 노예들과 유사하게, 우리가 이 새로운 것에 대해 당당히 맞서기 위해서는 우리 자신의 몸을 뒤로 돌려야만 한다.

18. 디지털

현재 우리 앞에서 진행되는 변혁들을 통찰하기 위해서는, 여러 가지 관점들 중에서도 특히 자연과학적 관점에 특별한 지위를 부여해야 한다. 자연과학은 적어도 19세기 이후로는 우리에게 아직도 허용되고 있는 유일한 권위이다. 즉 우리는 자연과학의 명제들을——어떤 강제적인 권력이 우리에게 그것을 강요하지 않더라도——이용할 것이다. 자연과학들은 20세기 초 이래로 너무나도 새로운 사실을 진술하고 있어서, 우리는 아직까지 그것을 소화시키지 못하고 있다. 아무리 이러한 새로움이 다양하다고 하더라도, 그것은 두 가지 핵심용어——상대성과 양자——로 파악될 수 있다.

첫번째 상대성의 개념이 의미하는 것은, 지금까지는 절대적인 것으로 간주된 공간과 그리고 지금까지는 명백하게 진행하는 것으로 간주되어 온 시간이 결국 "관찰자" 즉 주체들 간의 관계들에 다름 아니라는 것이다. 이로써 거리 즉 인터벌은 인식과 그리고——가까운 미래에는——지각·느낌·욕구 그리고 실천의 근본문제가 된다.

두번째 양자 개념의 의미는, 지금까지는 견고한 것으로 간주된 세계가 우연적으로 서로 뒤죽박죽 상태인 작은 부분들의 군

집상태에 다름 아니라는 점이다. 이로써 우연과 통계가 이 세계에 적합한 수학적 틀(Mathesis)이 된다. 원인들과 결과들은 단지 여전히 통계적인 개연성들로 나타난다. 이것은 분명히 우리의 느낌·욕구 그리고 행위를 혁명적으로 변화시키고 있다. 우리는 더 이상 옛날처럼 그렇게 살 수는 없게 된다.

새로운 진술들은 조용히 이야기하면서 지나가야 될 그런 단순한 이론적 명제들이라기보다는, 오히려 그 자신을 실천 속으로 정착시켜서 우리의 삶을 근본적으로 변혁시키기 시작하고 있다. "원자력 발전" "핵무장" "인공지능" "자동차" 그리고 "전자정보혁명"이라는 말들을 나열하는 것만으로도 이를 충분히 설명해 줄 것이다. 다시 말해서 우리는 이와 같은 새로운 진술들과 날마다 그리고 매 시간마다 실존적으로 대결해야만 한다. 그것들은 어떤 실용적인 관점으로부터 "조율"하고, 우리에게 한편으로는 지금까지 예감되지 않았던 자유의 지평들과 창조적인 전개과정을 열어 보여 주고, 다른 한편으로 그것들은 우리의 정신적·물리적 미래상태를 위협하고 있다. 새로운 이론적 명제들을 기술의 실제로 이식시키는 것은 상대성이론보다는 양자이론에서 더 빨리 진행되었다. 물론 이것이 미래에 상대성이론으로부터는 지금까지 상상조차 할 수 없었던 실천적인 결론들이 더 이상 기대될 수 없다는 것을 의미하지는 않는다. 단지 우주여행만 생각해 보아도 될 것이다. 그러나 이것이 의미하는 것은, 우리가 현재 양자들에 의해서 제기된 문제들에 대해 우리의 모든 관심과 주의를 쏟아야만 한다는 것이다. 중요한 것은 실존적 문제들,

정치적·미학적 문제들이지, 결코 단지 인식이론적·실천적 문제들만이 아니다. 우리는 이 문제들을 과학과 기술들에 내맡길 수는 없다.

우리가 지금까지 (그것이 무엇을 의미하는지 정확히 알지도 못하면서) "물질"이라고 불렀던 것이 그동안 하나의 다층적인 사물임이 증명되었다. 우리는 물체로서 하나의 독특한 층──즉 분자들의 층──에서 거주하고 있다. 그 분자들 밑에는 원자·핵·합텐·쿼크[소립자] 등의 층들이 자리잡고 있고, 그 위에는 은하들과 블랙홀의 층이 타원형을 이루고 있다. 이와 같은 층들이 서로 어떤 관계에 있는가는 미결의 의문이다. 아마도 러시아 인형 마트료시카를 연상해 볼 수 있는데, 그 인형에는 각각의 인형들이 어떤 "더 높은" 인형 안에 포함되어 있으며, 그리고 어떤 "더 낮은" 인형을 자기 안에 지니고 있다. 그래서 천문학적 우주는 단지 지금까지는 알려지지 않은 슈퍼 우주의 한 부분이며, 그리고 쿼크는 우리가 전혀 모르는 우주들을 그 안에 지니고 있다. 아마도 중요한 것은 중층적으로 겹겹이 쌓인 장들의 접기들, 다시 말해서 주름들의 주름들을 주름잡는 것들이다. 그런데 이것으로부터 하나의 그림을 만들어 내고자 하는 것은 실패한 모험이다. 그 사물에서 결정적인 것은 이 콘텍스트에서 우리가 다음과 같은 점을 발견했다는 것, 즉 물체로서 우리는 분자 층에서 거주하고 있지만 사유하는 사물로서는 합텐에 거주하고 있다는 점이다. 이러한 발견의 결과들은 비록 이미 실제로 응용되고 있지만 전혀 예측될 수 없다.

모든 개별적인 층은 그에 적합한 구조를 지니고 있다. 천문학적인 층은 아인슈타인적이다. 분자적인 층은 뉴턴적이다. 원자적인 층 속에서는 물질과 에너지의 경계가 흐릿해진다. 원자핵의 층에서는 인과성이 멈춘다. 합텐적 층은 하나의 새로운 수학과 논리학을 요구한다. 그리고 양자에서는 현실과 상정을 구분하고자 하는 것이 무의미하다.

층들 사이에서의 경계들은 그 윤곽이 불분명하다. 우주비행학은 분자들로부터 별들의 세계로 여행하는 것이고, 화학은 분자들로부터 원자들로 여행하는 것이며, 핵물리학은 분자들로부터 원자를 거쳐 핵으로 여행하는 것이다. 그러나 지금까지 모든 여행들은 분자들로부터 자신의 출발점을 취했다. 그러나 이것은 앞으로는 다르게 될 것이다. 만약 우리가 우리 사고의 구조를 더 잘 이해할 것이라면, 우리는 합텐으로부터(그리고 경입자[렙톤]와 글루온으로부터) 분자 속으로 여행하게 될 것이다. 우리는 분자·구체적 사물·동물·집·인간육체들의 세계를 "아래"로부터 관찰하여 거기서부터 인식하고, 거기서부터 다루게 될 것이다. 우리는 화학에 의해서는 예감되지 않았고 발생학에 의해서는 단지 희미하게만 예감된 방법으로 분자적 물질(살아 있는 그리고 살아 있지 않은 존재)을 생산해 낼 수 있게 될 것이다.

사고가 전자·양자(프로톤) 그리고 그와 유사한 소립자들과 관계하고 있는 하나의 과정이라는 사실은 우리가 신경생리학으로부터 얻은 인식이다. 신경생리학이 가르쳐 주는 것은, 두뇌를 구성하고 있는 천문학적 단위의 신경전달계 속에서 그와 같은 소립자들이 고립상태들을 뛰어넘어 비약하고 있다는 사실이다. 우리가 사고·감정·소망·결단이라고 부르고 있는 것은 따라서 양자적인 비약들로부터의 통계적인 추출임이 증명되고 있다. 우리가 지각이라고 부르고 있는 것은 계산된 표상들로의 양자적 비약들로부터의 어떤 추출임이 증명되고 있다. 두뇌 속에서는 표상들이 명증적인 요소들로부터 형성되며, 그리고 거기서부터 또다시 도약하는 것이 사고·소망·결단·감정들 등이다. 이것이 개별적으로 어떻게 일어나고 있느냐 하는 것은, 믿을 수 없을 만큼 복잡한 두뇌에 의해서는 전혀 통찰될 수 없다. 그러나 우리는 그것을 단순화시켜 사유기계로 시뮬레이션할 수 있다. 따라서 이러한 사고의 인식은 실용적으로 "조율"된다.

사고가 연출되는 차원은 우리에게는 두 가지 측면에서 불유쾌하다. 먼저 그 차원은 사고과정에서—관찰이 관찰대상을 변화시키지 않고서는—관찰되어질 수 없다. 따라서 주체 없는 객체라는 의미에서의 "대상성"(Objektivität)은 여기에서는 언급될 수 없다. 둘째로는 그 차원에서는 순수한 우연이 지배하고 있고, 그것을 비록 통계적으로 지수화할 수는 있지만, 어떤 개별 소립자의 미래적 행태를 예견하고자 하는 것은 무의미하다. 다른 말로 표현하자면, 모든 가능한 것, 또한 가장 비개연적인 것도 역시 거기에서는 시간과 더불어 필연적으로 일어나야만 한다. 따라서 이러한 불확실성(대상이 포착될 수 없다는 것)과 이러한 예견불가능성(모든 가능한 것이 언젠가는 필연적이 될 것이라는 것)이 사고를 특징짓고 있다. 물론 우리는 이것을 조정할 수 있다. 확정불가능성과 확률계산뿐만 아니라 사이버네틱도 역시 사유에 적합한 부분이고——이 경우 고려되어야 할 것은 사이버네틱적인 조정 그 자체는 다시 불확정성과 통계적 개연성(확률)의 차원으로부터 유래되고 있다는 점이다. 이러한 빙빙 도는 순환——그 속에서 우리는 돌고 있다——이 우리에게 보여 주는 사실은, 우리가 처음으로 사유 자체를 부문화시켜 "메타적으로 사유"하기 시작하고 있다는 점, 즉 다시 말해서 사유를 재고하기 시작했다는 점이다.

사유에 대해 이와 같이 설정된 메타적 사유로부터 무엇보다도 특히 "정보적 혁명"이 생성되고 있다. 그것은 혁명과 같다. 왜냐하면 혁명은 세계와 인간에 대한 출발점을 뒤집기 때문이다. 그것은 더 이상 견고한 사물(즉 분자들)들로부터 출발하지 않으며, 전자나 양자와 같은 소립자, 즉 사고의 차원에서 출발하고 있다. 바로 그 때문에 그것은 아래로부터, 육체로서의 인간들을 포함하는 견고한 사물들을 종래의 다른 모든 혁명들보다 더 근본적으로 변화시킬 수 있다. 그것이 사고하는 사물들로서의 인간들에게 미치는 변화들에 관해서는 언급하지 않기로 한다. 비록 이러한 혁명이 비로소 시작단계에 있지만, 우리는 그 혁명에서 이미 몇 가지 근본적인 특정들을 인식할 수 있다. 예를 들면 그것은 단순한 현상들로서의 견고한 사물들을 (철학적으로뿐만 아니라) 기술적으로도 가능하게 하고, 따라서 이러한 사물들의 세계는 점점 덜 흥미 있게 되어 가고 있음에 틀림없다. 나아가 그 것은 소립자들을 화면 위에 가시화시키는 것, 그것들을 거기에 서 영상들로 계산하는 것을 가능하게 하는데, 따라서 이 소립자 들의 세계는 점점 더 흥미 있게 되어 가고 있음에 틀림없다. 셋 째, 그 혁명은 조정된 소립자들의 비약들에서 기인하는 자동적 인 사고 및 노동기계의 생산을 가능하게 하고, 따라서 사고 및 노동과 결합된 모든 가치들은 가치변환되어져야만 한다. 그리 고 결국 그것은 사고과정들을 어떤 새로운 관점, 즉 정보학의 관 점에서 분석하고 종합하도록 하는데, 때문에 우리는 다르게 생 각하는 법을 배워야만 한다.

적어도 두 가지 점이 이와 같은 사고의 재학습에 특징적이 다. 먼저 우리는 영상들만을 생각하고 영상 이외에는 아무것도 생각하지 않는다. 왜냐하면 우리가 지각들이라고 부르는 모든 것은——그것이 외면적이든 내면적이든 간에——두뇌 속에서 계 산된 형상들에 다름 아니기 때문이다. 둘째로 사유는 결코 연속 적인 담론적 과정이 아니라는 점이다. 즉 사유는 "양자화"한다 는 것이다. 이것은 서양문화를 특정지어 온 사유관과는 정반대 되는 관점이다. 우리에게서 사유란 진보적인 과정이었으며(아직 도 그러하다), 그 과정은 형상 및 표상들로부터 분리되어 왔고, 이 것들을 점점 더 개념화하기 위해서 비판해 온 과정들이다. 이와 같은 사유관에 따라 알파벳이 형성되었고, 이 알파벳으로부터 (피드백적으로 다시) 이러한 사유관이 형성되었다. 사유에 대한 이 와 같은 새로운 관점으로부터 디지털코드들이 생성되는데, 피드백을 도움으로 우리가 이러한 코드들을 점점 더 많이 이용할수록 우리는 점점 더 분명하게 양자적으로 그리고 영상과 결부된 채 사고할 것이다.

새로운 코드들의 양자적 구조는 여기에서는 그것의 영상생산적 기능으로부터 분리된 채 다뤄져야만 한다──비록 분명히 구조와 기능이 서로를 조건짓고 있기는 하지만, 가령 알파벳의 일직선적인 선형적 구조가 역사를 서술하는 그것의 기능으로부터 분리되어 고찰되어질 수 있는 것과 같은 이치이다. 새로운 코드들이 디지털적이라는 점──그리고 실제로 "1-0"과 같은 이진법──은 새로운 코드들을 규정하는 기계장치들의 구성양식에 의존하며, 그 장치들은 코드들을 탈암호화해야 한다. 중요한 것은──전보와 마찬가지로──전자들의 흐름들을 통과시키거나("1") 아니면 중단시키는("0") 기계장치들이다. 근본적으로 볼 때 새로운 코드들이 수행하는 것은 바로 이러한 기계적인 전류의 on/off에 어떤 의미를 부여하고 그것을 코드화하는 것이다 (가령 수기신호에서 팔의 기계적인 들어올리기/내리기가 코드화되어 있듯이).

그 기계장치들은 "1-0"의 구조에 따라 구성되어 있다. 왜냐하면 그것들은 우리 신경계의 구성방식을 시뮬레이션하기 때문이다. 또한 거기에서 중요한 것은 신경전달계들 사이의 전자흐름들의 기계적(그리고 화학적) on/off이다. 따라서 디지털코드는 두뇌 속에서 일어나는 양자적 비약들에 대해 외부로부터(기계장치들을 매개로) 어떤 의미를 부여하는──인간에 의해 만들어진 신호 중 최초의──방법이다. 우리는 여기에서 자기 자신을 스스로

옭아매는 인식론적 악마를 앞에 두고 있다. 두뇌는 하나의 기계장치이고, 그것은 두뇌 속에서 일어나고 있는 양자적 비약들에 대해 어떤 의미를 부여하고 있다. 이 경우에 그 기계장치는 이와 같은 그것의 의미부여적 기능을 자기 자신을 넘어서서 기계장치들을 향해 투사하고, 이 투사된 것을 다시 자기 내부로 수용하는 것이다. 따라서 근본적으로 새로운 코드들은 디지털적이다. 왜냐하면 그것들은 두뇌의 의미부여 기능을 시뮬레이션된 두뇌 속에서 시뮬레이션하기 때문이다.

이러한 코드화는 점단위의 자극들로 이루어지는 극도로 빠른 덧셈과 뺄셈—즉 "계산"(Kalkulieren)—이다. 그것은 선형적—가령 "1+1+1"과 같은 행태의—이어서는 안 되며, 그것은 다차원적으로 일어날 수 있다. 우리는 점 단위의 그 자극들을 예를 들면 평면상으로 더하고 뺄 수 있으며, 그 결과 점들로 구성된 독특한 영상들이 생성된다. 이것을 "컴퓨팅"(komputieren)이라고 부를 수 있는데, 왜냐하면 점들은 조밀하게 덩어리를 이루어 통합적으로-계산(kom-putieren)될 수 있으며, 따라서 그 점들의 모자이크 구조는 시각장으로부터 사라지게 되기 때문이다. 이와 비슷한 것이 두뇌 속에서도 일어나며, 우리는 거기에서 컴퓨팅된 영상을 표상이라고 부르고 있다. 기계장치들이 이러한 두뇌기능을 시뮬레이션하고 있다. 우리가 화면 위에서 보고 있는 것은 시뮬레이션된 표상들인데, 그것들은 세계의 사물들(집들·나무들·인간들)에 관한 영상일 수도 있고, 두뇌 내의 과정들(비유들·투사물들·환상들·의도들·소망들)에 관한 영상들일 수도 있다.

영상들 자체들로부터는 그것들이 외면적인 것(소위 말하는 현실적인 것)을 표상하게 하는지 아니면 내면적인 것(소위 말하는 픽션적인 것)을 표상하게 하는지 하는 것은 간과될 수 없다. 현실적인 것과 픽션적인 것 사이의 이와 같은 존재론적 구분 즉 이러한 영상 비판이 도대체 가능하냐의 여부, 바로 그것이 두뇌기능을 기계 장치로 투사시키는 것을 회의적으로 만든다.

시뮬레이션하는 것은 일종의 캐리커처 그리기(Karikieren)이다. 즉 그것은 모방대상을 단순화시키고, 그 대상이 갖는 특징 중 일부를 과장한다. 가령 지렛대는 팔의 시뮬레이션이다. 왜냐하면 지렛대는 팔의 들어올리기 기능 이외에 팔의 다른 모든 특징들은 무시하고, 반면에 들어올리기 기능은 극단화되어서 결국 지렛대가 원래의 팔보다 훨씬 더 잘 들어올리기 때문이다. 디지털적 코드들에 의해서 스스로를 표현하고 형상을 만들어 내는 사고는 사고의 캐리커처이다. 이러한 새로운 사고방식을 그러나 이와 같은 이유로 가령 우둔하다거나 일방적이라고 경시하고자 하는 것은 정말로 위험한 발상이다. 지렛대는 육체의 근육기능들 중 최초의 시뮬레이션이다. 그것은 산업혁명을 거치면서 기계장치로 응용되는데, 기계장치들은 대부분의 영역들에서 인간육체의 근육기능들을 제거하고 있다. 우리는 사고의 시뮬레이션과 관련해서라면, 지렛대의 최고 꼭대기에 있다. 두뇌과정들을 외부로 향해 투사하고 그럼으로써 그것들을 심리적·철학적·신학적 이데올로기들로부터 해방시키고 완벽하게 가동시킨다는 의미에서라면, 우리는 이제야 비로소 사고하는 법을 배우기 시작했다. 가령 이와 같은 최초의 사고행위의 캐리커처에 대해 이데올로기적으로 경시하는 사람들이 해골로부터 사고가 탄생하는 과정을 중단시키려고 하고 있지만, 그들은 단지 그와 같은 자유로운 사고에 이르는 힘든 과정을 불필요하게 어렵게만 만들 뿐이다. 이와 같이 알파벳적·역사적 사고방식에 의해 먹고사는 비평가들과 계몽가들은 사고를 그것의 생리적 조건들로부터 해방시키려는 시도에서 방해물이 되고 있을 뿐이다.

알파벳이 근원적으로 상형문자에 대항했듯이, 현재에는 디지털코드들이 자모음 코드들을 추월하기 위해 그것들에 대항하고 있다. 근원적으로 알파벳에 토대를 둔 사고방식이 마술과 신화(형상적 사고)에 대항했듯이, 디지털코드들에 토대를 둔 사고방식은 순차적(prozessuell)·"진보적" 이데올로기들을 구조적·체계분석적·사이버네틱적 사고방식으로 대체하기 위해 그것들에 대항하고 있다. 그리고 역사 이래로 형상들이 텍스트들로부터 추방되는 데 대항해서 저항했던 것과 마찬가지로, 현재 알파벳은 새로운 코드에 의해 추방당하지 않으려고 저항을 시도하고 있다――그것은 계속 텍스트 쓰기에 몰두하는 사람들을 위한 하나의 작은 위안일 뿐이다. 왜냐하면 사태가 가속화되고 있기 때문이다. 텍스트들은 비로소 3천 년이나 걸린 투쟁 이후에 18세기 계몽주의에 이르러서야 형상과 그것의 마술적 신화를 박물관들이나 잠재의식과 같은 구석으로 몰아넣는 데 성공했다. 현재의 투쟁은 그리 오래 걸리지 않을 것 같다. 디지털적 사고는 훨씬 더 빨리 승리할 것이다. 물론, 20세기는 영상들의 퇴행적인 반란에 의해 적지 않게 채색되어 있는 상태이다. 마찬가지로 우리는 먼 장래에 추방된 텍스트들이 컴퓨터 프로그램들에 대항해서 과거의 형태로 복귀하기 위해 저항할 것이라고 한 번쯤 예상해 볼 수도 있겠다.

19. 코드변환

우리는 많은 것을 다시 배워야만 할 것이다. 그러나 그것은 어렵다. 왜냐하면 배워야 할 것을 너무 어렵게 배워야만 했기 때문이고 특히 한번 배웠던 것을 잊는 것은 훨씬 더 어렵기 때문이다. 인공지능의 장점 중 하나는 그것이 잊기 기능을 아무 문제 없이 수행할 수 있다는 것이다. 우리는 인공지능들로부터 망각의 중요성을 배울 수 있다. 그것은 하나의 폭력적인 다시 배우기이다. 왜냐하면 그것이 우리에게 요구하는 것은 기억의 기능을 다시 생각해 보라는 것이다. 우리의 전통은 기억 속에서 불멸성의 거처를 발견했다. 즉 예를 들면 유대민족에게 있어서 기도문을 기억하는 것은 생활의 한 목표였다. 마찬가지로 우리는 기억으로부터 어떤 것을 지워 없애는 것이 얼마나 중요한가라는 것도 배워야만 한다. 불멸성과 죽음은 기억을 다시 배운다는 것을 의미하고, 명성과 익명성은 기억을 재평가하는 것을 배우는 것이다.

우리가 새로움에 직면해서 다시 배워야만 하는 것 중에서 아마도 첫번째 것은 순차적·진보적·선형적 사고방식이다. 다시 말해서 선형적 문자 속에서 스스로를 명료하게 드러내는 그런 사고방식이다. 우리는 기억에 새로운 코드를 저장할 수 있게 하기 위해 알파벳을 기억으로부터 지워 버려야만 할 것이다.

그러나 아마도 지금까지 기억 속에 저장된 것을 지우지 않고서도 새로운 코드를 배우는 것이 가능하지 않을까? 두뇌는 거의 사용되지 않은——새로운 것을 위해 많은 공간을 여분으로 갖고 있는——기억저장소가 아닌가? 그리고 이것은 우리가 쌓아올리기 시작했던 거대한 인공적인 기억저장장치들에 대해서도 더 강력하게 적용될 수 있지 않을까? 변증법에 의하면 추월된 것은 결코 소멸되는 것이 아니라 다만 지양된다고 하는데 바로 그렇지 않을까? 따라서 미래에는 새로운 코드가 알파벳의 지반 위에 서있고, 그 코드는 알파벳을 자기 내부에서 지양하여 새로운 차원으로 올려놓고 있지는 않을까? 따라서 우리는 미래에는——반알파벳인이 아니라——슈퍼알파벳인들(Superalphabeten)이 되지 않을까?

아니다. 우리는 새로운 코드들을 기억 속에서는 결코 알파벳 위에 겹쳐서 저장할 수 없을 것이다. 왜냐하면 이러한 코드들은 알파벳을 참아낼 수 없기 때문이다. 새로운 코드들은 알파벳에 대해 참을 수 없을 정도로 제국주의적이다. 그것들은 자신의 등 뒤에서——영상들을 비판하고자 의도하는——어떤 사고가 계속 진행하고 있다는 것을 참을 수 없어 한다. 디지털코드와 알파벳코드 사이의 관계는——일정한 경과 속에서 어떤 상호 종합(Synthese)으로 지양될 수 있는——영상생산적 코드와 영상비판적 코드들 사이의 변증법적 모순 관계가 아니다. 오히려 여기서 중요한 것은 어떤 새로운 공간 및 시간 체험의 탄생 그리고 따라서 어떤 새로운 공간 및 시간 개념인데, 낡은 개념들과 경험들은 결코 새로운 것들 속으로 지양될 수 없다. 이것은 더 이상 변증법적으로는 파악될 수 없고, 오히려 토마스 쿤이 말하는 "패러다임"이라는 개념으로 설명될 수 있다. 즉 대립들의 종합이 아니라, 어떤 하나의 차원에서 다른 차원으로의 하나의 돌발적이고 전혀 예기치 못했던 도약이 소위 말하는 "패러다임 교체"이다. 디지털코드로서 탄생하고 있는 것은 하나의 새로운 공간 및 시간 경험이다. 그것은── 새로운 패러다임과 마찬가지로── 모든 종래의 경험들을 부정해야만 한다. 다시 말해서 "신의 편재"와 "동시성"과 같은 낡은 개념들로써는 파악되어지지 않는 모든 경험이다. 그와 같은 종류의 경험에서는 알파벳은 지양될 수 있는 것이 아니라 후자는 전자에 의해 소멸되어져야만 하는 운명인 것이다.

디지털코드에 의해서 생산된 영상들은 도처에서(또한 지표의 저편에서도) 동시적으로 현재적이다. 그것들은 항상(또한 상상할 수 없을 정도로 멀리 떨어진 미래에서도) 호출될 수 있고 현재화될 수 있다. 이 영상들에서는 "현재" "미래" "과거" 그리고 특히 "거리두기" 그리고 "가까움"(즉 "간격") 등과 같은 개념들이 새로운 의미를 얻고 있다. 비록 상대성이론이 이러한 새로운 의미의 학습에 있어서 도움이 되기는 하지만, 우리는 그것을 실존화해야만 한다. 우리가 그것을 시도한다면, 우리는 영상들을 통한 공간의 흡수에 의해서라기보다는 오히려 시간흐름의 역전에 의해서── 즉 더 이상 과거로부터 미래로가 아니라 미래로부터 현재로 향한다── 영향받는다. "미래"와 "가능성"은 동의어가 되며, "시간"

은 "개연성"과 동의어로, "현재"는 영상들의 형태로 가능성들의 실현이 된다. "미래"는 여러 가능성들 중에서 하나의 다차원적인 부채꼴이 되며, 이 부채꼴은 바깥으로는 불가능성 속으로 확장되고 있고 안으로는 현재의 영상으로서 실현되고 있다. "공간"은 바로 이러한 부채꼴의 지형학에 다름 아니다. 디지털코드들은 이러한 부채꼴의 가능성들을 영상화시키는 하나의 방법이다. 따라서 이러한 영상들을 비판한다는 것은 그러한 영상들이 감추고 있는 것을 폭로하는 것을 말하는 것이 아니다. 그것은 어떤 가능성들은 그 영상들 속에서 실현되고 있고 어떤 가능성들은 실현되고 있지 않은가를 보여 주는 것을 말한다. 선형적인 역사적 알파벳적 사고는 이와 같은 비판을 수행하기에는 무능하며 해체되어야만 한다.

알파벳적 사고를 디지털적 사고로 이행시키고 따라서 계속 글을 쓰려는 시도들도 존재하고 있다. 예를 들면 다음과 같이 이를 정당화할 수 있다. 비록 선형적인 사고(가령 수학자 조지 불의 논리학 또는 자유로운 의지에 대한 역사의식)가 그 자신의 선형적인 글쓰기로서 다차원적이고 동시에 양자적인 사고에는 적합하지 않을지라도, 가령 인과성과 진보성을 지니는 선형적인 역사적 시간은 새로운 공간 및 시간 경험의 수많은 차원들 중 하나가 아닌가? 우리가 새로운 영상들을 경험할 때마다 무엇보다도 역사를 경험하는 것이 아닌가? 따라서 새로운 (상대주의적·현상학적·사이버네틱적 등등) 시간경험(그리고 공간추방)은 어떤 방식으로든 역사적·알파벳적 시간경험을 그 자체 속으로 지양하고 있다고 말할 수 있지 않을까? 따라서 글쓰기는 계속될 것이고 그리고 그것은 그 새로운 것을 기술하기 위해서도 그렇게 될 것이라고 기대해 볼 수 있지 않을까? 그러나 이러한 논리들은 글쓰기에 대해 아직도 미래문화의 네트워크 속에서 한자리를 부여해 보려는 무모한 시도들이다.

그 시도들은 망각이 얼마나 어려운지를 보여 주고 있다. 도대체 왜 우리는 다가오는 것을 기술하려고 해야만 할까?—이 에세이는 이것을 수행하려고 얼마나 절망적으로 노력하고 있는가? 이 다가오는 것을 기술하려고 한다는 것은 그것을 낡은 사고 속으로 강제로 집어넣으려고 하는 것이고, 이 다가오는 것이 얼마나 불가피하게(필연적으로) 낡은 것으로부터 유래되고 있는지를 보이는 것을 말하며, 낡은 것으로부터 설명하려는 것이다.

바로 그 다가오는 것이 기술불가능하다는 것은 새로운 것에서의 새로운 점이다. 다시 말해서 새로운 것에서의 새로운 것은 바로 그것을 설명하고자 하는 것이 무의미하다는 점이다. 계몽주의는 이미 소진되었으며, 새로운 것에서는 더 이상 설명될 수 있는 것이 존재하지 않는다. 새로운 것에서는 어두운 것이 존재하지 않으며, 새로운 것은 마치 하나의 네트(망)처럼 투명하다. 그 뒤에는 아무것도 숨겨져 있지 않다. 계몽주의는 새로운 것 속에서 위험한 곡예를 벌이고 있다. 계몽주의는 자기 자신을 계몽하기 시작해야만 한다. 알파벳은 계몽주의의 코드이다. 따라서 여전히 계속 쓰여져야만 한다면, 단지 알파벳을 계몽시키기 위해 문자를 가지고 기술해야 한다. 그렇지 않다면 더 이상 설명되고 더 이상 기술될 것이 존재하지 않는다.

그와 같은 구출작전에서 중요한 것은 역사적 사고의 비판적 능력이다. 알파벳적 사고는 우리가 새로운 영상들에 비판적으로 대응하기 위해서는 중단되어서는 안 된다. 그러나 또한 "비판" 역시 다시 배워져야만 한다. 그것은 낡은 콘텍스트에서는 비판된 대상을 그것의 구성요소들 속으로 억지로 집어넣는 것을 의미한다. 그래서 예를 들면 알파벳은 영상들을 영상들의 기본단위들 즉 화소들 속으로 집어넣어, 영상들을 다시 코드변환시켜 행들로 정렬케 함으로써, 영상들을 비판하고 있다. 그러나 새로운 영상들은 그런 식으로 비판되지는 않는다. 새로운 영상들은 합성적이다. 다시 말해서 원래는 고립되어 있던 화소들이 조합되어 있다. 디지털코드들은 원래부터 이미 완전히 철저히 비판되어져 있던 것, 철저히 계산되어져 있던 것으로부터 어떤 것을 합성하고 있다. 낡은 의미에서의 비판은 영상들이 전자(Elektron)들로부터 컴퓨팅적으로 구성되어 있다는 사실을 이와 같은 영상들에서 발견하는 것 이외의 다른 것이 아니다. 만약 이와 같은 비판이 이것을 넘어서서 합성하는 사람의 의도를 비판하고자 한다면, 그 비판은 결국에는 또한 거기에서도 단지 컴퓨팅적으로 계산된 전자들만을 발견할 것이다. 낡은 비판, 즉 이와 같이 견고한 것을 분해하는 것은 은연중에 심연이나 허무 속에서 실패할 것이다── 완전히 헛되이. 왜냐하면 새로운 것 속에서는 가령 비판될 수 있을 만한 그 어떤 견고한 것도 존재하지 않는다는 사실이 처음부터 명약관화했기 때문이다. 완전히 다른 비판적 방법이 여기에서는 필요하다. 그리고 그 방법은 "체계분석"이라는 개념으로써 단지 유사하게 불릴 수 있는 방법이다. 그러나 이를 위해서라면 알파벳적 사고는 쓸모없다. 우리는 따라서 새로운 영상들에 대해 무비판적으로 대처하지는 않을 것이다. 정반대로 우리는 새로운 영상들을 분석하고 재합성할 수 있는 방법들을 개발할 것이다. 그러한 방법들은 이미 개발되고 있다. 낡은 비판적 사고의 구출시도는 일견 고상해 보이지만, 그것은 완전히 표적에서 벗어나 있다.

이와 같은 디지털적인 기록방법이 여전히 글쓰기라는 것으로 불릴 수 있다면, 그리고 우리가 아직도 이 경우에 전통적 코드로부터 새로운 코드로의 코드변환이 문제된다고 말할 수 있기 위해서는 디지털적으로 글을 쓰는 법을 배워야만 할 것이다. 우리가 디지털코드들을 문자코드들로 간주하고, 그것들을 전알파벳적 영상만들기와 알파벳적 텍스트만들기의 어떤 연속으로 이해하고 있는 한, 우리는 모든 것—즉 이미 쓰여진 것들뿐만 아니라 앞으로 쓰여질 것—을 코드변환하는 법을 배워야만 한다고 할 수 있겠다. 우리는 전체 문자기록물, 우리 문화의 완전한 사실적 그리고 상상적 도서관을 디지털코드들로 코드변환해야만 할 것이고, 그 디지털코드들을 인공적인 기억 장치들에 채워 넣고 거기서부터 또 호출할 수 있을 것이다. 우리는 아직 더 쓰여질 수 있는 모든 것, 즉 우리의 텍스트들 속에 심어져 있는 그러한 아직 완성되지 못한 사고과정들을 디지털코드로 코드변환해야만 할 것이다. 물론 우리가 디지털코드들 속에서 더 이상 글쓰기라고 부를 수 없는 어떤 근본적으로 새로운 사고방식의 특징을 발견한다면, 우리가 전체의 사실에 입각한 사고방식의 특징을 발견한다면, 우리는 전체의 사실적 그리고 상상적 도서관을, 그것이 이룩한 성과들과 그 속에 뿌리내리고 있는 단초들에도 불구하고, 기억으로부터 지워 없애고, 그 대신에 새로운 것을 위해 자리를 마련해야 할 것이라고 말할 수 있다. 근본적으로 도서관의 성과와 그것에 뿌리내리고 있는 단초들은 똑같은 차원이다. 즉 우리는 우리의 전체 역사를 다시 생각하는 법을 배워야 할 것이다. 그 역사의 뒤로 향해서 그리고 그 역사의 앞으로 향해서. 그것은 현기증나게 하는 과제이다.

이 사태가 얼마나 현기증나게 하는가 하는 것은 우리 자신이 미래의 "독자"의 상황으로 옮겨가 보면 분명해진다. 전체 세계 문학이 이미 디지털적으로 코드변환되어 인공적인 기억장치들 속에 저장되어 있으며, 원래의 근원적인 알파벳적 형태로부터 분리되어져 있다고 일단 가정해 보라! 미래의 "독자"들은 저장된 정보들을 호출하기 위해서 화면 앞에 앉는다. 여기서 중요한 것은 더 이상 어떤 미리 쓰여진 행들을 따라 배열된 정보블럭들을 수동적으로 골라내는 것(주워모으는 것)이 아니다. 오히려 중요한 것은 이용가능한 정보단위들 사이에서의 횡적 결합이라는 능동적인 짜깁기이다. 저장된 정보단위들로부터 자신에 의해서 의도된 정보를 비로소 처음 생산하는 사람은 바로 "독자" 자신이다. 이와 같은 정보생산에서 "독자"는 그에게 인공지능에 의해 제시되어지는 다양한 짜깁기 방법들을 사용한다(현재 우리가 컴퓨터상 "메뉴"들이라고 부르는 호출방법이 그것이다). 그러나 독자는 또한 자신의 고유한 기준들도 이 경우에 적용할 수 있다. 그리고 확실히 미래에는 하나의 완전한 과학이 기대되어질 수 있다(그 단초를 이루고 있는 것이 "도큐먼트과학"이다). 과학은 정보비트들의 호출과 짜깁기의 기준에 몰두하고 있다. 그와 같은 "읽기"에서 생성되는 것은 예를 들면 다음과 같다.

"독자"가 과학의 역사, 다시 말해서 현재의 독자들을 위해 하나의 연대기적 결과를 형성하고 있는 정보들의 어떤 시리즈에 관심을 가지고 있다고 가정해 보자. 우리의 현재의 읽기 및 사유 방식에 의하면 가령 "아리스토텔레스"는 "뉴턴"보다 앞쪽에 배열되어 있다. 미래의 독자에게는 그와는 반대로 "아리스토텔레스"와 "뉴턴"은── 양자는 디지털적으로 코드변환되어── 동시에 사용할 수 있도록 되어 있다. 그는 따라서 두 체계들을 동시에 호출할 수 있고, 게다가 두 체계가 서로 겹쳐지기도 하고 서로 접맥되게 할 수도 있다. "뉴턴"의 체계에서는 예를 들면 "관성"이 "아리스토텔레스"의 체계에서의 "모티프"와 접맥될 수 있고, 아리스토텔레스의 체계에서의 "정의"의 원칙은 뉴턴의 체계에서의 "인과"의 사실에 접맥될 수 있다. "독자"는 이 두 서로 중첩된 체계들을 조작하여, 중간단계가 생성되도록 할 수도 있고, 그 중간단계에서는 아리스토텔레스의 체계가 뉴턴의 체계로부터 나타나기도 하고, 뉴턴의 체계가 아리스토텔레스의 체계로부터 나타나기도 한다. "독자"는 비록 그가 사용하는 데이터들로부터 실제로 뉴턴적 체계는 아리스토텔레스의 체계보다 훨씬 최신의 것이라는 점을 경험할 것이지만, 그는 "역사"를 이와 마찬가지로 뒤집을 수 있다.

이상과 같은 사례를 제시한 목적은, 미래의 "독자"에게는 정보구성 요소들 사이의 또 다른 횡적 결합들하에서는 또한 선형적 역사적 정보단위들도 짜깁기하는 길이 열려 있다는 것을 보여 주기 위해서이다. 그 독자는 특히 과학의 역사도 자신의 자료들로부터 골라낼 수 있게 될 것이다. 그러나 어떤 그와 같은 "읽기"에서 나타나는 역사는 우리가 "역사"라는 개념으로써 의미하고 있는 바로 그것은 아니다. 역사의식──드라마적이고 돌이킬 수 없는 시간흐름 속으로 깊이 빠져 있는 이러한 의식──은 미래의 "독자"에게서는 희미해진다. 그는 자신의 고유한 시간흐름들을 짜깁기하고 있다. 그는 더 이상 행을 따라 가면서 읽지 않고, 자신의 고유한 망(Netz)을 짜고 있다.

문자기록물들을 새로운 코드들로 코드변환하는 것은 현기증을 일으키는 학습과제이다. 그것은 우리의 사고세계로부터 어떤 낯선 사유세계로, 발음된 구어의 세계로부터 표의문자적 영상들의 세계로, 논리적 규칙들의 세계로부터 수학적 규칙의 세계로, 행들로부터 점들로 구성된 네트의 세계로의 이행을 요구하고 있다.

아마도 우리는 이행이론과 이행철학을 완성하기 전에는 코드 변환을 시작할 수 없을 것이다. 우리가 이것을 완성하기에는 아직 멀었다. 그러나 우리는 이미 모든 곳에서 코드변환이 착수되고 있음을 관찰할 수 있다(물론 아직은 아니지만, 그러나 상상 속에서는, 코드변환됨으로써 텍스트들이 사라지고 있다).

텍스트들을 영화들·레코드판·텔레비전 프로그램 그리고 컴퓨터 영상들로 코드변환할 경우에, 과학적인 텍스트들이 코드변환되는 것은 특히 주목해 볼 필요가 있다. 논리적·수학적 사고에서 기인하는 진술들은 이 경우에 영상들로 되고, 이러한 영상들은 운동적·색채적으로 된다. 이와 같이 과학적 사고는 스스로를 새로운 코드로 이행시키는데, 이 경우 이에 상응하는 이행이론을 사용하지는 않고 있다. 이와 같은 인식이론적 위험들과 비교해 볼 때, 가령 소설들을 영화화하거나 시들을 텔레비전 화면으로 옮겨놓을 때 나타나는 정치적·미학적 위험들은 사실 아무것도 아니다.

코드변환의 경우에 우리는 두 가지 대립되는 경향들과 마주한다. 한편으로 우리는 코드변환을 배우려고 하지 않는 사람들을 만나는데, 그들은 새롭게 배워야만 한다는 필연성을 믿지 않고 있다. 다른 한편으로 우리는 모든 쓰여진 것과 아직 쓰여져야 할 것을 디지털로 코드변환하기 위해 그것에 몰두하는 사람들을 만난다. 이들은 그 속에서 하나의 모험을 느끼고 있거나, 아주 간단하게 모든 글쓰기에 염증을 느끼고 있기 때문이다. 이 두 가지 양극단들 사이에는 코드변환 내지는 다시 배우기의 필연성과 어려움을 동시에 의식하고 있는 사람들이 있다. 이러한 사람들로부터는 어떤 이행이론과 이행철학이 기대될 수 있다. 만약 이것들이 성취된다면, 알파벳 문화에서 새로운 문화로의 이행은 사고 및 생활조건들의 의식적인 극복이 될 수 있을 것이다. 만약 그것들이 성취되지 않는다면 알파벳적 야만으로의 추락을 두려워해야 할 것이다.

이와는 반대로 이의를 제기한다면, 항상 모든 것은——실제로 어느 한쪽으로 기울어져 추락하지 않으면서——칼날 위에 서 있었다고 할 수 있다. 이로부터 나타나는 결론은 그런 칼이라면 아마도 칼끝이 예외적으로 무딘 칼이라는 것이다. 그러나 바로 이 칼날의 감정이 우리가 자유라고 부르는 것에 대해 책임이 있지 않을까? 여기서부터 앞을 내다본다면, 날카로운 칼날이 있고, 여기서부터 뒤를 본다면 무딘 쇳덩어리가 있다. 그런데 우리는 앞을 보아야 하지 않을까? 알파벳으로부터 새로운 것으로 향하는 현재의 이행은 자모음을 사용하는 우리에게는 심연 위에서 줄을 타는 위험한 곡예로 여겨진다. 그러나 우리의 손자세대들에게는 이것이 아마도 유쾌한 산보처럼 여겨질 것이다. 그러나 우리는 새로운 것을 유치원에서 힘들이지 않고 배울 수 있는 우리 손자세대들은 아니지 않은가. 우리가 다시 유치원으로 되돌아가야만 할까?

20. 서명

우리는 다시 유치원으로 돌아가야만 한다. 우리는 글쓰기와 읽기를 아직 배우지 않았던 그 수준으로 돌아가야만 한다. 이 유치원에서 우리는 컴퓨터·게임기나 비슷한 "기계장치"들로 유아적 게임들을 배워야만 한다. 우리는 수천 년의 정신적 발전의 결과물들인 복잡하고 세련된 기계장치들을 유치한 목적을 위해 이용해야만 한다. 중요한 것은 우리 스스로 감수해야만 하는 품위 손상이다. 우리와 함께 놀이방을 나눠 쓰는 작은 아이들이── 우둔하고 세련된 도구를 조작하는 솜씨에 있어서는── 우리를 능가하고 있다. 세대 간의 위계서열의 이와 같은 해체를 우리는 전문용어를 동원해서 감추고자 한다. 만약 우리가 투박하게 기계장치들과 게임을 한다면, 우리는 스스로를 뒤처진 백치가 아니라 진보적인 컴퓨터 예술가라고 부른다. 그리고 우리는 컴퓨터 습득을 위해 배운 교만한 코멘트들을 알파벳적으로 씀으로써, 우리는 우리 자신과── 계속 글을 쓰고 있고 계속 낡은 방법에 따라 사고하는── 다른 사람으로 앞에서 마치 큰일이나 하는 것처럼 허풍을 떤다. 그러나 이것은 아무도 속일 수는 없다. 우리가 우리의 미니텔, 애플 그리고 코모도와 같은 컴퓨터 앞에 앉아 하는 일은 너무나도 원시적 수준이기 때문에, 그 어떤 심포지엄이나 워크숍이나 세미나들도 그것에 속지 않는다. 우리가 행하는 것은 바로 사고의 단 하나의 캐리커처일 뿐이다.

우리의 전통은 변명들을 이와 같은 우리의 고의적인 퇴행으로 간주한다. 예를 들면 예수는 만약 우리가 천국으로 가고자 원한다면 마치 어린아이처럼 되어야 한다는 것을 우리에게 권하지 않았던가. 다만, 어떤 힘들여서 쟁취했고 애써서 주장되어 방어된 의식 차원을 지워 없애는 것은 그렇게 간단하지 않다. 예수의 시대에는 이것은 아마도 그리스의 과학과 예술, 유대인의 신적 지혜와 율법론을 어떤 소박한 신앙에 자리를 내주기 위해 해체하는 것이었다.

우리가 알고 있듯이, 그 결과는 원시성·야만 그리고 데카당스의 오묘한 혼합이었는데, 우리는 그와 같은 상태를 초기 중세에서 확인할 수 있다. 되돌아보면 물론 우리는 이러한 혼합 속에서 어떤 위대한 발전에 이르는 맹아를 인식할 수 있다. 이후의 발전은 해체된 그리스적 사고방식을 르네상스로서, 그리고 해체된 유대적 사고방식을 종교개혁으로서 다시 복구시켰다. 그러나 우리는 현재의 원시화·야만화 그리고 데카당스에 대해서 필요한 거리를 취할 수 없는데, 왜냐하면 그 속에서 위대한 것에 이르려는 하나의 씨앗을 인식하기 위해서이다── 우리는 이러한 위대한 것을 발견할 수 있을 것이다. 어떤 희망의 원칙[즉 유토피아에 대한 희망] 때문에 우리가 유치원으로 되돌아가야 하는 것이 아니다. 우리는 원칙적인 절망, 다시 말해 "이래서는 더 이상 안 된다"는 회피될 수 없는 확신으로부터 그렇게 하는 것이다.

따라서 문자문화의 드라마, 즉 미개상태(Obskurantismus)의 권위들에 대항하는 정신의 투쟁이 종료된 무대 위로 막이 내려지고 있다. 이 드라마가 진행 중일 때 끔찍한 장면이 있었다. 반대자는, 가령 나르시시즘의 형태로, 무대 중앙을 점령했고, 주연배우는 마치 이단자를 심문할 때처럼 끔찍하게 고문당했다. 이와 같은 장면은 몰락하는 문화에 대한 모든 앙가주망에 의문을 제기한다. 그리고 우리는 결코 가벼운 마음으로 이 드라마와 작별을 고할 수 없다. 그것은 위대한 연기였고, 우리는 그것에 의해 여전히 감동받고 있다. "나는 카이사르를 묻어주고 싶지만, 결코 그를 찬양하고 싶지는 않다"와 같은 브루투스의 심정으로……

중동지역에서 3천 년 전에 알파벳적으로 글을 쓰기 시작했을 때, 당시의 생활세계는 우리의 생활세계와 비교해 볼 때 소규모였고 온갖 장애물로 가득 차 있었다. 그 생활세계는 몇 세대 정도의 연륜밖에는 안 된 상태였고, 남의 손을 거치지 않고 직접 그 생활세계의 근원에 관해 서술했던 사람도 있었다. 세계의 규모는 비록 컸지만, 그러나 걸어서 도달할 수 있는 정도였다. 인간이 그러한 범위 내에서 어느 쪽으로 이동하든 간에, 그는 초인간적인 힘과 부딪쳤고, 그 힘은 인간이 자신에게 희생물을 바치지 않았거나 자신에게 굴복하지 않을 때는 가혹하게 복수하곤 했다. 이와 같은 인간적대적인 힘들은 도처에서 위협적인 형상의 형태로 인간을 에워싸고 있었다. 따라서 인간은 마을이라는 보호받는 공간, 즉 생활세계 중에서 인간화되어 있고 인간이 문화적으로 정복했던 부분을 단지 드물게 그리고 본의와는 상관없이 떠났다. 만약 인간이 문화라는 울타리를 벗어나면 괴물들이 기다리고 있었다. 이방인이 마을로 들어오기만 하면, 이것은 유령과 같은 존재가 사람이 사는 거주지역 속으로 침투하는 것을 의미했다. 이처럼 공동체에 뿌리박힌 채, 인간들은 그 당시에 상대적으로 짧은 일생을 살아야만 했다. 그리고 인간들이 죽을 때, 그 죽음은 인간의 손 또는 초인간적인 손에 의해 살해당했기 때문이다. 그래서 살아남은 사람들은 그것에 대해 복수해야만 했다.

알파벳적 행들은 이와 같은 좁은 마술적 영역을 돌파했다. 세계의 근원은 인간의 척도를 훨씬 넘어서 있으며, 단지 가령 150억 년과 같은 실존적으로는 도저히 설명될 수 없는 개념들로써만이 측정될 수 있다. 세계의 규모는 측정불가능한 영역으로 확장되어 왔으며, 그 결과 상상불가능한 영역으로 굽이져 왔다.

그것이 큰 것이든 작은 것이든 간에 인간이 항상 움직이고 있는 곳, 그곳은 허무이다— 만약 인간이 멀리 가기만 한다면. 우리를 조건짓고 있는 초인간적인 힘들(실제로 4개의 힘: 중력, 전자기력, 강력, 약력)은 관찰될 수 있을 뿐만 아니라 부분적으로 그것들은 우리가 사용하고 있다. 이러한 넓은, 공허한 그리고 부분적으로 사용가능케 된 세계 내에서 우리는 점증하는 민첩성과 속도로 움직이고 있다. 이 경우 우리는 단지 서로 충돌할 뿐이다. 우리는 할 수 있는 만큼 오랫동안 죽음에 대해 완전히 침묵하거나 그것에 대해 너무 많이 이야기함으로써, 죽음을 저지하고 있다고 생각한다. 생활세계의 이 모든 폭력적인 변혁은 3천 년 전에는 완전히 비개연적으로 일어난 것이었지만, 그것은 오늘날 알파벳적인 행들의 작품으로 파악된다.

알파벳적 행과 그 행을 따라 움직이는 사고는 마술적·신화적 생활세계의 흐릿한 어둠을 밝게 계몽시켰으리라고 말할 수 있다. 알파벳적 행은 비판적 사고의 빛에 통로를 마련해 주기 위해 이 세계 속으로 창문을 뚫어놓았다. 그러나 이것만으로는 알파벳적 변혁을 그것의 최종적 결과에 이르기까지 아직 충분히 평가한 것이 아니다. 창문을 열기 시작함으로써 그것이 시작되었지만, 나중에 비판적인 사고는 또한 문들도 설치했고, 그 문을 통해 경험을 하기 위해 밖으로 나갈 수 있게 되었다. 그것은 결국 벽을 허물었다. 현재 비판적 사고의 분명한 빛이 사방으로부터 모든 영역에서 흘러넘치고 있다. 개인도 역시 그의 가장 내면적인 부분에 이르기까지 이러한 차가운 뢴트겐 광선에 의해 비춰지고 있다. 이것이 의미하는 바는, 앞으로 더 계몽(빛을 비춤)될 만한 것은 더 이상 남아 있지 않다는 것이다. 비판적 사고의 광선이 뚫고 들어갈 수 있는 것을 더 이상 발견하지 못한다. 그것은 따라서 허무 속으로 달리고 있다.

이로써 알파벳적 글쓰기(그리고 사고)는 자신의 원래 목표에 도달했다(그리고 이를 능가해 버렸다). 계속 사유하기 위해서는 새로운 코드를 장악해야 할 것 같다. 선형적 의식이 자신의 목표를――가령 그것이 허무 속으로 추락할지라도――넘어서 버렸다고 주장한다면, 그것은 역사비판 즉 또다시 선형적 사고를 행하는 것이다. 다시 말해서 역사는 하나의 과정이고, 그 과정은 역사 이전의 좁은 충만함으로부터 역사 이후의 넓은 공허함으로 나아가고 있다고 말할 수 있다.

역사의식의 목적은 어떤 야릇한 이유 때문에 도달불가능하다. 즉 단지 역사의식 속에서만 목적들이 존재하고(그것은 선형적이다), 반면에 나머지의 의식차원들은 목적에서 자유롭기 때문이다. 따라서 역사의식이 목적에서 자유로운 차원들을 목적으로 취한다면, 그것은 하나의 잘못된 결론을 범한다. 신화 또는 새로움 속에서가 아니라 단지 역사의 내부에서만 목적들을 추구할 수 있다. 단지 이러한 의미에서 역사는 자신의 목적을 "넘어가 버렸다"고 말할 수 있는 것이다. 이로써 역사로부터 하나의 새로운 형태의 목표상실이 생성된다. 다시 말해서 역사는 계속 조용히 진행되고 결코 그것에 도달할 수 없지만 자신의 목표를 뒤쫓는다. 그러나 새로운 의식차원에 서있는 사람이라면 이 모든 목표겨냥을 위로부터[즉 그 목표를 넘어서서] 조망하는데, 왜냐하면 목표는 더 이상 그와 관계하지 않기 때문이다.

전역사적 의식차원은 형상코드 속에서 표현되고, 역사적 의식차원은 알파벳코드 속에서, 그리고 새로운 의식차원은 디지털코드 속에서 표현된다. 그들 사이에는 심연들이 벌어져 있다. 그 심연을 "디지털"의 방향으로 메우려는 모든 알파벳적 시도는 실패할 것임에 틀림없다. 왜냐하면 그것은 자신의 고유한 선형적·목적지향적 구조를 디지털적인 것에 삽입시킴으로써 동시에 디지털적인 것을 가려 버리기 때문이다. 따라서 방금 제안된 의식의 알파벳적 모델은 사용 후에는 폐기되어야만 된다. 이와 똑같은 일은 완전히 알파벳적으로 쓰여진 이 에세이에도— 그것이 글쓰기를 넘어서려고 글을 쓰고 있으므로— 적용된다. 이 에세이가 전달하는 임시방편적으로 이 책에서 사용된 비유는 새로움에 대해 알맞은 불신을 자아내는 동시에 이를 해소하고 있다.

이 에세이가 문자를 넘어서는 글을 쓰려고 시도하고 있는 한, 그것은 사용 후에는 폐기되어야만 한다. 그것이 문자에 대하여 문자로 쓰고 있는 한(그리고 그 점에서 분명히 충분히 문자로 쓰여지지 않았다고 할 수 있다), 그것은 일종의— 이중적인 의미에서— 글쓰기의 서명(Unterschrift), 즉 쓰여진 글에 대한 확인이자 동시에 결말을 바로 앞둔 마지막 문자로서 읽혀지기를 원한다.

이에 반대해서 이의가 제기된다면 우선은, 글쓰기는 확인되어질 필요가 없다는 것일 것이다. 만약 어떤 글쓰는 사람이 정신의 이와 같은 태곳적 위대한 표현을 자신의 이름으로 제멋대로 적어 놓으려고 한다면, 그것은 아마도 하나의 월권행위일 것이다. 그러나 수천 명의 서명을 받기 위해 탄원서나 항의문을 퍼뜨리는 것이 오늘날 일상적인 일이 아닌가? 수천 명의 서명 끝에 쓴 하나의 서명으로서, 고발된 문자를 위한 어떤 탄원서 밑에 쓴 하나의 서명으로서, 다가오는 두번째의 반알파벳화의 위협에 대한 항의문으로서 이 에세이——이 서명——가 읽혀지기 바란다. 만약 문자가 무덤으로 간다면, 우리가 과연 어떻게 완전히 울음을 삼킬 수 있을까?——비록 우리가 울어야 할 만한 이유가 없다는 것을 의식의 흐릿한 표면에서 확신하고 있기는 하지만.

문자로 쓰여진 최종적인 문서——이것이 우스꽝스럽다고 말할지도 모르겠다. 확실히 미래에도 문자들의 또 다른 홍수가 인쇄기와 기술적으로 진보된 복제기구들에 의해 야기될 것이다. 이 에세이의 저자도 거의 확실히 또 다른 문자물을 저술할 것이다. 저자에게는 다른 방도가 없다. 결국은 이와 같은 텍스트 인플레이션에 직면해서 진짜로 최종적인 문자물들에 관해 이야기하는 것이 의미를 지닐 것이다. 이 에세이는 이러한 의미를 분명히 밝히려고 노력해 왔다.

글쓰기가 아직 의미를 지니고 있다고 생각하기 때문에 글을 쓰는 사람이 존재한다. 더 이상 글을 쓰지 않고 대신에 유치원으로 돌아가려는 사람도 있다. 그리고 비록 글쓰기가 아무 의미를 지니고 있지 않다는 것을 알고 있으면서도 글을 쓰는 사람도 있다. 비록 이 에세이는 첫번째 그리고 두번째 유형의 사람들을 겨냥하고 있지만, 세번째 사람들에게 이 에세이를 바치고 싶다.

21. 추신[1]

신판이라면 원래 구판을 능가[2]해야 하며, 이 새롭게 능가[추가]된 것은 낡은 것에 보충으로 붙여진 것이어야 한다. 이 추서[Nachschrift, 또는 탈문자]는 그렇지만 그처럼 보충적일 필요는 없는데, 왜냐하면 앞의 텍스트들은 하나의 에세이이기 때문이다. 에세이라는 것은 다른 사람들이 심사숙고하도록 자극하고 그들이 추가하도록 움직이게 하는 하나의 시도이다. 이것은 저자가 이 책을 플로피 디스크에 담아 출간한 이유이기도 하다. 즉 그것은 마치 눈뭉치를 굴리는 것처럼, 추가된 것들이 원래의 것을 점점 더 많이 감싸도록 하는 것이다. 새로 나오는 판들은 항상 스스로를 분열시키는 시리즈물로 전개되어야 하며, 그럼으로써 항상 새로운 사고들이 이전의 사고들에 중층적으로 겹치게 된다. 따라서 하나의 에세이를 발간할 때 중요한 것은 (가령 하나의 실험에서와 같이) 어떤 것을 증명하거나 반증하는 것이 아니라, 대화적으로 모든 것을 항상 또 다시 새롭게 심사숙고하게 하는 것이다. 여기 추신을 붙인 것은 따라서 중요한 것이 하나의 문자이

---

1 이 추신(Nachwort)은 제1판(1987)에는 없었으나 제2판(1989)부터 추가된 부분이다.
2 Überlegen; 이 단어는 능가, 추가 또는 심사숙고하다라는 여러 의미로 쓰이고 있다.

지 결코 여전히 하나의 추서는 아니라는 것이다. 문자로부터 뛰쳐나와 추서[탈문자] 속으로 돌진해 들어가는 것은 그렇게 단순하지는 않다. 이 에세이의 이러한 실패는 신중히 생각되어질 것이다.

이 텍스트에서의 생각들이 추측케 하는 것은, 근본적으로 문자로부터는 두 가지의 탈출방향이 존재한다는 것이다. 즉 그림으로 다시 퇴보하느냐 아니면 숫자들로 진보하느냐, 상상력으로 퇴보하느냐 아니면 계산으로 진보하느냐이다. 이러한 사고들에서 제기되는 것은, 이 두 가지 방향들이 뒤로 퇴보하는 방향으로 맞물릴 수 있다는 것이다. 즉, 숫자들이 스스로를 영상들로 컴퓨팅한다는 것이다. 만약 이것이 성공한다면, 계산적이고 상상적인 사고방식은 텍스트적인 사고방식 속에서 지양될 것이다. 작가들은 따라서 수학자들과 형상제조자를 꿀꺽 삼켜 소화시키고 그럼으로써 자기 스스로를 어떤 새로운 사고의 차원으로 고양시킬 것이다. 이것이 여기에서는 성공하지 못했다.

이에 대한 해명은 유감스럽게도 간단하다. 즉 그런 시도가, 그의 수학적 능력이 그에 못 미치는, 그런 글쓰는 사람에 의해 감행되었기 때문이다. 물론 그는 사전에 그것을 인지했어야만 했다고 생각할 수도 있겠다. 그러나 충분하게 자신의 수학적 능력을 구사하는 그런 사람이라면 문자로부터 탈출하려고 하는 그런 시도를 감히 감행하지 못한다. 왜냐하면 그들은 문자를 이미 경멸적으로 무시했기 때문이다. 따라서 그런 시도는 자신의 무능력에 대한 주제파악(그리고 그의 불가피한 좌초)에도 불구하고 감행되어야만 한다. 바로 이것이 에세이적 사고에서 극적인 것이다. 즉 이 에세이는 그 자신의 무능력을 인식하고 있으며, 그 시도를 지속시키기 위하여 더 능력 있는 사람들에게로 향하고 있다.

자신의 무능력에 대한 인식이 반드시 결함인 것은 아니다. 그러한 결점 때문에 자기 자신을 우스꽝스럽게 만들 수도 있으나, 바로 그렇게 함으로써 앞으로 전진할 수가 있다. 즉 "사람들은 웃으면서 규범을 고치는 것"(ridendo castigat mores)이 아니라 "웃으면서 자기 자신을 고치는 것"(ridendo castigat se ipsum)이다. 그리고 이것은 아마도 완전히 실패한 것은 아닐 것이다. 왜냐하면 그것이 여기에 상재된 제2판(추신)으로 귀결될 수 있었기 때문이다.

1989년 6월

빌렘 플루서

빌렘 플루서와 텔레마틱 사회의 유토피아

✝

"우리가 쓰는 글쓰기 도구가 우리 사고에 함께 가담한다."

— 프리드리히 니체

1. 인터넷-네트워크 유토피아

인터넷이란 무수히 많은 작은 네트워크들을 서로 독립적으로 연결해서 전지구적으로 포괄하게 하는 컴퓨터 네트워크를 말한다. 여기에는 많은 대학이나 기업, 연구소와 정부기관과 개인들이 각기 고유한 목적으로 하나의 망 속에서 연결되고 있다. 인터넷은 중앙의 관리장치(본부)가 없이도 기능하도록 되어 있으며, 그 시초부터 자발적으로 그리고 규율에 얽매이지 않은 채 확대되어 오고 있다.

그런데 최근 미국이나 독일 등에서는 이와 같은 상황을 변화시키려는 시도들이 이루어지고 있다. 가령 전화 및 위성통신망들의 탈중앙집권적인 카오스 상태가 규율과 질서잡힌 데이터 송신망으로 변형되어져야만 한다는 주장이 대두되고 있다. 또한 미디어재벌들도 특수한 케이블을 통해 자신들의 영화나 비디오 게임, 그리고 다양한 소비상품들을 직접 개개인의 안방으로 공급할 수 있을 정도로 기술적으로 완비된 네트워크를 기획하고 있다. 그렇지만 이 경우에 가입자들은 스스로 정보나 자신의 기호를 발신해서는 안 된다. 왜냐하면 양방향으로 전송이 가능한 데이터전송장치는 미디어재벌의 시각에서는 가뜩이나 제한된 네트워크망의 용량으로써는 무리한 것이고, 별 이윤을 낳지 못하는 것으로 여겨지기 때문이다.

정보유통을 제한하려는 계획들은 격렬한 비판에 부딪히고 있다. 소위 말하는 정보화시대에 정보의 자유는 어떻게 될 것인가? 미래의 데이터통신망이 너무 비싸서 공공연구소들과 개개인들이 망과의 접속비용을 감당해 내지 못하게 된다면 대중들과 그들의 의견은 어떻게 될 것인가?

만약 1991년 말에 죽은 유대인 철학자이자 커뮤니케이션 이론가인 빌렘 플루서(Vilém Flusser)가 살아 있다면 그는 이와 같은 당면한 논쟁에 열정적으로 가담했을 것이다. 플루서는 올드미디어들과 뉴미디어들에 대한 해명작업을 철학적 현실분석의 핵심테마로 설정하고 그것의 사회적 기능에 관한 논쟁에 적극 참여했다. 더욱이 그는 60년대 말부터 소위 "커뮤니케이션 네트워크"라는 현재의 인터넷 문화를 구상했기 때문이다. 가령 그는 텔레비전의 커뮤니케이션적 구조에 대해 다음과 같이 비판적으로 언급한 바 있다. "그 물건은 잘못 디자인되었다. 전화처럼 정보를 보내기도 하고 받기도 하는 어떤 망(네트워크) 속에서의 한 접속지점이지 않고, 저기 저 안방에서 어떤 전파 보따리에 담긴 주사선의 종점이 되고 말았다."[1] 즉 전자회로의 터미널, TV전파의 종점에서 수용자들은 서로 고립된 채 웅크리고 있다. 그들은 단순한 소비자들, 즉 아무런 책임의식(Verantwortungslosigkeit)이 없

---

1 Flusser, *Schrifiten*, Bd.1, Bensheim: Bollmann, 1993, p.219. 플루서의 텔레마틱적 유토피아와 커뮤니케이션 철학에 대한 기본적인 구도는 Breuer; Leusch; Mersch, *Welten im Kopf 1. Deutshchland*, Hamburg: Rotbuch Verl., 1996 참조.

는 그저 대중일 뿐이다. 왜냐하면 그들은 대답하기(Antworten)의 가능성을 박탈당하고 있기 때문이다.

이로써 플루서는 두 가지 종류의 유형적으로 서로 대비되는 미디어 회로판을 구별하고 있다. 즉 네트워크라는 긍정적인 모델과 (전파)보따리라는 부정적인 모델이 그것이다. 네트워크 모델—이것은 예를 들면 우편 또는 전화시스템이나 인터넷 등과 같은 미디어 속에서 실현되고 있다—은 플루서에 따르면 해방적인 잠재력이다. 왜냐하면 모든 참여자들이 똑같이 정보들을 보내고 되받을 수 있게 됨으로써 비로소 진정한 의미의 커뮤니케이션이 가능해지고, 위계적 중심이 없는 대화 즉 정보화시대의 민주주의가 존재할 수 있게 되었기 때문이다. 이와는 반대로 텔레비전이나 라디오, 신문은 부정적인 사례들이다. 왜냐하면 그것들의 보따리적 구조는 하나의 중심을 지향하고, 비록 시청취자 편지나 독자투고 같은 피드백도 있기는 하지만, 그 중심으로부터 모든 메시지가 그것도 일방통행의 형태로만 발사되고 있기 때문이다(가령 "Broadcasting").

텔레비전과 라디오를 대화적으로 구조화된 소위 네트워크 미디어들로 그 기능을 변환시켜야만 한다는 플루서의 요구는 30년대 초반 브레히트의 라디오이론과 60년대 후반 비판이론에 입각한 독일 좌파 미디어 이론가인 엔첸스베르거의 미디어 비판[2]과 맥을 같이하고 있다. 플루서는 텔레마틱 사회(telematische

---

2 H. M. Enzensberger, "Baukasten zu einer Theorie der Medien", Kursbuch, 20.

Gesellschaft)[3]라는 개념을 열렬히 옹호했는데, 텔레마틱(Telematik)이란 텔레커뮤니케이션(Telekommunikation)과 정보학(Informatik)을 합친 신조어로, 사이버네틱(Kybernetik; 자동 조절학)과 오토메이션(Automation)에 입각한 탈중심적·대화적인 미디어 네트워크 망 속에서 정보가 교환되고 조정되는 그런 사회를 말한다. 이 사회에서 그 핵심적 기능을 수행하는 미디어는 컴퓨터(이 점에서 컴퓨터는 계산만 하는 계산기가 아니라 정보를 교환하는 "커뮤니케이션 미디어"이다)인데, 컴퓨터는 오늘날 전화망과 접속됨으로써 종래의 계산기능보다 더 중요한 기능을 수행할 수 있게 되었다. 이러한 텔레마틱에 입각해서 기능하는 사회란 간단히 말해서 일종의 사이버네틱에 입각한 민주주의를 말한다. 플루서는 이러한 유토피아에 대해 이중적으로 묘사했다. "다가오는 사회에는 두 가지 선택만이 남아 있다. 미래는 나치하의 독일이 그랬던 것보다도 더 정도가 심한 전체주의 사회로 되든가, 아니면 완전히 정부가 없는 상태——무정부주의라는 의미가 아니라 모든 결단이 저절로 그리고 자발적으로 내려진다는 의미에서의 그런 자유로운 상태——가 된다. 이 두 선택은 텔레마틱 사회라는 개념 속에 포함되어 있다."[4] 즉 미래에는 디지털적 야만과 유토피아의 두 가지 가능성이 모두 열려 있다는 것이다.

플루서는 미래의 네트워크화된 유토피아에 대한 그의 견해

1970, pp.159~186.

3 Flusser, 앞의 책, p.220; *Schriften*, Bd.6 참조.

4 플루서와의 인터뷰 : V. Rapsch(hrsg.), *Überflusser*, Düsseldorf, 1990, p.43.

때문에 종종 "디지털 사상가"라고 지칭(FAZ)되기도 한다. 때로는 그가 기술 자체의 문제를 극복하는 데 있어서 지나치게 기술적으로 해답을 내리려고 시도—가령 미디어의 기능전환—했다고 비판받기도 한다. 그러나 이와 같은 비판은 어떤 점에서는 근시안적이다. 이미 청년기에 하이데거에 심취했던 플루서로서는 "기술의 본질은 기술적인 것이 아니다"라는 하이데거의 명제에 공감하고 있었기 때문이다. 즉 위와 같은 비판은 플루서가 기술의 문제를 취급하면서도 기술을 인간의 세계관 내지는 인간인식의 계기로 간주하고 있다는 점을 간과한 것이다. 이 경우 플루서에게 문제된 것은 현대적인 정보테크놀로지들의 토대 위에 정립된 인간대화와 커뮤니케이션에 대한 새로운 철학이었다. 그는 오로지 "장치들의 구조가 해명될 경우에야 비로소 이 장치들이 파악될 수 있다"[5]고 했다. 그러면서 플루서는 다른 누구보다도 더 디지털적 변혁의 불가피성, 커뮤니케이션 유토피아의 철회불가능성과 끊임없는 문화적 변혁에 대해 민감하게 반응했다. 왜냐하면 그 자신의 인생이 다음에서 볼 수 있듯이 단절과 뿌리뽑힘, 고향과 전통의 상실로 특징지어지기 때문이다.

2. 망명과 글쓰기

말년에 자신의 일생을 회고한 미완성의 자서전 제목을 『설 땅 없음』(Bodenlos)이라고 정했듯이, 유대인으로서의 그의 일생은

---

5 Flusser, *Schriften*, Bd.2, p.79.

정신적·문화적 방황과 혼란으로 특징지어질 수 있다. 그는 1920년 체코의 프라하에서 당시 프라하 카를대학 수학과 교수의 아들로 태어나, 카를대학 철학과에서 한 학기 동안 철학을 공부했으나, 1940년 나치 독일군이 체코를 침공하자 유대인 박해를 피해 나중에 그의 부인이 된 에디트와 그녀의 가족들과 함께 런던으로 피신했다가 곧 브라질로 망명했다. 당시 신대륙인 남미 브라질 외의 다른 나라들은 이들에게 비자발급을 거부했기 때문이다. 그러나 그의 어머니와 여동생은 아우슈비츠에서, 아버지는 바이마르 근교의 부헨발트에서 나치에 의해 희생된다.

온 가족을 잃고 고향과 언어 그리고 유년기의 친숙했던 유럽 문화로부터 추방된 채 어딘가로 옮겨진다는 것, 이처럼 섬뜩한 세계 속에서 방황하는 것은 플루서 자신의 자서전 제목처럼 근본과 토대가 없는 것이다. "개개인은 뿌리없음을 자신의 고유한 경험으로부터 인식한다. …… 그러나 그 뿌리없음이 그 자신의 정서로 된 사람들도 있는데, 그 사람들은 소위 말해서 '대상적으로' 존재하는 사람들, 발 밑의 지반을 잃어버린 사람들이다. 그들은 외적 요인들 때문에 그들을 둘러싼 현실의 품 안으로부터 배척되었거나, 아니면 그들 자신이 의식적으로 이처럼 기만적으로 인식된 현실과 담을 쌓기 때문이다. 그런 사람들은 다른 사람들을 위한 실험물로 이용될 수 있다. 그들은 소위 말하자면 더 치열하게 실존하고 있다."[6]

---

6 Flusser, *Bodenlos. Eine philosophische Autobiographie*, Bensheim: Bollmann,

플루서는 자신의 개인적인 고통스러운 경험들에 어떤 일반적인 의미를 부여함으로써, 즉 뿌리없음으로부터 긍정적인 계기를 인식함으로써 좌절과 절망으로부터 빠져나오는 데 성공했다. 근원, 개인적인 뿌리 그리고 사회적 귀속들의 상실은 정반대로 자유로운 상태를 의미하고, 이것은 현실적으로 새로운 어떤 것을 시작할 수 있는 기회를 의미한다. 왜냐하면 새롭고 전혀 익숙하지 않은 상황은 창조적 사고와 행동을 유발시키기 때문이다. 이러한 방식으로 플루서는 망명과 창조성을 긴밀히 결합시켰다.

리우데자네이루에서 결혼하고 세 아이를 둔 가장으로서 망명 초창기에 플루서는 자신의 온 가족을 부양하느라 정신이 없었다. 당시 신대륙으로서 정신적·학문적으로 황량한 불모지나 다름없었던 브라질에서 그는 방향을 완전히 바꾸어 무역회사에서 일하기도 하고 자그마한 라디오 제작사에서도 일했다. 그의 중단되었던 철학공부는 단지 자습의 형태로 유지될 수 있었다. "다시 말해서 낮에는 일하고 밤에는 개인적으로 철학을 공부하는 생활이었다"[7]고 회고했다. 이때 그에게서 철학하는 것이란 순전히 "글쓰기"를 의미했다.

20년이 지나서 50년대 말 내지는 60년대 초에야 비로소 그의 존재가 브라질의 지식인 사회에 알려지기 시작했다. 그는 대

1992, p.43.
7 같은 책, 41쪽.

학 교육 등 어떠한 학문적 배경 없이 초창기에 후설의 현상학을 토대로 하이데거를 연구함으로써 브라질 철학계의 주목을 끌었고 1961년 4월 그의 첫 저작이 브라질 철학회지에 수록되었다. 그해 9월부터 그는 일간지에 칼럼을 쓰기 시작함으로써 상파울루 유수의 신문사에서 비평가이자 칼럼리스트로서 이력을 쌓기 시작했고 대학 강단에 진입하는 데도 성공했다. 이듬해부터 그는 브라질 철학회에 정회원으로 가입하고, 1963년에는 상파울루대학의 커뮤니케이션 철학 담당 정교수로 임용되었다. 이때 나온 그의 첫 저서가 『현실 언어』였는데, 이미 프라하 시절부터 몸에 밴 언어에 대한 천부적 능력(체코어, 독어, 헤브라이어, 영어, 포르투갈어, 불어 등)과 그의 망명 체험으로부터 체득한 문화적 한계를 넘어서서 이해할 수 있는 자질을 지닌 그로서는 언어철학과 커뮤니케이션이 실존적인 테마들이었다.

당시 브라질은 유럽, 미대륙과 아시아 및 아프리카의 여러 나라에서 온 서로 다른 인종이 뒤섞인 다인종·다문화 국가였다. 플루서는 브라질의 문화적 정체성을 확립하는 여러 작업들에 몰두했다. 가령 상파울루 비엔날레의 자문위원을 거쳤고, 1966~1967년에는 브라질 외무성이 임명한 문화사절로서 유럽과 북아메리카를 학술강연 등으로 여행하면서 외국(주로 유럽)에 체재하는 일이 많아 다시 끊어졌던 유럽적 전통과도 닿기 시작했다. 그러나 1964년에 발생한 군사쿠데타로 브라질의 민주주의는 후퇴하기 시작했고 그에 대한 군사정권의 탄압과 체포위협도 드높아지자, 그는 당시까지 브라질에서 누렸던 명성을 뒤로 하고 1972년 유럽에서의 강연여행 중 귀국을 포기하고 유럽 (프랑스 남부의 프로방스 지방)에 정착하려고 했다(그는 비록 유럽에 정착했지만 자신이 가졌던 브라질 철학회 회원직은 결코 포기하지 않았으며, 그의 저작 중 일부는 유럽에서보다 먼저 브라질에서 출간되기도 했을 뿐만 아니라, 죽을 때까지 브라질 여권을 지니고 다녔다).

그것은 분명히 새로운 시작이었다. 그는 악셀 프로방스, 마르세유 등 프랑스 대학에서 커뮤니케이션에 관한 강좌를 담당하면서 뉴미디어와 테크놀로지들을 자신의 고유 테마로 설정했다. 비록 망명은 했지만 그의 저작들은 브라질에서 그리고 프랑스와 미국에서도 발표되었다. 1983년에는 독일어로는 처음으로 『사진의 철학을 위하여』(*Für eine Philosophie der Fotographie*)를 발표했다(이 책은 그 후 자신이 직접 영어, 포르투갈어, 이탈리아어 등으로 다시 썼고, 불어·일본어로도 번역되는 등 15개 국어로 출판되었다). 1985년에는 『기술적 영상들의 우주 속으로』(*Ins Universum der technischen Bilder*)가 출간되었고, 1987년에는 본 역서인 『글쓰기에 미래는 있는가』(*Die Schrift: Hat Schreiben zukunft?*)를 발표했는데, 이 모든 저작들이 미디어 연구자들에게 신선한 충격을 주었으며 특히 본 역서는 책의 형태가 아니라 플로피 디스크로도 나왔다. 그 밖에도 플루서의 텍스트 중 일부가 컴퓨터적 글쓰기 연구자들에 의해 하이퍼텍스트로 구성되어 하이퍼텍스트에 관한 세미나에서 발표되기도 했다. 80년대 그는 유럽 각국의 대학에서 초빙 교수로 활동하면서 각종 강연회를 통해 미디어혁명에 의한 사회변화를 역설했다. 1991년 11월 27일, 그 자신이 태어났으나 나치 때문에 추방당해야 했던 프라하를 처음으로 방문해 독일어로 강연을 마치고 독일로 돌아오는 길에 독일과 체코 국경 부근에서 교통사고로 사망했는데, 그는 프란츠 카프카와 함께 프라하의 유대인 공동묘지에 묻혔다. 그가 마지막으로 프라하에서 행했던 강연의 제목은 '미디어혁명으로 인한 역사의 패러다임 교체(Paradigmenwechsel)'였다.

그는 생전에 특히 80년대 이후에 위 세 권의 저서와 현상학 및 미디어에 관한 몇 편의 단행본 그리고 학술지 등에 수십 편의 논문을 발표했으나, 그의 활동은 저서보다는 수많은 강의로 특징지어진다. 현재 그의 주요 논문을 포함한 강연원고들이 1993년부터 14권의 『저작집』(Schriften)으로 발간되고 있는데, 1997년 말 현재까지 여섯 권이 나와 있다. 이 저작집에는 본 역서를 비롯하여 위에서 언급된 저작들은 포함되어 있지 않으며, 최근 그의 저작 중 일부를 발췌하여 그의 전집을 발간하고 있는 볼만(Bollmann)출판사에서 『영상들의 혁명』(1996)이라는 선집을 발간했고, 독일의 대형출판사 피셔(Fischer)에서도 『미디어 문화』(1997)라는 제목으로 그의 선집을 선보이고 있다.

이처럼 그에 관한 출판과 연구는, 그와 비슷한 주제에 몰두했던 맥루한과 비슷하게, 사후에 더 활발하게 이루어지고 있는 추세이다. 이는 그가 생전에 주장했던 이념들이 인터넷으로 대표되는 오늘날의 정보혁명에 의해 실현되고 있기 때문이 아닌가 생각된다. 생전에 그에 대한 연구는 기껏해야 단행본에 실린 몇 편의 서평 정도였으며, 필자의 조사에 의하면 그의 70회 생일 기념논문집인 『플루서에 관해서』(*Überflusser*, 1990)가 그의 생애와 사상에 관한 거의 유일한 참고자료였다. 그렇지만 사후에 몇몇 잡지에서 그에 관한 특집호를 발간한 바 있으며, 대학 강단에서도 그의 미디어이론에 대한 활발한 토론이 계속되고 있다. 참고로 역자가 공부했던 베를린 자유대학에서만도 96/97년 겨울학기에 독문과에서 그에 관한 세미나 강좌가, 97년 여름학기에 철학과에서 그에 관한 공동연구세미나가 개설되는 등 이제 막 학문적 조명을 받고 있는 추세이다. 특히 91년 사후부터 지금까지 독일, 프랑스, 네덜란드 등 주로 유럽국가에서 그에 관한 세미나와 심포지엄이 수십 차례나 개최되었는데, 주요내용들은 책의 형태가 아니라 인터넷에 수록되어 있다.[8]

죽기 전 서유럽에서 그는 올드미디어와 뉴미디어에 대한 분석에 집중한다. 그는 일찍이 다른 사람들보다 먼저 미디어들의 핵심적 역할에 눈을 떴는데, 그것은 브라질 망명으로부터 얻은 결과이다. 왜냐하면 당시 광대한 국토의 브라질은 한편에서는 문맹퇴치 캠페인을 벌이면서 문자문화의 관철과 확대를 위해 투쟁하고 있었던 반면에, 다른 한편에서는 이미 당시 뉴미디어인 텔레비전의 기술적 영상으로 흘러넘쳤기 때문이다. 그리고 그 나라는 자신의 문화적 후진성을 보충하려고 그와 같은 영상

---

8 역자가 인터넷에서 "Flusser"라는 검색항목을 찾았을 때 그에 관한 항목이 350여 개 이상 발견되는 것만 보아도 그에 대한 관심도를 짐작할 수 있을 것이다.

들의 홍수를 기꺼이 흡수했다.

　그래서 당시 브라질은 플루서가 강령적으로 표현하고 있는 명제─즉 범세계적으로 "코드변환"[9]이 진행되고 있다─가 분명히 나타나던 사회였다. 새로운 체계의 상징들, 0과 1의 배열로 구성된 "디지털코드"가 낡은 체계 즉 문자문화의 알파벳적-숫자적 코드를 추방하고 해체시키기 시작했다. "그동안 숫자들은 자모음들로부터 스스로를 해방시키기 시작하고 있다. 우리는 귀[음성문자. 알파벳]에 대한 눈[아이콘. 영상]의 우위로 나아가는 어떤 혁명의 증인들이다. 우리는 더 이상 자모음적으로 사고하는 것이 아니라 숫자적으로 사고하고, 더 이상 귀로 사고하는 것이 아니라 눈으로 사고한다."[10] 그런데 그 결과는 이중적이다. "분명한 점은, 우리가 구텐베르크적인 문화로부터 전자기적 문화로의 이행기에서 무엇을 잃어버리게 된다는 점, 다시 말해서 우리에게 서양의 유산으로 가치 있게 여겨지는 모든 것을 잃어버린다는 점이다. 이와는 반대로 우리가 그 대가로 무엇을 얻을 것인지는 알지 못하고 있다. …… 정보 혁명은 도서인쇄, 알파벳 그리고 이와 결부된 사고방식을 쓸모없는 것으로 만든다. 그것은 하나의 새로운, 그러나 아직은 나타나지 않은, 그러나 이미 예감될 수 있는 사고방식으로 이어진다."[11]

　이로써 플루서는 기존의 모든 가치들과 결별한다. 그러나 그

9　Flusser, *Schriften*, Bd.1, p.111 이하.

10　Flusser, *Die Schrift*, p.29 이하[본서 52쪽].

11　같은 책, p.56[본서 94쪽].

는 화려한 말장난에도 불쌍한 문화비관주의에도 빠지지 않는다. 대신에 그는 후설의 현상학적 명제 "사태 자체로"에 충실하여 다양한 상징적 코드들의 분석에 몰두하여 그것들의 한계와 가능성을 측량하고 있다. 다른 한편에서 플루서가 후설의 위 명제에 충실한 측면을 발견할 수 있다. 플루서의 저작을 눈여겨볼 때 특이한 점은 그의 글이 "에세이"라는 점이다. 그것은 바로 그 자신의 삶, 즉 "뿌리없음"에서 연유되고 있다. 즉 그는 자신의 모든 것을 잃어버렸다. 그런 그에게 의지할 만한 것이 있겠는가? 때문에 그는 그의 저서 그 어느 곳에서도 그 흔한 참고문헌 인용이나 각주, 색인표 등을 명시하지 않고 있다. 이와 같은 에세이적 스타일은 그의 글쓰기에서의 자유로움이다.

그는 기존 사상과 고정관념에 구속받지 않고 글을 쓰고 있다. 즉 그의 두 번에 걸친 망명체험은 자신이 내던져졌다는 비관주의가 아니라 그에게 실존적인 자유를 체험하게 했다. 물리학자 막스 플랑크가 그의 자서전에서 독창적인 사고의 생성을 위한 중요한 두 가지 조건 중에서 우선 자유로움을 꼽았는데, 그의 삶 자체가 그에게 이런 기회와 조건을 마련해 주었다고 할 수 있겠다. 그리고 플랑크는 독창적인 사상이 이해되기까지는 한 세대가 지나야 한다고 했는데—비로소 다음 세대가 그 사상을 올바로 이해할 수 있기 때문에 플루서의 사상이 사후에 더 조명되고 있다는 점은 플랑크의 이 두 조건을 모두 충족시키고 있다고 할 수 있지 않을까?

3. 문자-글쓰기와 역사의식

앞서 밝혔지만 그의 저서 『글쓰기에 미래는 있는가』는 애초에
는 책과 플로피 디스크의 형태로 동시에 출판되었다. 정보화 사
회와 영상의 지배적 지위, 수학적 그래픽과 프로그램 명령어 시
대의 개막 그리고 동시에 문자의 몰락 문턱에서 플루서는 문자
언어적으로 전달되는 사고방식과 관념들의 특수성을 분명히 하
고, 그것의 강점과 한계들을 나타내려고 시도했다. 정신 자체가
아니라 그 표현물인 문자를 대상으로 하고 있는 이와 같은 프로
젝트 자체가 이미 전통적인 철학정신과 철학하기로부터의 일탈
이라는 생각이 든다. 왜냐하면 서양철학은 전통적으로 데리다
의 주장처럼 사고가 순수하게 정신적으로 이루어지고 있고 문
자를 단지 구어적 발화의 표현을 위한 보충물/보조수단이라고
여기기 때문이다.

가령 플라톤은 대화편 『파이드로스』(274c~278b)에서 당시로
서는 뉴미디어인 문자에 대해 살아 있는 정신의 직접적인 교류
에 방해가 된다고 비판한 바 있다(옮긴이의 말 참조). 문자에 대한
플라톤의 이와 같은 비판에서 우리는 문자를 통한 지식의 대중
화와 당시 아테네의 민주주의에 대해 비판적이었던 소크라테스
와 플라톤의 귀족적 보수주의를 읽을 수 있다. 뿐만 아니라 문
자/글쓰기와 인간 사고의 관계, 즉 "글쓰기가 사고를 어떻게 변
화시키는가?"에 대한 최초의 철학적 해석을 접할 수 있다. 그러
나 그의 문자 비판은 그후 이천 년 동안 아무 주목을 끌지 못했
다. 왜냐하면 문자는 지식인들 간 커뮤니케이션에서 하나의 관

습화된 편리한 수단으로 간주되었으며, 플라톤의 염려와는 달리 문자의 사용이 소수 엘리트들에게만 국한되었기 때문이다.

그러나 인쇄술과 더불어 비로소 플라톤의 보수적인 문자비판론이 설득력을 얻게 되었다. 인쇄문명이 유럽을 휩쓸던 시기에 루소나 독일 낭만주의자들은 문자비판을 그들의 문명비판으로 수용하여, 문자를 "자연상태로부터의 이탈"로 간주하고 문자적 전달이 아닌 구어적 직접성을 선호하게 된다(낭만주의자들이 시를 산문에 비해 선호하는 이유는 시의 구어성[음악성]에 있으며, 특히 독일 낭만주의자들은 민담·동화·전설 등 구어적 전통에 더 주목했다).

이와 같은 정신과 문자의 대립은 도서인쇄 발명 이전에도 이미 근본적으로 서양문화의 고유한 특징이었다. 문자에 대한 혐오는 그리스 정신뿐 아니라 신약성서에서도 나타나고 있다. "그리스도의 편지는…먹물이 아니라 살아 있는 신의 정신으로써… 석판 위에 쓰여진 것이 아니라 가슴의 살덩어리에 쓰여진 것이다. 문자가 아니라 정신으로… 왜냐하면 문자는 죽이는 것이고 정신은 살리는 것이기 때문이다"(「고린도 후서」, 3장). 데리다 역시 『그라마톨로지』에서 서구 형이상학 전체가 문자언어를 천시하고 음성언어를 로고스의 구현으로 파악했다고 지적한 바 있다.

물론 이와 같은 전통적인 문자관, 서양형이상학에 대해 본격적으로 반기를 든 사람이 바로 니체이다. 그는 "우리가 쓰는 글쓰기 도구가 우리 사고에 함께 가담한다"[12]고 함으로써 나중에

---

12 Friedrich Nietzsche, *Briefwechsel, Kritische Gesamtausgabe*, Bd.3, Berlin:de

맥루한이 "미디어가 메시지이다"라고 한 오늘날 미디어학의 기본 테제를 선취하고 있다. 플루서는 니체의 이 테제를 "글쓰기 행위 중에 사유들은 행별로 정돈되어져야만 한다. 왜냐하면 사유들이 쓰여지지 않고 그 사유 자체에 방치되어 버린다면, 사유는 머릿속에서 맴돌면서 순환하는 상태로 있기 때문이다"[13]라고 하면서 이를 더 구체화시키고 있다. 여기에서 행별로 정돈지어 글을 쓴다는 것은 순환하는 중얼거림의 상태를 분쇄하고 사유를 자모음(알파벳)적으로 선형성(Linearität)의 형태로 계속 밀고 나가도록 강요하는 것이다. 플루서의 문화인류학적 명제에 의하면, 알파벳 문자는 신화적·순환적·구체적 사고를 논리적·선형적·추상적 사고로 변형시킨다고 한다. 그리고 문자는 사고와 관념 작용을 선형적으로 정돈함으로써, 우리 인간이 역사라고 부르는 것을 구성하고 있다고 한다. 즉 "문자의 발명과 더불어 역사가 시작되고 있다. 왜냐하면 문자가 과정들을 고정시키기 때문이 아니라, 문자가 장면들을 과정들로 변형시키기 때문이다. 문자가 역사의식을 생성시키고 있다." 그리고 오늘날 그 역사의식은 디지털적 '코드변환'과 더불어 근본적인 변혁에 처해 있다고 한다. 문자 이전 그림의 시대가 전역사(선사)이고 문자의 시대가 역사라면, 문자 이후 디지털코드의 시대는 탈역사(역사 이후)가 된다. 그에게서의 역사의 종말, 탈역사(Nachgeschichte)

Gruyter, 1975, p.172.

13 Flusser, *Die Schrift*, p.10[본서 21쪽].

내지는 포스트역사(Posthistoire)는 바로 문자의 지배가 끝나는 상황, 알파벳적인 선형적·단선적 사고로써는 이해가 불가능한 복잡성의 상황, 카오스의 상태, 수학자 베노이트 만델브로트가 말하는 비선형구조이고, 정치적으로는 텔레마틱과 사이버네틱에 의해 조절되는 사회를 말한다.

그의 테제는 물론 논란의 여지가 많으나 확실히 문자의 도입과 역사의식의 형성 사이에는 연관관계가 있다. 이와 관련해 영국 출신의 프린스턴대학 고전문헌학자 하블로크와 영국의 고전학자 잭 구디는 알파벳과 그리스의 추상적인 철학의 탄생 및 중국문자와 중국인의 정신세계 등에 관한 연구를 통해 서양의 문자체계와 사고방식의 상관관계에 대해 논증하면서, 서양의 합리주의는 바로 그리스의 문자혁명에서 기원한다고 주장한 바 있다.[14] 언어학을 포함해 인문학 분야에 지대한 영향을 끼친 월터 J. 옹도 언어의 테크놀로지화에 관한 연구서 『구술문화와 문자문화』(Orality and Literality)[15]에서 다른 어떤 발명보다도 문자가 인간의 의식을 가장 많이 바꾸었다고 결론을 내린 바 있다. 즉 기독교적 서양의 로고스 중심주의의 기원과 발전은 그것의 알파벳적인 문자체계에 있으며, 알파벳 문자가 로고스 중심주

14 A. E. Havelock, *Preface to Plato*, Cambridge:Harvard University Press, 1963; Havelock, *Schriftlichkeit. Das griechische Alphabet als kulturelle Revolution*, Weinheim:VCH, Acta humaniora, 1990; Jack Goody, *Literalität in traditionalen Gesellschaften*, Frankfurt a.M.:Suhrkamp, 1981 참조.
15 『구술문화와 문자문화』, 이기우·임명진 옮김, 문예출판사, 1995 참조.

의의 미디어적 기초라는 것이다. 이에 대해 독일 사회철학자 니클라스 루만도 미디어 이론적인 시각에서 다음과 같이 주장하고 있다. "알파벳적 문자가 커뮤니케이션의 영역을 시공간적으로 제한된 범위를 넘어서는 것을 가능케 하자마자, 인간은 더 이상 스스로를 구어적 전달방식이라는 호소력 있는 수단에 맡길 수 없게 된다. 왜냐하면 인간은 좀 더 강력하게 사태 자체(Sache selbst)에 관해 논증할 수 있기 때문이다. '철학'의 근원은 바로 이와 같은 점에서 비롯되고 있는 것처럼 보인다."[16]

하여튼 플루서는 문화사를 세 가지 단계로 시대구분하는데, 각각의 시대는 어떤 특정의 상징 유형에 따라 특징지어지고 있다. "전역사적 의식차원은 형상[그림] 코드 속에서 표현되고, 역사적 의식차원은 알파벳코드 속에서, 그리고 새로운[탈역사적] 의식차원은 디지털코드 속에서 표현된다"[17]고 한다. 고대의 그림들은 구체적이지만, 그것들은 인간의 의식을 어떤 마술적·신화적 사고의 닫힌 테두리 속으로 묶어 두고 있다. 문자와 문자의 선형적·논리적 사고는 이러한 족쇄를 부수고 인간의 의식을 해방시키고 있지만, 그것들도 역시 인간의 의식을 개념과 숫자라는 고도의 추상적인 형태로 억압하였다. 새로운 합성적 그림들(기술적 영상들)은 플루서에 의하면 또 다시 구체화되는 경향으로 나아가고 있지만, 이것은 어떤 이차적인 인공적 형상이다. 왜

16 Niklas Luhmann, *Soziale Systeme*, Frankfurt a.M.: Suhrkamp, 1984, p.219.

17 Flusser, *Die Schrift*, p.157[본서 254쪽].

냐하면 새로운 영상들은 전통적인 그림들처럼 단순히 그려지는 것이 아니라, 컴퓨터로부터 튀어나오는 것이고 따라서 프로그램 언어라는 형태의 문자를 전제로 하고 있기 때문이다. 새로운 영상들, 즉 화면들 위에서 소리를 내는 이러한 역사(이야기)들은 낡은 그림들과 같은 영상들이 아니다. 그것은 단순히 평면이 아니라, 점들로 조합되어 있는 모자이크들이다. 우리는 따라서 더 이상 형상적으로 사고하지 않는다. 또한 더 이상 선형적으로도 사고하지 않는다. 대신 우리는 점 단위로 사고한다. 우리는 16, 17세기에 널리 얘기되어졌듯이 "계산적"(kalkulatorisch)으로 사고하고, 모든 것을 계산석(calculi)으로 분석하고 이 계산석들을 또다시 조합한다. 이 조합한다는 것이 곧 "컴퓨팅"(Komputieren)이다. 컴퓨팅된 영상들은 표상된 영상, 표상들일 뿐만 아니라 컴퓨팅된 조합물이라는 것이 그의 견해이다.

플루서는 이러한 점에서는 캐나다의 미디어 이론가 마샬 맥루한의 입장과 구별된다. 맥루한 역시 뉴미디어적 미래를 환영하고 있다는 측면에서 플루서를 그와 비교할 수 있다.[18] 그러나

---

18 그러나 맥루한과 플루서의 차이점은 두 사람이 기반한 풍토의 차이에서도 해명될 수 있다. 즉 맥루한이 살았던 캐나다와 북미주의 경우에는 대부분 유럽에서 농업에 종사하던 하층민들이 이민 가 이룩한 집단이거나 문맹률이 높은 인디언·흑인들로 구성되어 있어 근본적으로 책과 문자에 기초한 유럽의 교양문화에 대해 적대적일 수밖에 없으며, 따라서 축음기·전화·라디오·텔레비전 등 소위 비문자적인 미디어들에 의존하는 "근원적 구어성"이 문화적으로 큰 마찰 없이 수용될 수 있는 요건을 갖추고 있었다. 반면 플루서의 지반은 책과 문자의 교양문화에 의존하고 구어적인 "시"(Poesie)조차도 "문학"(Literatur)이라고 지칭하는 문자적 전통이 강한 유럽문화다.

맥루한이 문자와 그림을 이원론적으로 대립시켜 현재의 구텐베르크 갤럭시 이후 전자미디어로 네트워크화된 소위 "지구촌"에서는 인류가 문자 이전의 원초적인 구어성(original orality)과 그림적 사고의 시대로 되돌아갈 것으로 전망한 반면에, 플루서는 이 양자의 관계를 헤겔적으로 사고했다. 즉, 앞으로 다가올 합성적 영상의 시대는 단순히 문자를 배척하는 것이 아니고, 문자를 그 자체 내에 지양시켜 그것을 고차원적인 디지털코드의 형태로 변형시킨다고 한다.

어쨌든 플루서는 선형적으로 질서화된, 문자를 매개로 특징지어지는 사고의 엄밀성과 일차원성을 넘어서서 하나의 다른 좀 더 자유로운 사고방식에 도달할 수도 있다는 가능성을 주장하고 있다. "미래의 '독자'들은 저장된 정보들을 호출하기 위해 화면 앞에 앉는다. 여기서 중요한 것은 더 이상 어떤 미리 쓰여진 행들을 따라 배열된 정보블록들을 수동적으로 골라내는 것이 아니다. 오히려 중요한 것은 이용가능한 정보단위들 사이에서의 횡적 결합이라는 능동적인 짜깁기이다. 저장된 정보단위들로부터 자신에 의해서 의도된 정보를 비로소 처음으로 생산하는 사람은 바로 '독자' 자신이다. 이와 같은 정보생산에서 '독자'는 그에게 인공지능에 의해 제시되어지는 다양한 짜깁기 방법을 사용한다(현재 우리가 컴퓨터상 '메뉴'들이라고 부르는 호출방법이 그것이다). …… 그러나 어떤 그와 같은 '읽기'에서 나타나는 역사는 우리가 '역사'라는 개념으로써 의미하고 있는 바로 그것은 아니다. 역사의식—드라마적이고 돌이킬 수 없는 시간흐름 속으로 깊이 빠져 있는 이러한 의식——은 미래의 '독자'에게는 희미해진다. 그는 자신의 고유한 시간흐름들을 짜깁기하고 있다. 그는 더 이상 행을 따라가며 읽지 않고, 자신의 고유한 망[네트워크]을 짜고 있다."[19] 이러한 읽기는 오늘날 컴퓨터상에서의 하이퍼텍스트의 읽기와 같은데, 미래적 읽기의 논리는 노동이 아니라 바로 유희라는 것이다. 따라서 플루서는 대담하게도 "역사적·가치평가적·정치적 의식으로부터 사이버네틱적·의미부여적·유희적 의식으로의 도약"[20]에 관해 말하고 있다. 그와 같은 의식을 그는 한편으로는 "탈역사적" 의식이라고 부르고 있으며, 그것을 노동이 아니라 정보에 기초한 탈산업사회의 의식이라고 부르고 있다.

플루서에게 있어서는 텍스트냐 아니면 그림이냐, 아니면 음성이냐는 것은 문제가 되지 않는 것 같다. 왜냐하면 이 세 가지 미디어들은 디지털코드 속에서 멀티미디어적으로 결합될 수 있기 때문이다. 그에게서 결정적인 것은 오히려 커뮤니케이션과 역사의 구조변혁이다. 그리고 뉴미디어들의 대화적 네트워크화에 대한 그의 이념이나 텔레마틱 사회에 대한 그의 모델은 바로 이와 같은 변혁을 겨냥하고 있다.

19 Flusser, *Die Schrift*, p.150 이하[본서 246쪽].
20 같은 책, p.85 이하[본서 140쪽].

4. 플루서와 커뮤니케이션 공동체[21]

우리가 플루서의 구상들을 순전히 기술적 유토피아로 오해하지 않으려면, 플루서 자신이 그랬던 것처럼 두 가지 중요한 사항에 대해 분명히 해야 할 것이다. 첫째, 그는 커뮤니케이션 개념이 언어를 걸친 의식내용들의 단순한 교환과 동일시되고 있는 데 대해 반대하면서 창조적이고 정신적으로 생산적인 것의 차원으로써 특징지어지는 대화로서의 커뮤니케이션 개념을 내세우고 있다. 여기서 "대화란 불확실하고 미심쩍은 개별정보들을 지닌 사람들이 이 개별정보들을 통해 어떤 '새로운' 정보를 얻고자 하는 과정이다."[22] 다시 말해서 메시지들이 서로 관련되고 관념들이 알파벳 문자적으로 서로 교차되는 바로 그 지점에서 진정으로 새로운 것이 탄생한다. 정말로 창조적인 장소는 대화들이 네트워크(망), 즉 케이블들의 "아고라(광장)"이지 결코 고립된 개별의식은 아니라는 것이다.

대화와 네트워크화에 대한 플루서의 이념들은 따라서 둘째로 인간주체(주관성)에 대한 또 다른 이해를 목표로 하고 있다. 그것들은 하나의 인간학적인 수정을 의미한다. 즉 개인이라는 낡은 관념틀은 죽었다는 것이다. 이로써 플루서의 철학은 근세의 주체에 대한 다양한 해체들——니체와 하이데거, 특히 프랑스의 탈구조주의——로 수렴되고 있는 듯하다. 플루서의 철학은

---

21 이에 대해서는 Breuer; Leusch; Mersch, 앞의 책, pp.87~89 참조.

22 Flusser, *Bodenlos*, p.99.

정보사회와 그것의 미디어들이라는 테마로 구체화되어 포스트 모던의 특성을 띠고 있다. 왜냐하면 그의 철학은 철학에 의해서 오랫동안 사수되어 온—그러나 잘못된—인간관과 결별하려고 하기 때문이다. "자아라는 어떤 '딱딱한' 핵심(가령 주관이나 영혼)은 스스로가 논리적 그리고 실존적인 비사물(Unding)임을 드러내고 있다."[23] 자아는 커뮤니케이션의 실타래들이 얽히고설켜 망을 이루는 바로 그 곳에서 형성되고 부양된다는 것이다. 그러나 이 점에서 플루서의 "주체" 이해는 주체를 해체하려고 했던 포스트모던의 그것과는 다르다. 그가 텔레마틱적인 미디어 사회의 인간학을 위해 "주체"(Subjekt)를 대신해서 새로 제시하는 개념은 "프로젝트"(Projekt)이다. 후자는 주어진 대상세계에 마주해 있는 주체도 아니고 작업도구를 사용하는 자도 아니며, 텔레마틱의 미디어 복합체 속에 존재하는 회로판의 한 요소로서 자신을 프로젝션(투영물)으로 객관화시키는 네트워크 속에 있는 존재이다. 이로써 그에게서의 인간이란 더 이상 데이터들의 주인이 아니라 그 자체 데이터들의 피드백과정에 이식되어 있는 하나의 회로판과 같은 존재이다.

모든 것이 개별의식이 아니라 살아 있는 관계 속에서 싹트고 있고 자아와 타아의 형상들은 대화 속에서 그 근원을 지니고 있으며 또 무엇보다도 먼저 그 속에서 형태가 갖춰진다는 이념들은 유대적 대화철학의 근본사상이며, 그것은 특히 마르틴 부버

---

23 Flusser, *Schriften*, Bd.3, p.14.

에 의해서 발전된 바 있다. 이 점에서 플루서의 개념들은 부버에 직접 연결되고 있으며, 텔레마틱 사회에 관한 플루서의 구상도 아마도 정보화시대라는 조건하에서 유대의 대화철학을 새롭게 구성한 것이라고 할 수도 있겠다. 다만 부버의 패러다임이 "만남"이었다면, 플루서의 패러다임은 이와는 달리 "네트워크화"라고 할 수 있다. 부버가 대화적인 것을 육체-영혼의 어떤 직접성과 관계지웠다면, 플루서는 그 관계들을 다채롭게 하고 가상화시키는 기술을 매개로 한 하나의 새로운 더 발전된 직접성을 기획했다. "텔레(Tele)란 멀리 있는 것을 가까이 가져오는 것을 의미한다. 멀리 있는 사건뿐만 아니라 멀리 있는 인간도 포함된다. 우리는 텔레마틱 덕분에 상당히 많은 수의 다른 사람들과 관계맺고 있으며, 우리는 그들 속에서 우리의 자아를 실현하고, 그들도 우리 속에서 그들의 자아를 실현할 수 있다. 그럼으로써 한때 멀리 있던 것과 지금 가까이 가져온 것 사이에서 하나의 대화적 관계가 생성되고 있다."[24]

유대적 대화철학과 플루서의 접속은 플루서의 사고에서의 윤리적 특정과 결부되고 있다. 타자——자연 또는 주변인——와의 일차적 관계는 주체가 객체를 인정하고 지배하기를 원하는 근세적 의미에서의 주체-객체 관계가 아니라, 상호작용적 인정과 존중의 태도이며, 이것이 없다면 커뮤니케이션의 지구적 확

---

24 Flusser, "Die Informationsgesellschaft als Regenwurm", *Kultur und Technik im 21*, G. Kaiser; Matejovski; Fedrowitz(hrsg.), Frankfurt:Campus Verlag, 1993, p.77.

대는 불가능할 것이다. 기술적 가능성들에 주목하여 플루서는 자유와 책임의 관계에 대해 새롭게 기획하고 있다. 텔레마틱은 인간을 낡은 속박들로부터 이끌어내고 인습적으로 부과된 관계들을 의식적이고 자유롭게 선택된 관계들로 대체하고 있기 때문에, 그것은 인간을 자유롭게 하고 있다. 그리고 책임은 텔레마틱을 가능케 하고 있는데, 인간은 텔레마틱의 덕분으로 이전에는 도달할 수 없었던 멀리서 사는 사람들과도 관계를 유지하도록 하기 때문이다. 이러한 관계는 그러나 더 이상 인간에 대한 사랑이라는 추상적 요구를 강요하는 전통적 휴머니즘의 의미에서의 관계가 아니라, "물질적·비물질적 케이블의 도움으로" 어떤 구체적인 선택을 가능케 하는 관계이다. "휴머니즘은 사멸할 것이다, 그리고 휴머니즘을 대신해서 과거에는 멀리 있었던 다른 사람들과의 책임 있는 연대의식이 나타날 것이다. 이것은 휴머니즘으로부터 이웃사랑으로의 놀라운 복귀이다. 물론 그것은 유대교와 크리스트교가 의미하는 그런 이웃—바로 옆에 있는 이웃—사랑이 아니라, 내 곁으로 가까이 오는 먼 사람들에 대한 책임감으로서의 사랑이다."[25]

텔레마틱 사회와 새로운 책임의식의 휴머니즘에 관한 플루서의 유토피아와 기술에 바탕한 새로운 사회는 사고상의 모델이지 결코 경험적으로 검증된 예언은 아니다. 그의 동료인 정보미학자 아브라암 몰은 그의 철학적 스타일을 철학픽션(Philoso-

---

25 위의 책, p.78.

phiefiktion)이라고 평한 바 있는데,[26] 대개 에세이나 강연 텍스트인 그의 저작물들은 다른 사람들에게 수용되기를 바라는 희망 사항일 수도 있다. 플루서 자신이 디지털코드로의 "패러다임 교체"를 열렬히 주창하고 있지만, 사실상 그는 문자문화와 글쓰기의 종말에 대해 가장 멜랑콜리하게 아쉬워하는 전통적인 의미에서의 문자문화를 대변하는 휴머니즘적 에세이스트이다. 실제로 그는 컴퓨터가 아니라 낡은 타자기로 그의 원고를 집필한다고 한 인터뷰[27]에서 밝힌 바 있다.

1998년 2월

윤종석

---

26 V. Rapsch(hrsg.), 같은 책, pp.53~66 참조.

27 D. Klock, *Von der schriftkultur zur (Bild)schirmkultur*, Berlin, 1996 부록 인터뷰 참조.

글쓰기에 미래는 있는가

초판 1쇄 인쇄   2015년 2월 10일
초판 1쇄 발행   2015년 2월 16일

지은이   빌렘 플루서
옮긴이   윤종석

펴낸곳   엑스북스(xbooks)
등록번호   제2014-000206호
주소   서울시 마포구 와우산로 180 4층 402호
대표전화   02-334-1412
팩스   02-334-1413

ISBN 979-11-953463-1-8 03100

이 도서의 국립중앙도서관 출판시도서목록(CIP)은 서지정보유통지원시스템 홈페이지
(http://seoji.nl.go.kr)와 국가자료공동목록시스템(http://nl.go.kr/kolisnet)에서
이용하실 수 있습니다. (CIP제어번호: CIP 2015002463)

미지수 X의 즐거움 **X-PLEX**
www.xplex.org
xbooks@xplex.org